고등학교 일본어

자습서

NE 능률

日本語で世界を広げよう！
일본어로 세상을 넓혀 보자!

고등학교 시절은 미래를 고민하고 준비하는 중요한 시기입니다. 이 시기에 일본어를 배우는 것은 단순히 새로운 언어를 익히는 것을 넘어, 여러분의 꿈을 더 넓고 깊게 펼칠 기회를 만드는 것입니다.

일본은 우리와 지리적으로 가까운 이웃이자 문화적으로도 오랜 교류를 이어온 나라입니다. 일본의 애니메이션, 영화, 드라마, 게임 등은 우리 생활 속에 깊이 스며들어 있어 친숙합니다. 일본어를 배우면 이러한 콘텐츠를 원어로 즐기며, 더 생동감 있게 이해하고 공감할 수 있습니다. 좋아하는 애니메이션의 일본어 명대사를 이해하거나, 일본 음악의 가사를 느끼며 감상하는 기쁨은 여러분의 경험을 한층 더 풍요롭게 만들어 줄 것입니다.

또한 일본어는 학문적, 직업적 가능성을 열어주는 열쇠입니다. 일본은 세계 경제 3위의 강국으로, 한국과도 다양한 분야에서 긴밀히 협력하고 있습니다. 일본어 실력을 갖추면 유학, 교환 학생 프로그램 등에 참가할 기회가 넓어지고, 일본 관련 직업군인 통역사, 번역가, 무역 전문가, IT 개발자, 여행 가이드 등 다양한 분야에서 경쟁력을 갖출 수 있습니다.

한국 학생들에게 일본어는 배우기 쉬운 언어로 평가됩니다. 문법 구조가 한국어와 유사하며, 익숙한 한자를 활용하는 문자 체계는 학습을 보다 친근하게 만들어 줍니다. 일본어 학습을 통해 한자 실력을 더욱 강화할 수 있을 뿐만 아니라 중국어 등 다른 언어를 배우는 데도 큰 도움이 됩니다.

그러나 일본어를 배우는 것은 단순히 실용적 기술을 익히는 데 머물지 않습니다. 일본어를 통해 일본 문화와 사고방식을 이해하며, 다른 문화를 존중하고 포용하는 태도를 배울 수 있습니다. 이러한 경험은 글로벌 시대에 꼭 필요한 자질이며, 세계를 무대로 활동하고자 하는 여러분에게 큰 힘이 될 것입니다.

여러분이 배우는 교과서는 여러분의 꿈을 응원하는 마음으로 2022 개정 교육과정을 바탕으로 제작되었습니다. 일본어 의사소통 기본 표현을 익히는 것에서부터 일본 문화와 사고방식을 자연스럽게 배우며 실생활에서 활용할 수 있는 일본어 능력을 키울 수 있도록 구성했습니다.

듣기, 말하기, 읽기, 쓰기를 통합적으로 학습할 수 있도록 하고, 실제 일본에서 자주 사용하는 표현과 주제를 다루어 현실감을 더했습니다. 또한, 다양한 디지털 자료와 매체를 활용하여 정보 검색 능력과 문화적 이해를 동시에 기를 수 있도록 설계되었습니다.

스마트폰과 태블릿 같은 디지털 기기를 활용한 과제와 활동을 통해 디지털 리터러시를 키우고, 학습자가 주도적으로 학습할 수 있는 환경을 마련했습니다. 단원의 흐름에 따라 자연스럽게 학습 내용을 연결하며, 마지막에는 복습 활동으로 배운 내용을 점검하고 정리할 수 있도록 구성한 교과서입니다.

이 자습서는 교과서 내용 이해에 도움이 되도록 해석과 해설은 물론 단원별로 쓰기 노트, 나만의 정리 노트, 단어 체크, 요점 체크, 단원 평가를 준비했습니다. 여러분의 학습 진도에 맞추어 효율적으로 활용하기 바랍니다.

새로운 언어를 배우는 여정은 도전적일 수 있지만, 그 도전이 여러분을 더 넓은 세상으로 이끌어 줄 것입니다. 여러분의 꿈과 미래를 더욱 크게 열어 줄 것입니다. 미래는 준비된 사람의 것입니다. 일본어를 통해 여러분의 미래를 준비하시기 바랍니다. 일본어는 언어를 넘어 문화와 기회의 열쇠가 되어, 여러분의 꿈을 향한 길을 열어줄 것입니다.

이제, 일본어와 함께 새로운 도전을 시작해 보세요.

한 걸음 한 걸음, 일본어와 함께 성장하는 당신을 응원합니다!

저자 일동

책의 구성과 특징

단원 도입

각 단원에서 배울 주요 학습 내용을 한눈에 살펴볼 수 있습니다.
생각 열기의 사진과 만화를 통해 단원에서 학습할 일본의 문화 상식과 주요 의사소통 기본 표현을 미리 파악할 수 있습니다. 제시한 설명을 잘 읽어 보기 바랍니다.

교과서 알기

교과서 내용을 상세히 설명하고, 학습한 내용을 바로 확인할 수 있도록 구성하였습니다.

교과서 단어

교과서에 실린 단어입니다. 뜻풀이에 활용하세요.

듣기 대본과 예시 대화 & 해석

듣고 말하기 연습과 대화의 내용 파악을 위해 각 파트별로 듣기 대본과 해석을 실었습니다.

퀴즈

대화 내용을 잘 이해했는지 간단하게 확인할 수 있습니다.

TIP

내용 파악에 도움이 되는 보충 설명은 학습TIP에, 일본 문화와 관련된 추가 설명은 문화 TIP으로 구분하여 실었습니다.

예시 답안 & 해석

학습의 편의를 위해 정리하기 문제의 예시 답안과 이해를 돕기 위한 해석을 함께 실었습니다.

본문 해설

대화 내용의 이해를 돕는 보충 해설을 실었습니다. 중요 표현에 대한 해설은 물론 올바른 사용법과 추가 관련 표현도 함께 실었습니다.

과제 활동 예시 답안

과제 조사 시에 예시 답안을
참고로 활용하기 바랍니다.

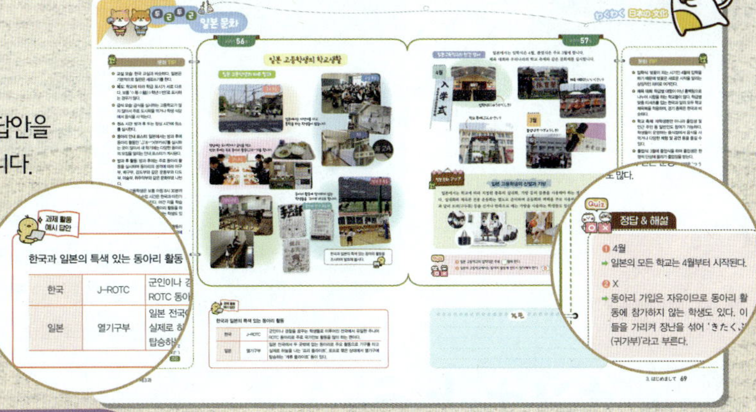

정답 & 해설

교과서에 제시된 ○X Qize의 정답
과 일본 문화를 더 깊이 이해할 수
있도록 해설을 함께 실었습니다.

스스로 정리하기

● 쓰기 노트

각 과의 주요 문장을 쓰고 해석해
보는 페이지입니다. 학습한 내용
을 되새기며 써 보세요.

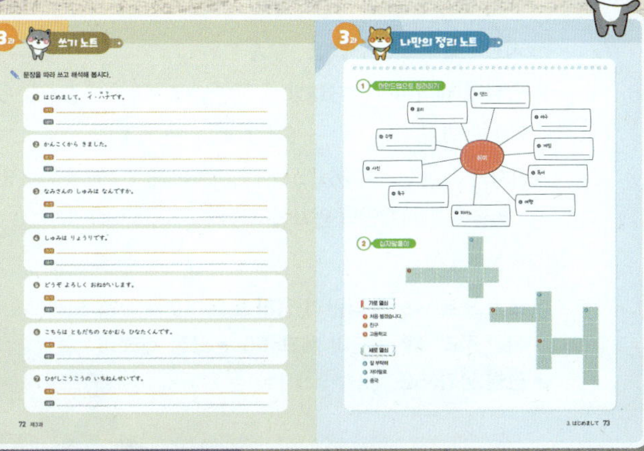

● 나만의 정리 노트

마인드맵으로 과에서 학습한 어휘
를 정리해 보고 십자말풀이나 워드
서치로 주요 단어의 의미를 다시
한번 확인해 보세요.

단원별 정리

단원 평가

총괄 평가

단원의 성취도를 알아볼 수 있도록 단원
별로 확인 문제를 수록하였습니다. 단원
평가와 총괄 평가는 시험 문제 유형 파
악에도 많은 도움이 될 것입니다. 꼭 풀
어 보기 바랍니다.

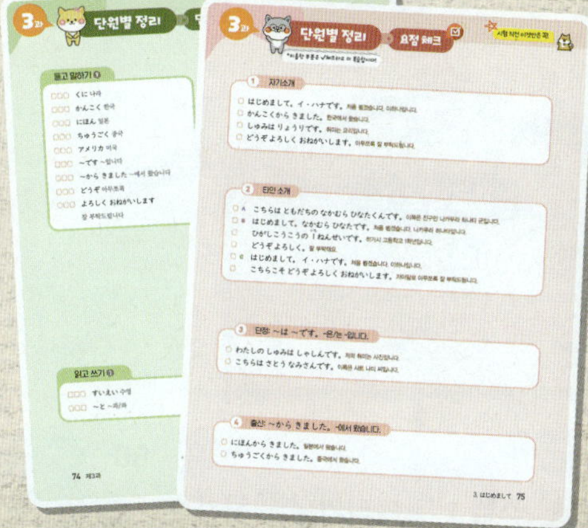

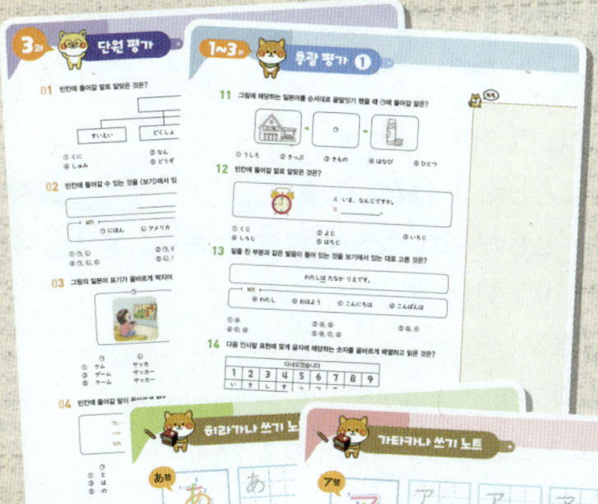

● 단어 체크

단어 체크에서는 과에서
학습한 모든 단어를 오십음도
순으로 정리했습니다.

● 요점 체크

요점 체크는 꼭 알아야 하는
중요 문형을 중심으로 정리한
것으로 시험 준비에 활용하기
바랍니다.

가나 쓰기 노트

가나 쓰기 연습에 활용
하세요. 가나 쓰기를 할
때에는 표시된 획순에
맞춰 쓰기 바랍니다.

교실 일본어

❀ 잘 듣고 말해 봅시다. 🎧 교실 일본어

> **Tip**
> ☆ 일본에서는 교사가 학생을 부를 때, 동급생끼리 서로 부를 때에도 이름 뒤에 '〜さん(〜씨)'을 붙인다. 주로 성 뒤에 붙이는 경우가 많은데 일본에는 성의 종류가 다양해 겹치는 경우가 거의 없기 때문에 성만 부르는 것이 가능하다.

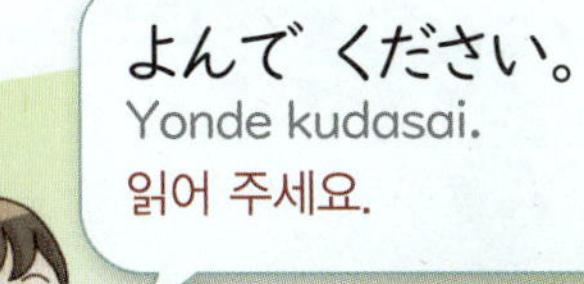

TiP

☆ '～て ください(～해 주세요)'는 동사의 て형에 붙여 상대
방에게 어떤 행동을 지시, 권유, 요구할 때 사용한다.

일본 산책, 문화 맛보기

🌱 일본에 대해 알아보자!

🌱 일본의 연중행사

Tip

☆ **지도**: 일본은 큰 4개의 섬(ほっかいどう 홋카이도, ほんしゅう 혼슈, しこく 시코쿠, きゅうしゅう 규슈)으로 이루어져 있다.

☆ **음식**: 'ラーメン(라멘)'은 중국의 수타 탕면인 라멘(拉面)이 일본에서 현지화되어 만들어진 일본식 중화 요리이다.

☆ **교통**: 대개 '지하철'이라고 부르는 한국과 달리 일본에서는 지상을 달리는 'でんしゃ(전철)'와 주로 지하를 달리는 'ちかてつ(지하철)'를 구분해서 사용한다. 도쿄의 경우 민영 회사가 운영하는 전철이 많아 무료 환승이 어렵고 노선도도 매우 복잡하다.

☆ **의복**: 일본의 전통의상인 'きもの(기모노)'로 주로 결혼식, 성인식, 졸업식 등에 착용한다.

★ 엔기모노란 일본 가정이나 가게에서 한해의 행운과 건강을 빌기 위해 전시해 두는 물건을 말하며, 가까이 두면 행운이나 복을 가져다 준다고 믿는다.
사진은 아이치현에 있는 거대 'まねきねこ(마네키네코)' 도코냥이다.

엔기모노

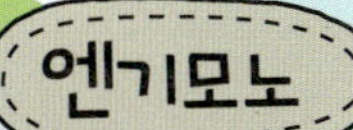

★ 야구는 일본에서 가장 인기 있는 스포츠 중의 하나이다. 야구는 생활 밀착 스포츠로 어려서부터 프로야구 선수를 꿈꾸며 연습할 수 있는 환경 조성이 잘 되어 있다.

엔기모노

★ 2024년 7월부터 사용되고 있는 일본의 지폐이다. 일본은 10,000엔, 5,000엔, 2,000엔, 1,000엔 지폐와 500엔, 100엔, 50엔, 10엔, 5엔, 1엔 동전을 사용하고 있다.

화폐

애니메이션

★ '미야자키 하야오(みやざき はやお)' 감독의 애니메이션 〈이웃집 토토로(となりの トトロ)〉에 등장하는 캐릭터이다. 〈となりの トトロ〉는 일본의 대표적인 애니메이션 제작사 '스튜디오 지브리(スタジオジブリ)'의 작품이다.

일본에 대해 알아보자!

일본은 4개의 큰 섬과 약 14,000여 개의 크고 작은
섬으로 이루어져 있다.
일본의 행정 구역은 도쿄도(東京都), 홋카이도(北海道),
교토부(京都府), 오사카부(大阪府), 43개의 현(県)으로
구성되어 있으며 수도는 도쿄(東京)이다.

교토
과거 약 1,070여 년간 일본의 수도였던
도시로 역사와 전통, 과거와 현대가 공존
하는 공간이다.

도쿄
일본의 정치, 경제, 문화, 교육,
금융, 교통의 중심지이다.

오사카
일본 제2의 도시로 일찍이 일본
상업의 중심지로 발전했다.

나고야
일본 최대 공업 지대 중 하나로
중부 지방의 중추를 담당한다.

Tip

☆ 일본의 면적은 377,976㎢로 한반도 223,663㎢에 비해 약 1.7배(남한 100,449㎢에 비해 약 3.8배) 정도 크
   다. 일본의 행정 구역은 1道(도), 1都(도), 2府(부), 43県(현)으로 나뉘며 일본의 수도는 東京(도쿄)이다.
☆ 일본의 행정 구역(지방, 현 이름)은 교과서 116쪽에 자세히 소개하고 있다.

기모노는 일본의 대표적인 전통 의복으로
주로 격식을 차릴 때 입고, 유카타는 마쓰리나
불꽃놀이를 보러 갈 때 입는다.

☆ 일본의 전통 의복으로 '기모노(きもの)'와 '유카타(ゆかた)'가 있다. '기모노'는 주로 결혼식, 성인식, 졸업식 등 격식을 차리는 자리에서 착용하고, '유카타'는 여름철에 '마쓰리(まつり)'나 '불꽃놀이(はなび)'를 보러 갈 때 착용한다.

일본의 화폐 단위는 엔(円)이며 기호는 ¥으로 표기한다. 2,000엔 기념 지폐도 있다.

지폐

10,000엔
5,000엔
1,000엔

동전

1엔 5엔 10엔 50엔 100엔 500엔

☆ 일본의 화폐는 지폐 4종류(10,000엔, 5,000엔, 2,000엔, 1,000엔)와 동전 6종류(500엔, 100엔, 50엔, 10엔, 5엔, 1엔)가 있다. 일본은 20년에 한 번씩 위조지폐 방지, 기술 발전 반영 등의 이유로 화폐를 바꾸는데 2024년 7월부터 10,000엔, 5,000엔, 1,000엔의 지폐 도안이 새로이 바뀌었다. 새 지폐에 인쇄된 인물은 10,000엔권은 시부사와 에이이치, 5,000엔권은 쓰다 우메코, 1,000엔권은 기타사토 시바사부로이다.

일본의 주식은 밥이며 냉면을 이용한 요리가 발달하였다. 토밥과 우동, 다코야키 등 우리에게도 친숙한 음식들이 많다.

☆ 일본의 대표적인 음식으로 '스시(すし 초밥)', '우동(うどん)', '다코야키(たこやき)', '덴푸라(てんぷら 튀김)' 등이 있으며, 그 밖에 친숙한 음식으로 '라멘(ラーメン)', '돈가스(とんカツ)', '오코노미야키(おこのみやき)', '소바(そば)' 등이 있다. 예전에는 일본 음식을 한국식 의미로 바꾸어 말하였으나 요즘에는 일본어 명칭 그대로 사용하는 경우가 많다.

많은 스포츠 종목 중 일본에서 특히 인기가 많은 것은 야구와 축구이며, 스모는 일본의 전통적인 대표 스포츠의 하나로 자리매김하고 있다.

스모 선수는 리키시라고 한다. 스모는 단 한 번의 경기로 승패가 결정되는데, 상대방을 도효 밖으로 밀어내거나 신체 일부를 먼저 땅에 닿게 하면 이긴다.

고시엔 역사관에는 100년이 넘는 일본 야구 역사가 전시되어 있다.

☆ '스모(すもう)'는 일본 전통 격투기이자 무도로, 씨름판인 '도효(どひょう)' 위에서 '리키시(りきし)'라 불리는 씨름꾼 두 사람이 샅바의 일종인 '마와시(まわし)'를 두르고 힘을 겨루는 일본의 국기(国伎)이다. 상대를 도효 밖으로 밀어내거나 상대를 넘어뜨리거나 던져서 상대방의 발바닥 외의 신체 부위가 땅에 닿게 하는 등의 방법으로 이길 수 있다.

☆ 일본에서는 고등학교 동아리 활동으로 야구부에서 활동하는 학생들이 많다. 전국 각 지역 예선을 거쳐 49개 팀이 효고현 니시노미야에 위치한 한신 고시엔 구장에서 대회를 치르는데 이를 흔히 '고시엔(こうしえん)'이라고 한다. 고시엔의 출장 경력 등이 있거나 성적이 좋으면 프로 야구 선수로서 활약하기도 한다.

애니메이션의 일본식 표현인 아니메가 전 세계에서 통용될 정도로 일본은 애니메이션 강국이다. 작품 속 캐릭터의 인기도 상당하여 만화와 아니메 산업의 성장을 이끌고 있다.

☆ 일본의 대표적인 애니메이션으로 〈도라에몽(ドラえもん)〉, 〈원피스(ワンピース)〉, 〈센과 치히로의 행방불명(千と千尋の神隠し)〉 등이 있다.

엔기모노는 행운을 부르고 불운을 쫓아내는 물건을 말한다. 집 안이나 상점 앞을 장식하는 데 쓰거나 몸에 지니고 다니기도 한다.

마네키네코   오마모리

에마에 소원을 적어 봅시다.

☆ 복을 부르는 고양이인 '마네키네코(まねきねこ)'와 부적인 '오마모리(おまもり)'는 대표적인 엔기모노이다.

히나마쓰리

3월 3일 여자아이의 건강과
행복을 비는 축제이다.
히나단에 히나 인형 등을
올려 장식한다.

오쇼가쓰

온 가족이 모여 설음식을 먹고
신사에 참배를 간다. 집 앞에는
소나무와 대나무로 만든 장식물을
세우며, 집 안에는 신에게 바치는
떡인 가가미모치를 놓는다.

1月

2月

☆ 2월 3일 혹은 4일에 행해지는 '세쓰분(せつぶん)'은 귀신
을 쫓아내는 전통 행사이다. 귀신을 쫓아내기 위해 '마메
마키(まめまき)'라는 콩 뿌리기를 하는데 이때, '귀신은
밖으로, 복은 집 안으로(おには そと、ふくは うち)'
라고 외친다. 집 안팎에 콩(일반적으로 대두)을 뿌리고, 가
족 모두가 자기 나이만큼 콩을 세어 먹는 습관이 있다.

☆ 1월 1일은 '오쇼가쓰(おしょうがつ)'라고 하며 일본의 연중 최
대 명절이다. 오쇼가쓰에는 '오조니(おぞうに)'라는 떡국과 설
날 음식인 '오세치요리(おせちりょうり)'를 먹는다. 현관 앞에
는 '가도마쓰(かどまつ)'와 '시메카자리(しめかざり)', 집 안
에는 '가가미모치(かがみもち)'를 장식한다. 새해에는 가까운
신사를 찾아가 참배를 하는 '하쓰모데(はつもうで)'의 풍습이
있다.

3月

5月

세쓰분

입춘 전날로 붉은 콩을 뿌리며
귀신을 쫓는 행사를 한다.
자신의 나이만큼 콩을 먹으며
무병장수를 기원한다.

단고노셋쿠

5월 5일 남자아이의 성장과
행복을 축복하는 날로
무사 인형을 장식하고
잉어 깃발을 매단다.

☆ 3월 3일에 행해지는 '히나마쓰리(ひなまつり)'는 여자 어
린이들의 무병장수와 행복을 비는 일본의 전통 축제이다.

☆ '단고노셋쿠(たんごのせっく)'는 5월 5일에 남자 어린이
들의 성장과 행복을 축복하는 일본의 전통 축제이다.

다나바타

7월 7일은 견우와 직녀가 만난다는 전설에서 유래된 날로, 색지에 소원을 써서 대나무에 다는 행사를 한다.

시치고산

11월 15일을 전후로 하여 3세, 5세의 남자아이와 3세, 7세의 여자아이의 성장과 행복을 빌며 **지토세아메**를 먹고 신사에 참배한다.

Tip

☆ '다나바타(たなばた)'는 7월 7일에 행하는 행사로 '단자쿠(たんざく)'라고 하는 오색 종이에 소원을 적고 대나무 가지에 장식한다. '단자쿠'에 사용되는 종이의 색은 오행설에 맞춰 빨강, 파랑, 노랑, 흰색, 검정이 있다. 빨간색은 부모님이나 조상님에게 감사를 표하거나 관련된 소원을 빌 때, 파란색은 자신의 성장을 바라는 소원을 적을 때, 노란색은 친구와의 우정 등 인간관계에 관련된 소원을 빌 때, 흰색은 자신의 다짐을 적을 때, 검정색은 학업 향상 소원을 빌 때 사용한다.

Tip

☆ '시치고산(しちごさん)'은 3, 5세가 된 남자아이와 3, 7세가 된 여자아이를 그해 11월 15일 전후로 가까운 신사나 절에 데리고 가 그때까지 무사히 성장했음을 축하하는 일본의 전통 행사이다. 장수를 기원하는 의미를 지닌 홍백색의 '지토세아메(ちとせあめ)'를 먹는다.

7月

8月

11月

12月

오본

8월 15일을 중심으로 치러지며 조상의 영혼을 맞아들여 대접하고 모두의 건강과 행복을 기원한다. 성묘를 가거나 본오도리를 추기도 한다.

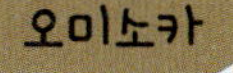

오미소카

12월 31일 섣달그믐날은 온 가족이 모여 소바를 먹거나 제야의 종소리를 들으며 보낸다.

Tip

☆ '오본(おぼん)'은 8월 15일을 중심으로 행해지는 조상에 대한 제례 행사로 '오쇼가쓰(おしょうがつ)'와 더불어 일본 최대의 명절이다. 오본 기간이 되면 조상들이 길을 잘 찾아올 수 있도록 마중하는 불인 '무카에비(むかえび)'를 피우고, 집에 임시 제단인 '본다나(ぼんだな)'를 마련해 예를 올리거나 절을 찾아 공양을 바치고, 성묘인 '하카마이리(はかまいり)'를 가기도 한다. 조상의 영혼이 돌아갈 때 역시 배웅하는 불인 '오쿠리비(おくりび)'를 피운다. 또한 오본에는 지역 공동체가 함께하는 축제가 열리는데, 이승으로 돌아온 망자들이 기뻐하며 춤을 춘 것에서 기원한 '본오도리(ぼんおどり)'를 춘다.

Tip

☆ '오미소카(おおみそか)'는 한 해의 마지막 날을 일컫는 말로 풍작의 신인 '도시가미사마(としがみさま)'를 맞이하기 위해 대청소를 하는 풍습이 있다. 이날에는 장수와 건강을 바라며 가늘고 긴 소바인 '도시코시소바(としこしそば)'를 먹거나 제야의 종소리를 들으며 한 해를 마무리한다.

1 문자와 발음 🎧 1-01

학습 목표

- 일본의 문자 체계를 이해하고 히라가나를 바르게 읽고 쓸 수 있다.
- 청음·탁음·반탁음을 듣고 말할 수 있다.

문자 히라가나의 청음 · 탁음 · 반탁음

문화 🌸 일본인의 성씨 이야기와 호칭 방법
🌸 일본인의 손짓

Tip
☆ 일본어를 표기할 때에는 한자(かんじ 漢字), 히라가나(ひらがな), 가타카나(カタカナ) 3가지 문자를 섞어 쓰는데, 가타카나는 외래어를 표기할 때 주로 사용한다.

구마모토의 지역 캐릭터인 '구마몬'

'오사카 어서 오세요 캠페인'은, 숙박료 할인 등 여행 요금의 할인이나 쿠폰을 지원하는 관광 지원책이다.

히라가나는 중국으로부터 유래된, 흘려 쓴 한자의 초서체를 약간 변형시켜 만든 것이다.
예를 들면 '安' 자의 초서체를 변형한 것이 'あ'이고, '女' 자의 초서체를 변형한 것이 'め'이다.

🌸 그림을 보면서 어떤 말을 하고 있는지 생각해 봅시다.

가타카나　　히라가나　　한자

Tip

✿ **히라가나:** 현재 일반적으로 가장 많이 사용하고 있는 글자이다. 헤이안 시대(平安時代, 794~1192년)에 한자의 초서체를 바탕으로 하여 만들어졌다. 주로 여성들 사이에 쓰였기 때문에 '여자 글자'라고도 했으며, 헤이안 시대 중기에는 이 히라가나로 『겐지모노가타리』 등 찬란한 여류 문학이 꽃피었다.

✿ **가타카나:** 한자의 일부를 변형하여 만든 글자로 히라가나에 비해 각진 모양이다. 헤이안 시대 초기에 승려가 불전을 공부할 때, 읽기를 위해 행과 행 사이에 써넣기 위해 만들었다. 주로 외래어, 외국어, 의성어·의태어, 특별히 강조하고 싶은 표현에 쓰인다.

✿ **한자:** 한자는 일본어의 일상적인 표기에 사용되며, 일본어의 독자적인 '음'뿐만 아니라 '훈'으로도 읽힌다. 일본어의 한자음은, 그 한자가 전래되었을 당시의 중국어의 발음을 따랐기 때문에 시대에 따른 중국의 발음 변화와 함께 일본 한자도 한 글자가 여러 음을 갖는 경우가 생겨났다. 일본은 생활을 하는데 일반적으로 필요한 한자 1945자를 1981년에 상용한자라는 이름으로 공표했는데 2010년에 새롭게 정리하여 2136자를 상용한자로 공표하였다.

	あ단	い단	う단	え단	お단
あ행	あ a 아	い i 이	う u 우	え e 에	お o 오
か행	か ka 카	き ki 키	く ku 쿠	け ke 케	こ ko 코
さ행	さ sa 사	し shi 시	す su 스	せ se 세	そ so 소
た행	た ta 타	ち chi 치	つ tsu 츠	て te 테	と to 토
な행	な na 나	に ni 니	ぬ nu 누	ね ne 네	の no 노
は행	は ha 하	ひ hi 히	ふ fu 후	へ he 헤	ほ ho 호
ま행	ま ma 마	み mi 미	む mu 무	め me 메	も mo 모
や행	や ya 야		ゆ yu 유		よ yo 요
ら행	ら ra 라	り ri 리	る ru 루	れ re 레	ろ ro 로
わ행	わ wa 와				を o 오

ん n 응

2 노래를 부르며 빈칸에 알맞은 히라가나 글자를 붙여 봅시다. 🎧 1-03 　붙임딱지가 있어요.

* 원곡: 주먹 쥐고 손을 펴서

나만의 히라가나 노래 만들기
• 개인별 또는 모둠별로 히라가나 노래를 만들어 발표해 봅시다.
　만든 노래를 영상으로 만들어 사회 관계망 서비스(SNS)에도 올려 봅시다.

メモ

- **청음**: 맑은 소리를 내는 음을 말한다. 오십음도에 나오는 음절 중에 발음과 촉음을 제외하고, 탁점과 반탁점도 붙이지 않은 가나를 말한다.
- **あ행**: 일본어의 모음에 해당하며 우리말 '아이우에오'와 비슷하다.
- **か행**: 자음 [k]에 모음 [a, i, u, e, o]가 결합된 것이며, 첫 음의 [k]를 너무 강하게 발음하지 않는다.
- **さ행**: 자음 [s]에 모음 [a, i, u, e, o]가 결합된 것이며, 'す' 발음은 우리말 '스'에 가깝게 발음한다.
- **た행**: 'た, て, と'는 자음 [t]에 모음 [a, e, o]가 결합된 것이다. 'ち'는 [chi], 'つ'는 [tsu]로 발음하며, 각각 'bench', 'cats'의 끝음과 비슷하다.
- **な행**: 자음 [n]에 모음 [a, i, u, e, o]가 결합된 것이다. 'な'의 필순에 주의한다.

청음 あ행·か행·さ행·た행·な행

1 잘 듣고 따라 읽으며 필순에 유의하여 바르게 써 봅시다. 🎧 1-04 가나 연습장 147쪽

헷갈리는 히라가나

あ-お, い-こ, き-さ-ち, た-な, 등 비슷한 글자를 잘 구별하여 쓰도록 한다. 히라가나를 쓸 때 끝나는 부분이 조금씩 차이가 있으므로, 멈춤, 갈고리, 삐침 등에 주의하면서 쓰도록 한다.

2 어떤 말이 되는지 사다리를 타고 따라가 봅시다. 🎧 1-05

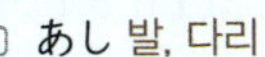

□ あし 발, 다리
□ いぬ 개
□ かお 얼굴
□ さかな 생선
□ すし 초밥
□ つくえ 책상
□ て 손
□ ねこ 고양이

Tip

☆ あ행에서 な 행으로 만들 수 있는 단어

- あい 사랑
- あか 빨강
- あお 파랑
- いえ 집
- いし 돌
- うえ 위
- えき 역
- かさ 우산
- なす 가지
- なつ 여름
- なな 칠, 7

クイズ

1 히라가나로 써 보기

① [sa] ________

② [chi] ________

③ [nu] ________

2 같은 행이 아닌 것에 ○표 하기

た ち す て と

청음　は행·ま행·や행·ら행·わ행·ん

1 잘 듣고 따라 읽으며 필순에 유의하여 바르게 써 봅시다.　🎧 1-06　가나 연습장 147쪽

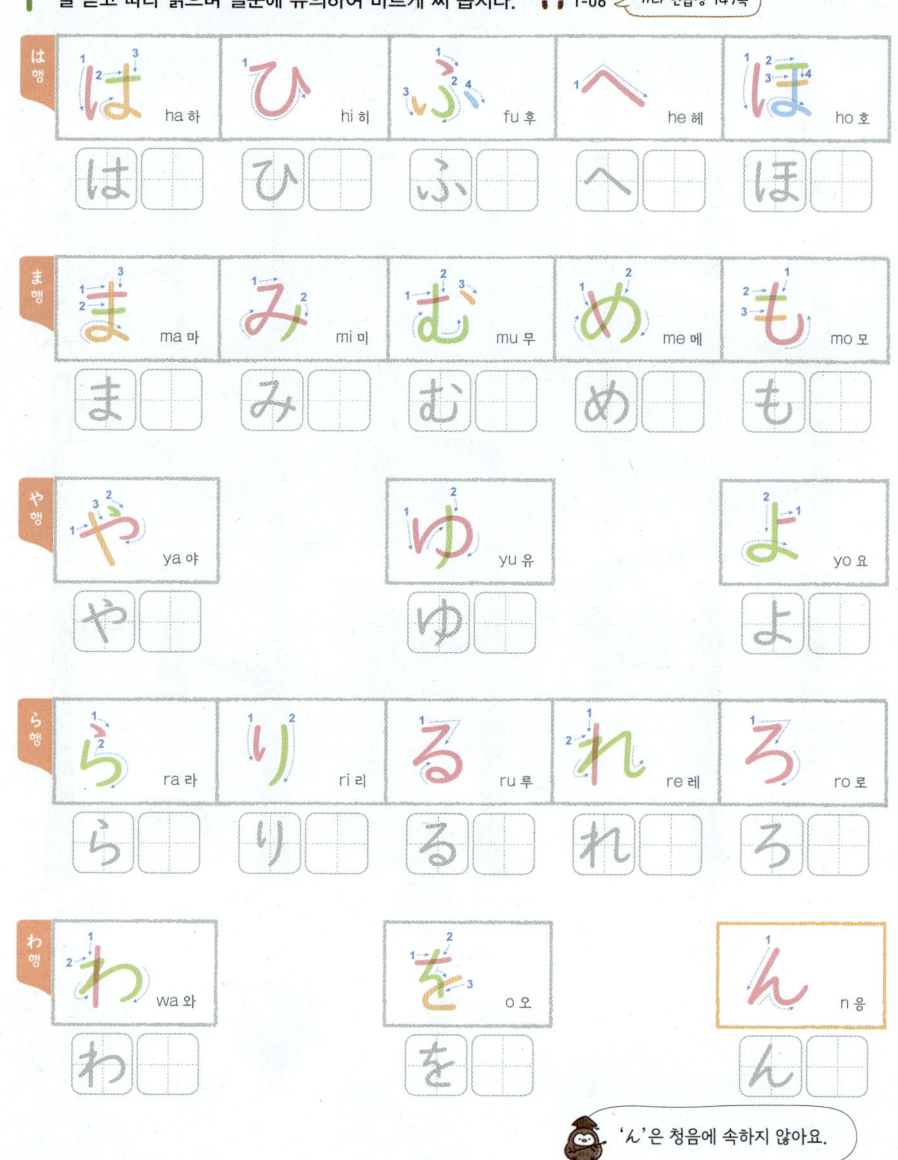

Tip (왼쪽 상단)

⭐ は행: 자음 [h]에 모음 [a, i, u, e, o]가 결합된 것이다. 'ふ'는 입술을 둥글게 하거나, 영어의 [f]처럼 입술을 스치며 발음하지 않는 것에 유의한다.

⭐ ま행: 자음 [m]에 모음 [a, i, u, e, o]가 결합된 것이다.

⭐ や행: や, ゆ, よ 세 개이며 [y]에 모음 [a, u, o]가 결합된 것이다.

⭐ ら행: 자음 [r]에 모음 [a, i, u, e, o]가 결합된 것이며, 영어의 [r]처럼 혀를 굴리지 않음에 유의한다.

⭐ わ행: 'わ, を' 두 개이며, 'を'는 'お'와 같이 [o]로 발음한다. 컴퓨터로 입력할 때는 'を'는 [wo]로, 'お는 [o]로 입력한다.

⭐ ん: 단독으로 사용하거나 발음할 수 없으며, 뒤에 오는 발음에 따라 한국어의 받침 [ㄴ, ㅁ, ㅇ] 등으로 발음된다.

Tip (하단)

⭐ 헷갈리는 히라가나

は-ほ, ぬ-め, い-り, る-ろ, ね-れ-わ 등 비슷한 글자를 잘 구별하여 쓰도록 한다.

⭐ 히라가나 쓰는 순서

히라가나는 한자의 초서체를 바탕으로 만들어진 문자로, 대부분 한자 쓰기 원칙과 비슷하게 쓴다.

① 교차 부분은 가로획 먼저
② 왼쪽에서 오른쪽 순으로
③ 위에서 아래 순으로

2 단어를 따라 쓰고 말해 봅시다. 🎧 1-07

나만의 문장 만들기
* 지금까지 배운 단어를 활용하여 나만의 단어 암기 문장을 만들어 봅시다.

교과서 단어

- [ ] わたし 나
- [ ] はな 꽃
- [ ] ゆき 눈
- [ ] ふね 배
- [ ] さくら 벚꽃
- [ ] やま 산
- [ ] ほん 책
- [ ] きもの 기모노
- [ ] みせ 가게
- [ ] ひとつ 한 개

TIP

☆ 나만의 문장 만들기
- あし, かお, て는 신체를 표현하는 단어이다.
- すし는 さかな로 만든다.
- つくえ 위에 いぬ와 ねこ 인형이 있다.

クイズ

1 공통으로 들어가는 글자에 ○표 하기
さくら　ろく　つくえ

2 같은 행이 아닌 것에 ○표 하기
ひ　は　ふ　ね　ほ

정답
1. く
2. ね

탁음과 반탁음 

1 잘 듣고 따라 읽으며 필순에 유의하여 바르게 써 봅시다. 🎧 1-08 （가나 연습장 147쪽）

탁음 か·さ·た·は행 오른똑 위에 탁점(˝)을 붙여 표기합니다.

が ga 가	ぎ gi 기	ぐ gu 구	げ ge 게	ご go 고
が	ぎ	ぐ	げ	ご
ざ za 자	じ ji 지	ず zu 즈	ぜ ze 제	ぞ zo 조
ざ	じ	ず	ぜ	ぞ
だ da 다	ぢ ji 지	づ zu 즈	で de 데	ど do 도
だ	ぢ	づ	で	ど
ば ba 바	び bi 비	ぶ bu 부	べ be 베	ぼ bo 보
ば	び	ぶ	べ	ぼ

반탁음 は행 오른똑 위에 반탁점(˚)을 붙여 표기합니다.

ぱ pa 파	ぴ pi 피	ぷ pu 푸	ぺ pe 페	ぽ po 포
ぱ	ぴ	ぷ	ぺ	ぽ

Tip

- 탁음: 일본어 청음 중에서 か행, さ행, た행, は행의 글자 오른쪽 위에 탁점(˝)을 붙여 나타낸다.
- が행: 자음 [g]에 모음이 결합된 것이며, 청음인 か행 발음과 구분되므로 주의한다.
- ざ행: 자음[z]에 모음이 결합된 것이며, 우리나라의 '자'와 같이 발음하지 않도록 주의한다. 'じ'는 'ji'로 발음한다.
- だ행: 자음 [d]에 모음이 결합된 것이며, 'ぢ'와 'づ'의 발음은 각각 'じ', 'ず'와 같다.
- ば행: 자음 [b]에 모음이 결합된 것이다.
- 반탁음: 청음 は행의 글자 오른쪽 위에 반탁점(˚)을 붙여 나타낸다.
- ぱ행: 자음 [p]에 모음이 결합된 것이다.

Tip

- 주의할 발음
- がぎぐげご: 한글로 표기한 '가기구게고'와 실제 일본어 발음에는 차이가 있다. 일본어 탁음은 콧소리인 비음을 기반으로 하기에 한글 표기는 ㄱ이지만 ㅇ과 ㄱ의 중간 발음처럼 들리도록 발음하는 것이 정확하다.
- ざじずぜぞ: 요음 じゃ, じゅ, じょ와 발음 구분에 주의한다.
- 탁음 じ와 ぢ는 [ji]로 발음이 같고, ず와 づ는 [zu]로 발음이 같다.

2 잘 듣고 따라 써 봅시다. 🎧 1-09

❶ めがね
❷ ちず
❸ くだもの

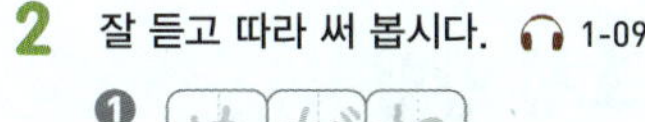
배가 몹시 고픈 모양

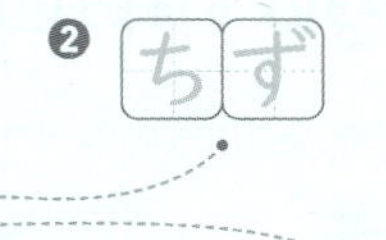
지도

불꽃놀이

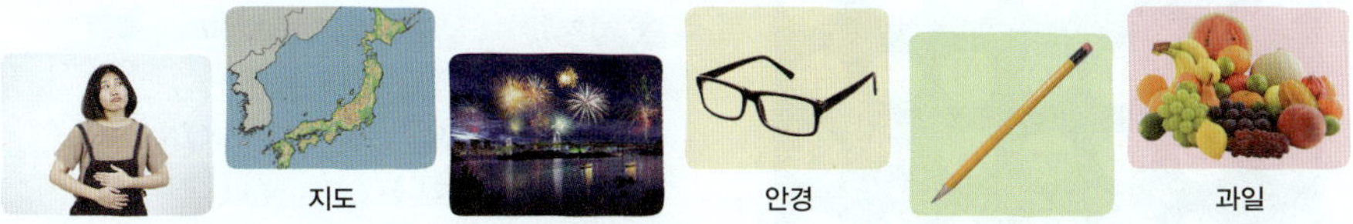

안경

연필

과일

❹ はなび
❺ えんぴつ
❻ ぺこぺこ

3 잘 듣고 차이를 비교하며 써 봅시다. 🎧 1-10

❶

vs

ここ
여기

ごご
오후

❷

vs

あし
발, 다리

あじ
맛

❸

vs

vs

はん
반

ばん
밤

ぱん
빵

---

1 다음 중 탁음을 만들 수 없는 것에 ○표 하기
か　さ　た　ま　は

2 히라가나로 써 보기
① [za] (　　)
② [ba] (　　)
③ [de] (　　)

교과서 단어

☐ めがね 안경
☐ ちず 지도
☐ くだもの 과일
☐ はなび 불꽃놀이
☐ えんぴつ 연필
☐ ぺこぺこ 배가 몹시 고픈 모양
☐ ここ 여기
☐ ごご 오후
☐ あし 발, 다리
☐ あじ 맛
☐ はん 반
☐ ばん 밤
☐ ぱん(パン) 빵

Tip

☆ 탁점과 반탁점을 주의하면서 십자 칸에 각각의 글자를 정확하게 쓴다.

☆ 청음과 탁음의 소리 차이를 구별하면서 잘 듣고 획순에 맞게 쓴다.

정답
1. ま
2. ① ざ ② ば ③ で

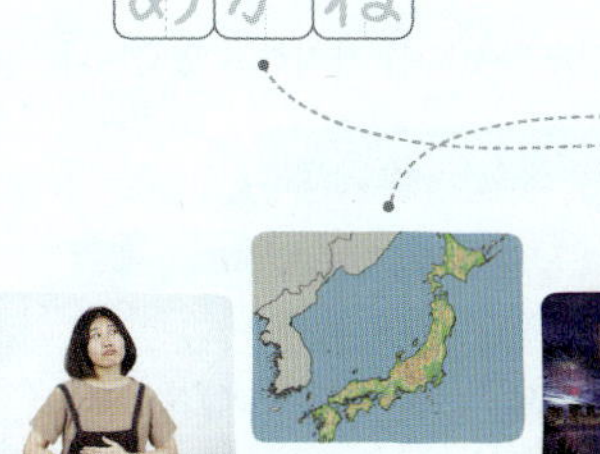

일본인의 성씨 이야기와 호칭 방법

일본의 성씨는 약 30만여 개입니다. 이중 상위 10%의 성씨가 인구의 10%를 차지하고 있습니다.

성씨가 조각된 도장들

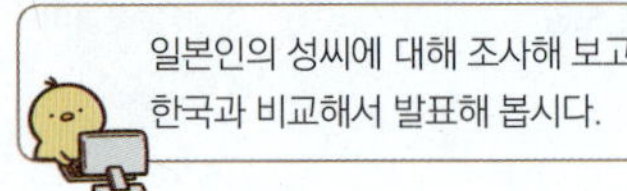

일본의 대표 성씨	한국의 대표 성씨
사토 (さとう)	김 (キム)
스즈키 (すずき)	이 (イ)
다카하시(たかはし)	박 (パク)

일본인의 성씨에 대해 조사해 보고 한국과 비교해서 발표해 봅시다.

일본인의 호칭 방법

일본인의 이름은 한국과 같이 '성+이름'으로 구성되어 있습니다. 'さん'은 다른 사람을 부를 때 성이나 이름에 붙여서 사용하고, 자기 자신에게는 사용하지 않습니다.

처음 만나거나 공식적인 관계라면 '성'으로 말하는 건이 일반적입니다.

학급에서 동급생을 호칭할 때 일반적으로는 '○○さん', '○○くん'은 남자 친구를 부를 때, '○○ちゃん'은 주로 여자 친구를 부를 때 사용합니다.

'○○ちゃん'은 주로 여성들이 친한 사람에게 붙이는 호칭입니다. 가족을 부를 때 친근한 의미로 사용하기도 합니다.

선생님이 학생을 부를 때는 '○○くん'을 사용하기도 하는데 특히 남학생에게 사용하는 경우가 많습니다.

문화 TIP

- 일본은 아직까지 공공 문서나 계약 시에 사인이 아닌 도장을 직접 찍는 문화이다.
- 일본인의 이름은 우리나라와 같이 '성 + 이름' 순이다. 예를 들어 '사토 다케시'는 '사토'가 성이고, '다케시'가 이름이다. 일반적으로 이름을 부를 때는 보통 'さとうさん'처럼 성으로 부르고, 아주 친한 사이에서는 이름으로 부르기도 한다.
- 일본인을 부를 때는 'さん, くん, ちゃん' 등을 붙이는데, 사용하는 방법이 다양하다.
- 주로 남자는 'くん'을, 여자는 'ちゃん'을 붙인다.
- 'さん'은 상대방을 높여 부르는 말이므로 자신의 이름에는 'さん'을 사용하지 않는다.

일본인의 성씨

- 일본에 많은 성씨는 사토-스즈키-다카하시 순이고, 한국은 김-이-박 순이다.
- 일본에서는 결혼하면 남편이나 아내의 성씨 중 하나를 따르도록 하는 부부동성 제도를 법으로 정하고 있다. 보통 아내가 남편의 성씨를 따르는 경우가 대부분으로, 일각에서는 부부별성(夫婦別姓) 제도를 추진하고 있지만 아직까지는 인정되지 않고 있다.

한일 호칭 비교

일본에서는 가족이 아니면 언니, 오빠라는 호칭을 사용하지 않아요.

문화 TIP

☆ 한국은 자신보다 나이가 많을 경우, 남자면 오빠나 형, 여자면 누나나 언니라는 호칭을 사용하지만 일본은 일반적으로 'さん'을 많이 사용한다. 어린 남자는 'くん'을, 어린 여자는 'ちゃん'을 붙이기도 한다.

☆ 일본에서는 아무리 친한 관계라고 하더라도 상대방에게 한국처럼 오빠나, 누나라는 호칭을 사용하지 않는다.

Quiz 정답 & 해설

❶ ○
➡ 일본에서는 상대방을 부를 때 성만 불러도 된다.

❷ ✕
➡ 자신에게는 'さん'은 사용하지 않는다. 'さん'은 상대방을 높여 부르는 말이다.

일본 문화 アップ

일본인의 손짓

한국인들은 자기 자신을 가리킬 때 손바닥을 가슴에 얹는 데 비해서 일본인들은 검지로 자신의 코를 가리키고, 미국인들은 엄지를 세워서 자신의 몸을 가리키기도 합니다.

Quiz

❶ 일본에서는 상대방을 부를 때 성만 불러도 된다. ○ | ✕
❷ 자기 이름에 'さん'을 붙여서 말해도 된다. ○ | ✕

문화 TIP

☆ 일본인의 손짓

자신을 가리킬 때	일본인은 자신을 가리킬 때 검지로 자신의 얼굴을 가리킨다. 특히 얼굴 중에서도 코 주위를 가리키는 경우가 많다.
사람을 부를 때	손바닥을 상대에게 향한 후 약간 앞으로 내민 상태에서 위아래로 움직인다. 마네키네코는 그 상징이라 할 수 있다.
거절할 때	얼굴 앞에서 손을 세워 흔드는 동작은 'NO'를 의미하는 제스처다. 자신이 의심받을 때는 '내가 아니다', '틀리다'는 의미로, 할 수 있을지 없을지 확인할 때는 '못한다'는 의미로, 어떤 서비스를 제공하려고 할 때는 '필요 없다'는 의미로 쓰인다.
맞장구칠 때	일본인은 대화 중 맞장구를 잘 치는데 그것은 상대방의 이야기를 잘 듣고 있다는 의사 표시이다. 만약 서툰 일본어로 일본인과 대화 중 일본인이 고개를 끄덕이거나 맞장구를 친다면 그것은 의미를 확인하고 있다는 표시로 보면 된다.
수를 셀 때	수를 셀 때 손가락을 접어가며 세는 것이 일반적이다. 엄지손가락부터 시작해서 검지, 중지, 약지, 소지 순으로 접는다. 최종적으로는 주먹을 쥐는 형태가 된다.

교과서 **28**쪽

히라가나로 그림 그리기

1 그림 속에 사용된 ひらがな를 찾아봅시다.

예시

へのへのもへじ

2 ひらがな를 이용하여 자신만의 문자 그림을 그려 봅시다.

☆ 헤노헤노모헤지: へへ(눈썹), のの(눈), も(코), へ(입), じ(윤곽)의 7글자로 얼굴을 그린 것으로, 위의 'へ'는 눈썹을, 'の'는 눈을, 'も'는 코를, 아래의 'へ'는 입을, 'じ'는 얼굴 윤곽을 각각 나타낸다. 전형적인 허수아비의 얼굴로 많이 쓰인다. 칠판이나 노트 등의 낙서에도 쓰이고 개그 만화에서 등장인물의 얼굴을 간략하게 나타낼 때도 이용된다.

정답　• いそつとのひへり
　　　• ほ ん

1 잘 듣고 빈칸에 들어갈 글자를 골라 써 봅시다. 🎧 1-11

❶  あ お め / か ☐
❷  き さ ち / ゆ ☐
❸  け は ほ / ☐ な
❹ 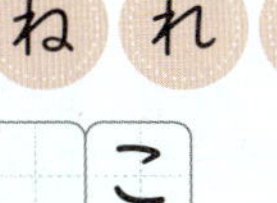 ね れ わ / ☐ こ

2 탁음, 반탁음을 만들 수 있는 히라가나를 찾아서 ○ 표를 해 봅시다.

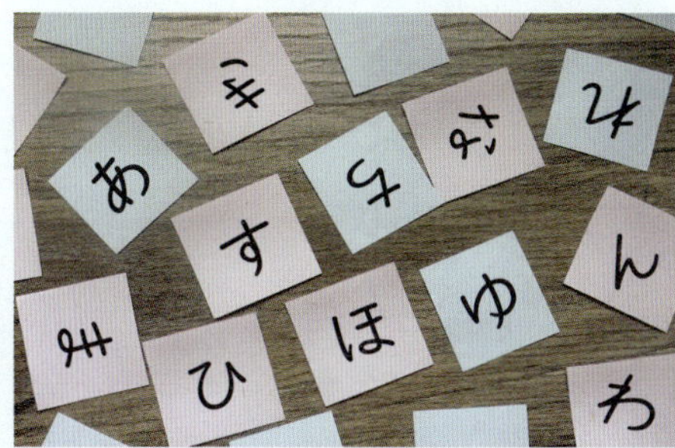

✏️ **문장으로 정리하는 핵심** 콕

1. 일본의 문자에는 히라가나, 가타카나, 한자 등이 있습니다.
2. 탁음은 か, さ, た, は행에 탁점(ﾞ)을 붙여 만듭니다.
3. 반탁음은 は행에 반탁점(ﾟ)을 붙여 만듭니다.

🔍 **1과를 공부하고 이건** 꼭

☐ 히라가나를 읽고 쓸 수 있다.   ☐ 탁음·반탁음을 읽고 쓸 수 있다.

스스로 확인하기

문제 도우미

듣기 대본 & 해석

❶ かお 얼굴
❷ ゆき 눈
❸ はな 꽃
❹ ねこ 고양이

Tip
탁음, 반탁음을 만들 수 있는 히라가나는 か행, さ행, た행, は행이다

Tip

✿ 헷갈리는 히라가나 문자

① あ お め   ② き さ ち
③ け は ほ   ④ ね れ わ
⑤ い り こ   ⑥ る ろ
⑥ ぬ め

クイズ

1 다음 중 탁음과 반탁음을 모두 만들 수 있는 행에 ○표 하기
さ た な は ま

2 히라가나로 써 보기
① [ru] ( )
② [re] ( )
③ [me] ( )

정답
1. は행
2. ① る ② れ ③ め

정답
1. ① か ② ゆ ③ は ④ ね
2. さ た は

청음 ❶

- ☐☐☐ あし 발, 다리
- ☐☐☐ いぬ 개
- ☐☐☐ かお 얼굴
- ☐☐☐ さかな 생선
- ☐☐☐ すし 초밥
- ☐☐☐ つくえ 책상
- ☐☐☐ て 손
- ☐☐☐ ねこ 고양이
- ☐☐☐ わたし 나
- ☐☐☐ はな 꽃
- ☐☐☐ ゆき 눈
- ☐☐☐ ふね 배
- ☐☐☐ さくら 벚꽃
- ☐☐☐ やま 산
- ☐☐☐ ほん 책
- ☐☐☐ きもの 기모노
- ☐☐☐ みせ 가게
- ☐☐☐ ひとつ 한 개

탁음과 반탁음 ❷

- ☐☐☐ めがね 안경
- ☐☐☐ ちず 지도
- ☐☐☐ くだもの 과일
- ☐☐☐ はなび 불꽃놀이
- ☐☐☐ えんぴつ 연필
- ☐☐☐ ぺこぺこ 배가 몹시 고픈 모양
- ☐☐☐ ここ 여기
- ☐☐☐ ごご 오후
- ☐☐☐ あし 발, 다리
- ☐☐☐ あじ 맛
- ☐☐☐ はん 반
- ☐☐☐ ばん 밤
- ☐☐☐ ぱん（パン）빵

*미흡한 부분은 ✓체크하고 더 복습합시다!

✿ **오십음도**: 일본어 문자인 가나(히라가나, 가타카나)를 발음 체계에 따라 5단 10행으로 배열한 것을 말한다. 현재 오십음도에서 사용되는 글자는 'ん'을 포함하여 46개로 구성되어 있다.

✿ **행**: 발음의 자음 부분이 같은 것을 말하며, 그 줄의 첫 글자를 따서 [あ·か·さ·た·な·は·ま·や·ら·わ]행이라고 부른다.

✿ **단**: 발음의 모음 부분이 같은 것을 말하며, 그 줄의 첫 글자를 따서 [あ·い·う·え·お]단이라고 부른다.

✿ 'ん'은 청음에 속하지 않는다.

✿ '히라가나'는 50개가 아니라 46개이다.

✿ 'を'는 '〜을, 를'이라는 뜻의 조사로만 쓰인다.

✿ **탁음**: 글자 우측 위에 점 2개로 된 탁점이 붙은 글자로 탁한 소리를 낸다.　예 が

✿ **반탁음**: 글자 우측 위에 동그란 반탁점이 붙은 글자로 'は'행에서만 사용된다.　예 ぱ

✿ 정확한 의미 전달을 위해서는 탁음과 반탁음이 붙을 때와 붙지 않을 때를 잘 구별해야 한다.

✿ 헷갈리는 히라가나 문자

① | あ | お | め |
② | き | さ | ち |
③ | け | は | ほ |
④ | ね | れ | わ |
⑤ | い | り | こ |
⑥ | る | ろ |
⑥ | ぬ | め |

단원 평가

01 다음은 히라가나 오십음도 중 일부이다. ㉠~㉣에 들어갈 글자가 순서대로 바르게 배열된 것은?

あ	㉠	う	え	お
な	に	㉡	㉢	の
ま	み	む	㉣	も

① い-め-ね-ぬ　　　　② い-ぬ-ね-め　　　　③ い-ぬ-れ-め
④ り-め-れ-ぬ　　　　⑤ り-ぬ-ね-め

02 さ행의 문자가 들어 있는 단어를 〈보기〉에서 있는 대로 고른 것은?

┌─ 보기 ┐
ⓐ すし　　　ⓑ ねこ　　　ⓒ ふね　　　ⓓ さくら　　　ⓔ わたし

① ⓐ　　　　　　　② ⓑ, ⓒ　　　　　　③ ⓒ, ⓔ
④ ⓐ, ⓓ, ⓔ　　　　⑤ ⓑ, ⓒ, ⓓ, ⓔ

03 사전에서 단어를 찾을 때, 가장 앞에 나오는 것과 가장 뒤에 나오는 것으로 짝지어진 것은?

㉠ かお	㉡ みせ	㉢ ゆき	㉣ ほん

① ㉠-㉡　　　　　　② ㉠-㉢　　　　　　③ ㉡-㉢
④ ㉢-㉣　　　　　　⑤ ㉣-㉡

04 일본어로 끝말잇기를 할 때 빈칸 ㉠에 들어갈 단어로 알맞은 것은?

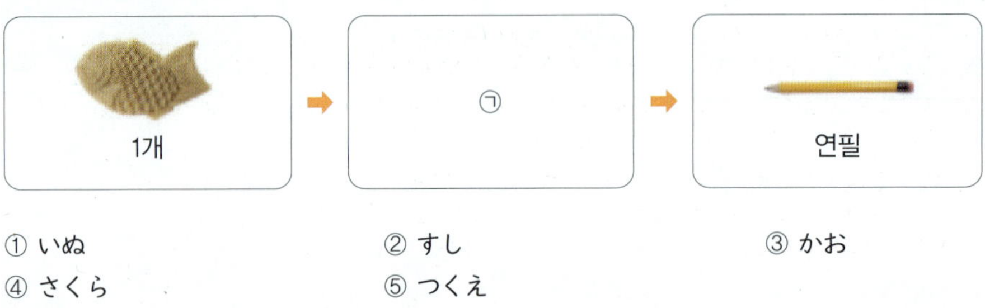

① いぬ　　　　　　　② すし　　　　　　　③ かお
④ さくら　　　　　　⑤ つくえ

정답 및 해설 174쪽

05 청음, 탁음, 반탁음이 모두 존재하는 행은?

① か   ② さ   ③ た
④ は   ⑤ ま

06 뜻에 해당하는 일본어를 옳게 표현한 것은?

① 발 – あし
② 지도 – じす
③ 안경 – めがね
④ 과일 – くたもの
⑤ 불꽃놀이 – ほなび

07 같은 단의 글자로 짝지어진 것은?

① る – ろ   ② さ – ち   ③ た – や
④ せ – そ   ⑤ ほ – ふ

08 일본어 문자에 대한 설명으로 옳은 것은?

① ん도 청음에 포함된다.
② 히라가나 중 い와 り는 발음이 같다.
③ 현재 사용되고 있는 히라가나는 모두 50개이다.
④ 일본어 표기에 사용되는 문자는 히라가나와 가타카나뿐이다.
⑤ 일본어 문자인 가나를 발음 체계에 따라 5단 10행으로 배열한 것을 오십음도라고 한다.

2 おはよう ∩ 2-01

학습 목표

- 박(拍)을 이해하고 요음, 촉음, 발음, 장음을 읽고 쓸 수 있다.
- 숫자를 활용하여 시간과 전화번호를 말할 수 있다.
- 상황에 알맞은 인사말을 말할 수 있다.

문자
히라가나의 요음 · 촉음 · 발음 · 장음

의사소통 기본 표현

- **시간·때** いま、なんじ? 지금 몇 시야?
- **만남과 헤어짐** おはようございます。/ さようなら。
  안녕하세요. / 안녕히 계(가)세요.
- **외출과 귀가** いってきます。/ ただいま。
  다녀오겠습니다. / 다녀왔습니다.
- **감사와 사과** ありがとうございます。/ すみません。
  감사합니다. / 죄송합니다.

문화
🌸 일본인과 세계인의 인사법
🌸 さようなら

일본어의 다양한 표기와 발음

일본의 문자는 청음, 탁음, 반탁음 이외에도 독특하게 표기하고 발음되는 음이 존재한다.
요음(か<u>しゅ</u>), 촉음(い<u>っ</u>ぱい), 발음(お<u>ん</u>がく／でん<u>わ</u>), 장음(お<u>と</u>うさん／お<u>か</u>あさん)이 있으며, 그 밖에도 [こんにち<u>は</u>]의 [は]와 같이 '조사'로 발음하는 경우에는 청음으로 발음할 때와 음이 달라지므로 주의가 필요하다.

교과서 **31**쪽.

결혼한 부부의 인사

정좌(무릎을 꿇고 바르게 앉은 자세)한 상태에서 하는 인사로, 상대방에게 크게 경의를 표하는 인사법이다. 정좌한 상태에서 손바닥을 무릎 앞 바닥에 대고 몸을 30도 정도 숙여 인사한다.

일본인의 인사법

일본인들도 허리를 숙여 인사를 하는데 상황과 대상에 따라 각도(15도, 30도, 45도)가 다르며, 정중도가 달라진다.

❀ 그림을 보면서 어떤 말을 하고 있는지 생각해 봅시다.

できる dekiru !

❀ 일본어로 어떻게 말할지 찾아 써 봅시다.

❶ 안녕하세요. 〈아침 인사〉 ➡ ヒント 교과서 p.36

❷ 안녕. 〈낮인사〉 ➡ ヒント 교과서 p.36

❸ 고마워. ➡ ヒント 교과서 p.37

❹ 다녀왔습니다. ➡ ヒント 교과서 p.37

교과서 단어

- ☐ ひゃく 100, 백
- ☐ かしゅ 가수
- ☐ しょくじ 식사

Tip

☆ 박

- 문자 한 글자당 1박: ゆき(2박), はなび(3박)
- 요음은 합쳐서 1박: しゅみ(2박), りょうり(3박)
- 촉음은 1박: がっこう(4박), ざっし(3박)
- 발음은 1박: はん(2박), こんど(3박)

クイズ

1 히라가나로 써 보기
① [kyu] _________
② [sho] _________
③ [hya] _________
④ [pyo] _________

2 박자 쓰기
① [りよう] _________
② [りょうり] _________
③ [じゆう] _________
④ [じゅう] _________

요음

[い]를 제외한 い단 글자의 오른쪽 아래에 작은 や, ゆ, よ를 붙여 씁니다.

1 잘 듣고 따라 읽어 봅시다. 🎧 2-02

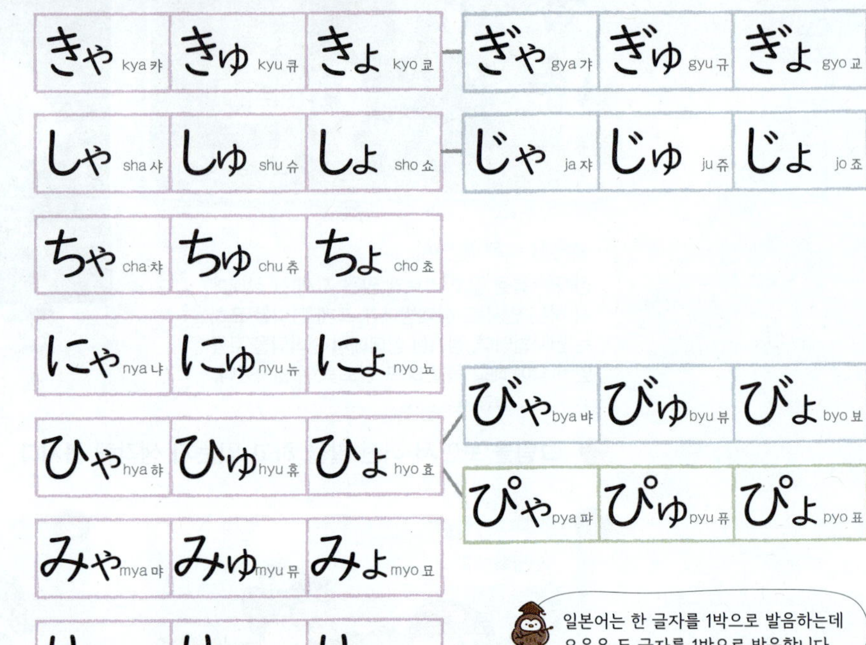

일본어는 한 글자를 1박으로 발음하는데 요음은 두 글자를 1박으로 발음합니다.

2 잘 듣고 따라 써 봅시다. 🎧 2-03

❶	❷	❸
	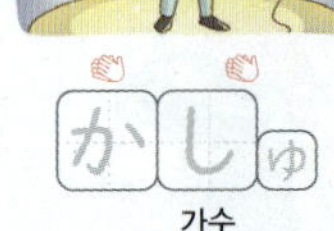	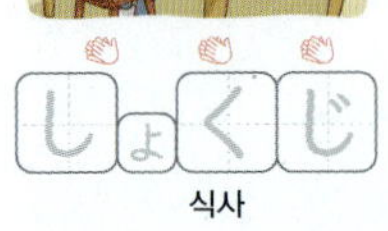
ひゃく	かしゅ	しょくじ
100, 백	가수	식사

Tip

☆ 요음: い를 제외한 い단(き, し, ち, に, ひ, み, り, ぎ, じ, び, ぴ) 글자의 오른쪽 아래에 'や, ゆ, よ'를 작게 써서 'きゃ, きゅ, きょ'와 같이 표기한 것이다.

요음은 두 글자를 한 박자의 길이로 발음한다.
- ひゃく[hyaku]: 2박
- かしゅ[kasyu]: 2박
- しょくじ[syokuji]: 3박

촉음 つ

촉음(っ)은 **1박**으로 발음하며 **받침**의 역할을 합니다.

1 잘 듣고 차이를 비교하며 말해 봅시다. 🎧 2-04

일본어에서 마침표는 '。'으로 표시해요.

❶ **きて** ください。 와 주세요.

❷ **きって** ください。 잘라 주세요.

2 박을 생각하며 잘 듣고 말해 봅시다. 🎧 2-05

   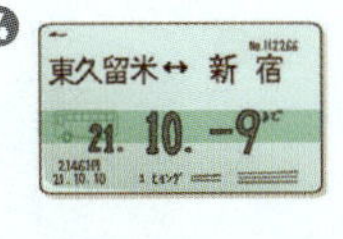

❶ **がっこう** 학교

❷ **ざっし** 잡지

❸ **みっつ** 3개

❹ **きっぷ** 표, 티켓

발음 ん

발음(ん)은 **1박**으로 발음하며 **받침**의 역할을 합니다.

1 잘 듣고 차이를 비교하며 말해 봅시다. 🎧 2-06

 **かじ** 화재

 **かんじ** 한자

2 박을 생각하며 잘 듣고 말해 봅시다. 🎧 2-07

❶ **てんぷら** 튀김

❷ **まんなか** 한가운데

❸ **かんこく** 한국

❹ **うどん** 우동

クイズ

1 밑줄 친 부분 발음 쓰기

① が<u>っ</u>こう ______ ② き<u>っ</u>て ______

③ て<u>ん</u>ぷら ______ ④ か<u>ん</u>こく ______

2 박자 쓰기

① ざっし ______ ② きっぷ ______

③ まんなか ______ ④ うどん ______

교과서 단어

☐ きて ください 와 주세요
☐ きって ください 잘라 주세요
☐ がっこう 학교　　☐ ざっし 잡지
☐ みっつ 3개　　☐ きっぷ 표, 티켓

Tip

★ 촉음: 'つ'를 작게 'っ'로 나타내며 한 박자의 길이로 발음한다.

❶ 촉음 'っ' 뒤에 か행이 올 때 촉음은 [k]로 발음한다.
　예 がっこう[gakko:] 학교(4박자)

❷ 촉음 'っ' 뒤에 さ행이 올 때 촉음은 [s]로 발음한다.
　예 ざっし[zasshi] 잡지(3박자)

❸ 촉음 'っ' 뒤에 た행이 올 때 촉음은 [t]로 발음한다.
　예 みっつ[mittsu] 3개(3박자)

❹ 촉음 'っ' 뒤에 ぱ행이 올 때 촉음은 [p]로 발음한다.
　예 きっぷ[kippu] 표, 티켓(3박자)

교과서 단어

☐ かじ 화재　　☐ かんじ 한자
☐ てんぷら 튀김　　☐ まんなか 한가운데
☐ かんこく 한국　　☐ うどん 우동

Tip

★ 발음: 'ん'은 단독으로 쓰이지 않으며, 뒤에 오는 음의 영향을 받는다. 발음 'ん'은 한 박자의 길이를 갖는다.

❶ 발음 'ん' 뒤에 'ま, ば, ぱ'행이 올 때 'ん'은 [m]으로 발음한다.
　예 てんぷら[tempura] 튀김(4박자)

❷ 발음 'ん' 뒤에 'さ, ざ, た, だ, な, ら'행이 올 때 'ん'은 [n]으로 발음한다.
　예 まんなか[mannaka] 한가운데(4박자)
　　 かんじ[kanji] 한자(3박자)

❸ 발음 'ん' 뒤에 'か, が'행이 올 때 'ん'은 [ŋ]으로 발음한다.
　예 かんこく[kaŋkoku] 한국(4박자)

❹ 발음 'ん' 뒤에 'あ, は, や, わ'행이 오거나, 맨 뒤에 올 때 'ん'은 [N]으로 발음한다.
　예 うどん[udoN] 우동(3박자)
　　 ほんや[hoNya] 서점(3박자)

정답
1. ① k ② t ③ m ④ n
2. ① 3박 ② 3박 ③ 4박 ④ 3박

교과서 단어

- [ ] おばさん 아주머니
- [ ] おばあさん 할머니
- [ ] おじさん 아저씨
- [ ] おじいさん 할아버지
- [ ] ここ 여기
- [ ] こうこう 고등학교
- [ ] おかあさん 어머니
- [ ] おにいさん 형, 오빠
- [ ] すうがく 수학
- [ ] おねえさん 언니, 누나
- [ ] えいが 영화
- [ ] おおい 많다
- [ ] おとうさん 아버지

TiP

✿ 장음: 같은 모음이 이어서 나올 때는 앞 글자의 모음을 길게 발음하며 한 박자의 길이를 갖는다.

❶ あ단 뒤에 'あ'가 올 때 [a]를 길게 발음한다.
  예 おかあさん[oka:saN] 어머니(5박자)

❷ い단 뒤에 'い'가 올 때 [i]를 길게 발음한다.
  예 おにいさん[oni:saN] 형, 오빠(5박자)

❸ う단 뒤에 'う'가 올 때 [u]를 길게 발음한다.
  예 すうがく[su:gaku] 수학(4박자)

❹ え단 뒤에 'え'나 'い'가 올 때 [e]를 길게 발음한다.
  예 おねえさん[one:saN] 언니, 누나(5박자)
  예 えいが[e:ga] 영화(3박자)

❺ お단 뒤에 'お'나 'う'가 올 때 [o]를 길게 발음한다.
  예 おおい[o:i] 많다(3박자)
  예 おとうさん[oto:saN] 아버지(5박자)

✿ 일본어는 발음의 길이에 따라 의미가 달라지기도 하므로 구별하여 사용하도록 한다.
  예 ここ 여기(2박)
     こうこう 고등학교(4박)

✿ 가타카나의 장음은 [−]로 나타내며 한 박자로 발음한다.
  예 サッカ− 축구(4박)

장음

당음은 앞 글자의 모음을 1박 늘여서 길게 발음합니다.

1 잘 듣고 차이를 비교하며 말해 봅시다. 🎧 2-08

❶  おばさん 아주머니 VS おばあさん 할머니 

❷  おじさん 아저씨 VS おじいさん 할아버지 

❸  ここ 여기 VS こうこう 고등학교 

2 박을 생각하며 잘 듣고 말해 봅시다. 🎧 2-09

❶  おかあさん 어머니

❷  おにいさん 형, 오빠

❸  すうがく 수학

❹  おねえさん 언니, 누나

❺  えいが 영화

❻  おおい 많다

❼  おとうさん 아버지

 クイズ

1 박자 쓰기
  ① おばさん ________   ② おばあさん ________
  ③ ここ ________   ④ こうこう ________
  ⑤ えいが ________   ⑥ おとうさん ________

정답
1. ① 4박 ② 5박 ③ 2박
   ④ 4박 ⑤ 3박 ⑥ 5박

숫자 말하기

1 잘 듣고 따라 말해 봅시다. 🎧 2-10

QR코드를 스캔하여 숫자 노래를 불러 보세요.
악보는 부록에 있어요.

❶ 
048-711-8239

❷ 

3350-4649

'-' 표시는 'の'라고 읽어요.

경우에 따라서 숫자 4는 'し·よん·よ', 7은 'しち·なな',
9는 'きゅう·く'라고 말해요.
0은 'ぜろ(ゼロ)', 'れい' 또는 'まる'라고 읽어요.

2 잘 듣고 따라 말하며 빈칸을 채워 봅시다. 🎧 2-11

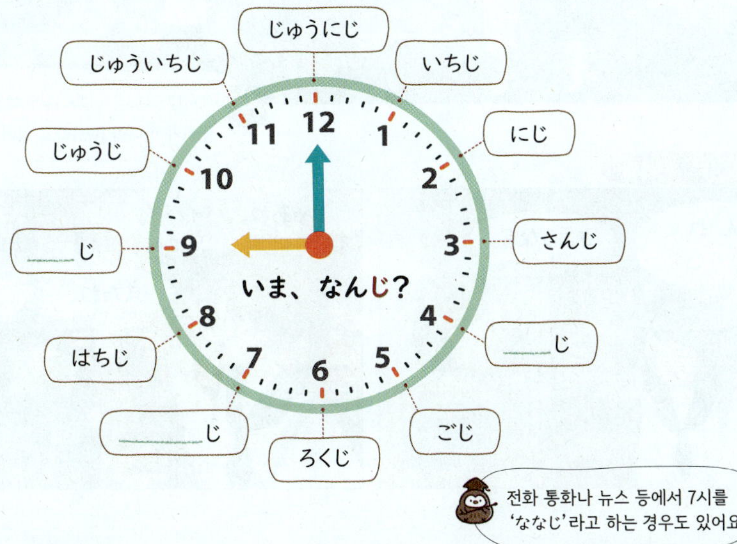

전화 통화나 뉴스 등에서 7시를
'なな じ'라고 하는 경우도 있어요.

---

1 밑줄 친 전화번호 히라가나로 읽기
010 – 2583 – ★★★★

＿＿＿＿＿＿＿＿＿＿＿＿＿＿＿＿＿

2 시간 써 보기

예) 3:00	① 4:00	② 10:00
さんじ		

교과서 단어

☐ いま 지금
☐ なんじ 몇 시

❶

듣기 대본 & 해석

いち 일, 1	に 이, 2
さん 삼, 3	よん 사, 4
ご 오, 5	ろく 육, 6
なな 칠, 7	はち 팔, 8
きゅう 구, 9	ぜろ 영, 0

❶ ぜろよんはちの なないちいちの
  はちにさんきゅう
  048-711-8239

❷ さんさんごぜろの よんろくよんきゅう
  3350-4649

Tip

☆ 숫자 '0'은 'ゼロ, れい, まる'와 같이
  읽는 방법이 다양한데, 한국어의 '제
  로, 영, 공'과 같이 상황에 따라 다르게
  사용한다.

❷

듣기 대본 & 해석

いま、なんじ？ 지금 몇 시?

いちじ 1시	にじ 2시
さんじ 3시	よじ 4시
ごじ 5시	ろくじ 6시
しちじ 7시	はちじ 8시
くじ 9시	じゅうじ 10시
じゅういちじ 11시	じゅうにじ 12시

Tip

☆ よじ(4시), しちじ(7시), くじ(9시)의
  경우 주의하여 학습할 필요가 있다. 특
  히, 숫자 '4'의 경우는 상황에 따라 발
  음법이 다양하므로 구분하여 학습하
  도록 한다.

  예) しがつ(4월) よじ(4시)
  よえん(4엔) よにん(네 사람)
  じゅうよん (14)

여러 가지 인사말입니다. 잘 듣고 의미를 생각하며 따라 말해 봅시다. 🎧 2-12

교과서 단어

- ☐ おはよう 안녕(아침 인사)
- ☐ おはようございます 안녕하세요(아침 인사)
- ☐ こんにちは 안녕, 안녕하세요(점심 인사)
- ☐ こんばんは 안녕, 안녕하세요(저녁 인사)
- ☐ せんせい 선생님
- ☐ さようなら
  안녕히 계(가)세요, 잘 가(헤어질 때의 인사)
- ☐ じゃあね 그럼, 안녕
- ☐ バイバイ 안녕, 잘 가
- ☐ またね 또 만나

クイズ

1 옳은 표현으로 고쳐 쓰기
  ① 아침 인사
    おはいよ。 → ____________。
  ② 저녁 인사
    こんぱんは。 → ____________。
  ③ 헤어질 때의 인사말
    さおうなら。 → ____________。

정답
1. ① おはよう ② こんばんは
③ さようなら

만날 때의 인사말

헤어질 때의 인사말

본문 해설

❶ 일본어는 반말과 존댓말을 구분한다.
  예 おはよう。안녕. (아침 인사), おはようございます。안녕하세요. (아침 인사)

❷ 한국어와는 다르게 아침, 점심, 저녁 인사가 따로 있다. 단, 점심 인사와 저녁 인사는 반말, 존댓말의 구별이 없다.
  おはようございます。(아침 인사)   こんにちは。(점심 인사)
  こんばんは。(저녁 인사)

❸ 'こんにちは'와 'こんばんは'는 각각 '오늘은 (어떠십니까?)', '오늘 밤은 (어떠십니까?)'의 의미로 사용하던 말이 짧게 굳어진 표현이다. 표기할 때 'こんにちわ'와 'こんばんわ'로 표기하지 않도록 주의한다.

❹ 'さようなら'는 한동안 못 볼지도 모르는 경우나 연인의 이별 상황 등에 사용하는 인사말이다. 학교에서는 학생과 선생님이 헤어질 때 하는 인사말로 사용된다. 'さうなら'라고 줄여서 말하기도 한다.

❺ 'じゃあね', 'またね', 'バイバイ'는 주로 친구 사이에서 사용한다.

교과서 **37**쪽

외출과 귀가의 인사말

감사의 인사말

사과의 인사말

교과서 단어

- [ ] いってきます
  다녀올게, 다녀오겠습니다
- [ ] いってらっしゃい
  다녀와, 다녀오세요
- [ ] ただいま
  다녀왔습니다
- [ ] おかえり(なさい)
  어서 와, 어서 오세요
- [ ] ありがとう(ございます)
  고마워, 고맙습니다
- [ ] ごめんなさい
  미안합니다, 죄송합니다
- [ ] すみません
  미안합니다, 죄송합니다

クイズ

1 바른 대화 완성하기
① 외출
  A: いってきます。
  B: ______________。
② 귀가
  A: ______________。
  B: おかえりなさい。

2 빈칸 채워 넣기
① あり□とう。
② す□ません。

본문 해설

❶ 일본인은 외출과 귀가 인사말이 입버릇처럼 습관화되어 있어 외출과 귀가 시에 집 안에 사람이 없어도 인사하는 사람이 많다.

❷ 'おかえり(어서와)'는 귀가 시 사람을 맞이하는 말로 보다 정중하게는 'おかえりなさい(어서 오세요/어서 오렴)'라고 한다.

❸ 'ありがとう(고마워)'는 반말로, 정중하게는 'ありがとうございます(고맙습니다)'라고 한다.

❹ 'ごめんなさい'는 친구나 손아랫사람에게 미안함을 표현할 때 사용하는 'ごめん(미안)'의 정중한 표현이다.

❺ 'すみません'은 타인에게 사과할 때 사용하는 인사말이다. 그 밖에도 '말 걸기', '감사'의 의미로 사용하기도 한다.

2. おはよう **41**

일본인과 세계인의 인사법

문화 TIP

☆ 일본인의 인사법

- 座礼(ざれい): 정좌(무릎을 꿇고 바르게 앉은 자세)한 상태에서 하는 인사로, 상대방에게 크게 경의를 표하는 인사법이다. 정좌한 상태에서 손바닥을 무릎 앞 바닥에 대고 몸을 숙여 인사한다. 몸의 각도에 따라 의미가 다르며 세분화하여 구분한다.

- **가벼운 인사(15도):** '에샤쿠'라고 하여 가볍게 고개를 숙여 하는 인사법이다.

- **보통 인사(30도):** '게이레이'는 서서 하는 가장 정식적인 인사법으로 감사와 환영의 의미가 있다.

- **정중한 인사(45도):** '사이케이레이'는 존경과 사과의 의미가 강한 인사법으로 45도로 허리와 고개를 숙여 약 3초 동안 자세를 유지하며 하는 인사이다.

クイズ

1 관련 있는 것끼리 선 긋기
① 가벼운 인사 ② 정중한 인사 ③ 보통 인사

·　　　　·　　　　·

㉠　　　㉡　　　㉢

·　　　　·　　　　·

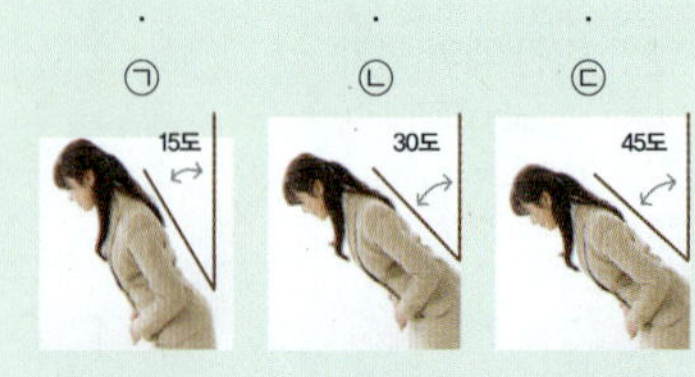

일본인의 인사법

일본인의 인사법은 사회적으로 약속된 행동이 많습니다. 대표적인 예로 허리와 목을 숙여 인사하는데 각도에 따라 정중한 정도를 나타내기도 합니다.

세계인의 인사법

세계인의 인사법은 다양합니다. 한국과 일본이 고개를 숙여 인사하는 것과 달리 악수를 하거나 서로 접촉하면서 인사하는 곳도 많습니다.

붙임딱지가 있어요.

여러 나라의 인사법 특징을 알아보고, 그 나라의 인사법대로 인사해 봅시다.

✧ 과제 활동 예시 답안

세계인의 인사법

① **중국:** 중국의 옛 인사법
　· 남자는 오른 주먹을 왼손바닥으로 감싸고 가슴 높이에 올리며 인사한다.
　· 여자는 왼 주먹을 오른손바닥으로 감싼다.
② **인도:** 양손을 모아 합장한 뒤 고개를 살짝 숙인다.
③ **사우디아라비아:** 오른손으로 가슴과 이마를 순서대로 만진 후 손을 더 높이 바깥쪽을 향해 올리고 머리를 살짝 숙이며 인사한다.
④ **미국:** 손을 힘 있게 잡고 두세 번 흔든다.
⑤ **한국·일본:** 고개를 숙여 인사하는 목례 등이 있다.

교과서 **39**쪽

일본인의 명함 교환 예절

일본 사회에서 명함 교환은 매우 중요한 예절입니다.

 →  →  → 

명함을 준비합니다.   명함을 서로 건넵니다.   명함을 확인합니다.   받은 명함은 테이블 위에 둡니다.

일본 문화 아ップ

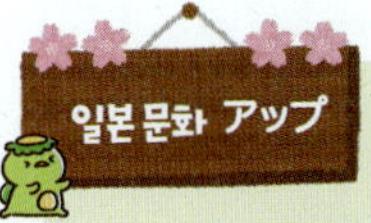

さようなら

학교에서는 종례 시간이 끝나고 집으로 갈 때 사용합니다. 때로는 'さよなら'라고 줄여서 말하기도 합니다.

한동안 못 볼 것 같은 상황에서 하는 이별의 인사말입니다. 평소 헤어질 때 하는 인사말로는 어울리지 않습니다.

Quiz

❶ 일본에서는 인사할 때 허리와 목을 숙이는 각도에 따라 정중한 정도가 다르다.   O | X

❷ 명함에 쓰인 한자 이름을 어떻게 읽는지 물어보는 것은 실례이다.   O | X

문화 TIP

☆ **일본인의 명함 교환 매너**

인사 예절을 중시하는 일본 사회에서는 명함을 교환할 때도 정해진 사회적 규칙에 따라 주고받는 것을 볼 수 있다. 보통, 지위가 낮거나 영업을 하는 입장의 사람이 먼저 명함을 건넨다. 명함을 건넬 때는 자신의 이름을 상대방이 바로 받아 읽을 수 있도록 하며, 명함을 받은 후에는 지갑이나 가방에 넣기보다 테이블의 좌측 위에 놓고 이름을 확인하며 대화하는 것이 좋다.

Quiz — 정답 & 해설

❶ O

❷ X

➡ 같은 한자라도 읽는 방법이 다를 수 있으므로 물어보고 확인하는 것이 좋다.

문화 TIP

☆ **헤어질 때의 인사말**

평소 자주 만나는 친구 사이에는 'じゃあね', 'またね', 'バイバイ', 'また あした', 'じゃあ、また' 등과 같이 다양한 표현으로 인사한다.

함께하기

교과서 **40**쪽

숫자 '10'을 만들자!

준비물 화이트보드(모둠별 1개), 보드 마커, 숫자 카드(활동 자료 161쪽)

활동 방법

1. 4명이 한 모둠이 됩니다.
2. 교사는 카드를 한 장 뽑아 카드에 적힌 네 개의 숫자를 일본어로 각각 말합니다.
3. 모둠원은 숫자 네 개를 듣고 화이트보드에 받아 적습니다.
4. 각각의 숫자를 ⊕ ⊖ ⊗ ⊘ 를 자유롭게 사용하여 숫자 10을 만듭니다.
5. 문제를 해결하고 정답을 외칩니다.
6. 가장 먼저 풀이 과정을 바르게 설명한 모둠이 이깁니다.

 **문화 TIP**

★ 일본어 사칙연산 표현

＋：たす　　－：ひく　　×：かける　　÷：わる

 교과서 **41**쪽

1 잘 듣고 내용과 일치하는 시계에 ✓표를 해 봅시다. 🎧 2-13

❶ 　　❷ 　　❸ 

☐　　☐　　☐

2 [문자 상자]에서 알맞은 글자를 골라 헤어질 때의 인사말을 완성해 봅시다.

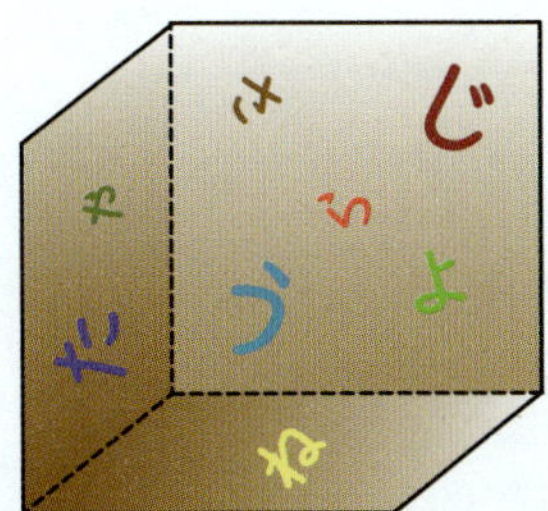

❶ ま ☐☐ 。

❷ ☐☐☐ な ☐ 。

❸ ☐☐ あね。

 스스로 확인하기

 문제 **도 우 미**

❶

듣기 대본 & 해석

A　いま、なんじ？ 지금 몇 시야?
B　よじ。 4시.

❷

해석

① またね。　또 만나.
② さようなら。　안녕히 계(가)세요.
③ じゃあね。　그럼 안녕.

🐾 문장으로 정리하는 핵심 **콕**

4. 안녕하세요! (낮 인사)
　지금 몇 시? – 2시.
　고마워.
　그럼 안녕.

🐾 문장으로 정리하는 핵심 **콕**

1. 일본어는 한 글자를 1박으로 발음하지만, 요음은 두 글자를 1박으로 발음합니다.
2. 촉음[っ]과 발음[ん]은 우리말의 받침 역할을 합니다.
3. 장음은 길게 발음하는 음을 말합니다.
4.  こんにちは！ / いま、なんじ？ –2じ。 / ありがとう。 / じゃあね。

🐾 **2과를 공부하고 이건 콕**

☐ 숫자를 말할 수 있다.　　☐ 시간을 읽고 말할 수 있다.　　☐ 인사말을 바르게 말할 수 있다.

メモ

정답
1 ②
2 ① またね。 ② さようなら。 ③ じゃあね。

쓰기 노트

문장을 따라 쓰고 해석해 봅시다.

❶ おはようございます。

쓰기 ____

해석 ____

❷ こんにちは。

쓰기 ____

해석 ____

❸ こんばんは。

쓰기 ____

해석 ____

❹ いってきます。

쓰기 ____

해석 ____

❺ おかえりなさい。

쓰기 ____

해석 ____

❻ ありがとうございます。

쓰기 ____

해석 ____

❼ すみません。

쓰기 ____

해석 ____

나만의 정리 노트

1 마인드맵으로 정리하기

❷ 이, 2

❶ 일, 1

❸ 삼, 3

❿ 영, 0

❹ 사, 4

숫자
(전화번호)

❾ 구, 9

❺ 오, 5

❽ 팔, 8

❻ 육, 6

❼ 칠, 7

2 십자말풀이

가로 열쇠

❶ 할아버지
❷ 한가운데
❸ 학교

세로 열쇠

ⓐ 많다
ⓑ 11시
ⓒ 한국

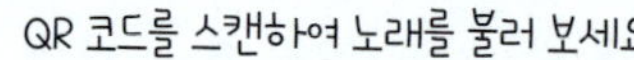

* 원곡: 우리 서로 학교 길에

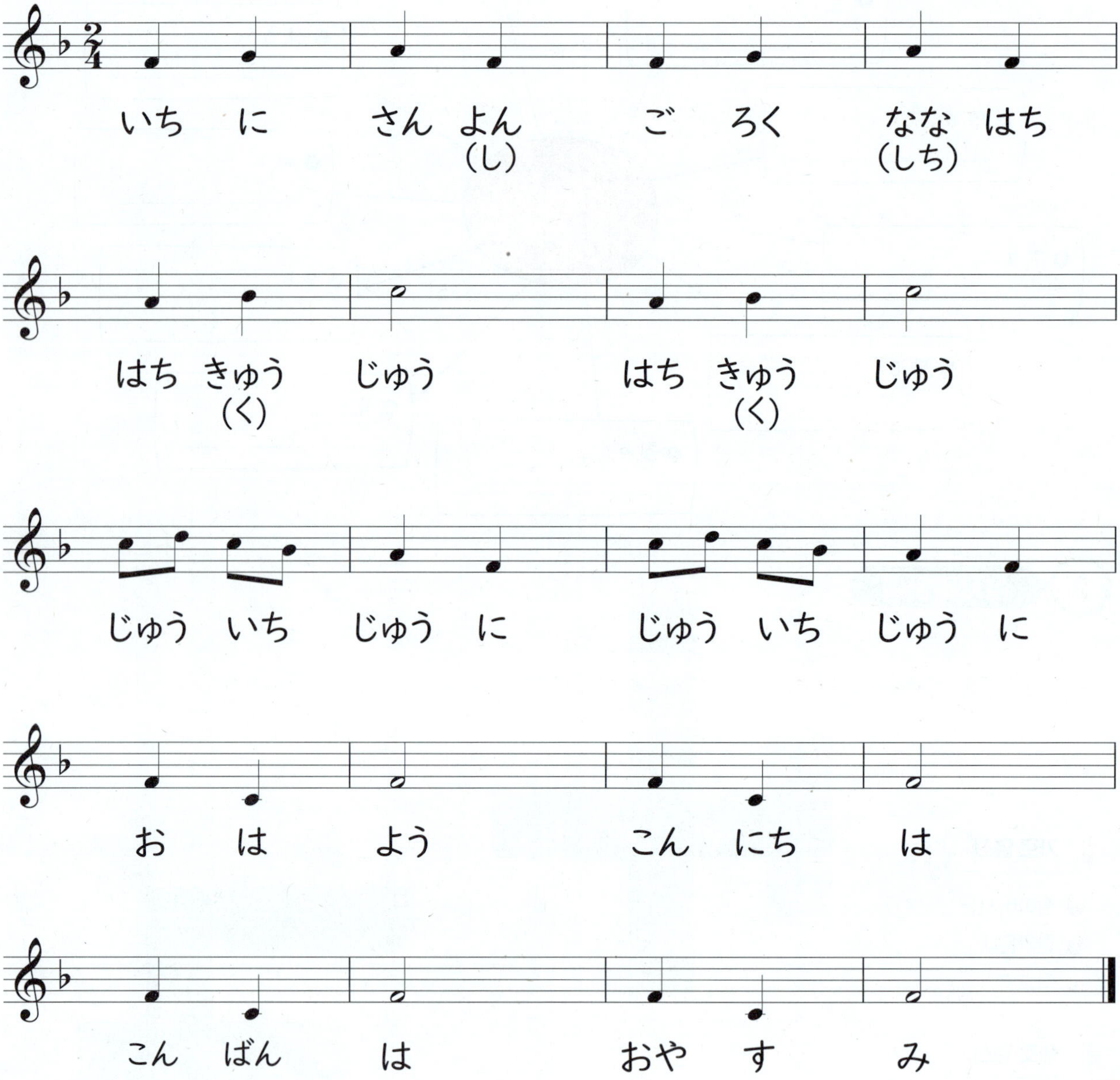

- おはよう 안녕(아침 인사)　- こんにちは 안녕, 안녕하세요(낮 인사)　- こんばんは 안녕, 안녕하세요(저녁 인사)　- おやすみ 잘 자

빈칸을 채워 봅시다.

요음·촉음·발음·장음

- かしゅ 가수
- しょくじ 식사
- ひゃく 100, 백
- きて ください 와 주세요
- きって ください 잘라 주세요
- がっこう 학교
- ざっし 잡지
- みっつ 3개
- きっぷ 표, 티켓
- かじ 화재
- かんじ 한자
- てんぷら 튀김
- まんなか 한가운데
- かんこく 한국
- うどん 우동
- おばさん 아주머니
- おばあさん 할머니
- おじさん 아저씨
- おじいさん 할아버지
- ここ 여기
- こうこう 고등학교
- おかあさん 어머니
- おにいさん 형, 오빠
- すうがく 수학
- おねえさん 언니, 누나
- えいが 영화
- おおい 많다
- おとうさん 아버지

숫자 말하기

- いち 일, 1
- に 이, 2
- さん 삼, 3
- よん·し·よ 사, 4
- ご 오, 5
- ろく 육, 6
- なな·しち 칠, 7
- はち 팔, 8
- きゅう·く 구, 9
- じゅう 십, 10
- じゅういち 십일, 11
- じゅうに 십이, 12
- ぜろ(ゼロ)·れい·まる 영, 제로, 0
- いま 지금
- なんじ 몇 시

듣고 말하기

- おはよう(ございます)
  안녕, 안녕하세요(아침 인사)
- こんにちは 안녕, 안녕하세요(낮 인사)
- こんばんは 안녕, 안녕하세요(저녁 인사)
- せんせい 선생님
- さようなら
  안녕히 계(가)세요, 잘 가(헤어질 때의 인사)
- じゃあね 그럼, 안녕
- バイバイ 잘 가
- またね 또 만나
- いってきます 다녀올게, 다녀오겠습니다
- いってらっしゃい 다녀와, 다녀오세요
- ただいま 다녀왔습니다
- おかえり(なさい) 어서 와, 어서 오세요
- ありがとう(ございます)
  고마워, 고맙습니다
- ごめんなさい 미안합니다, 죄송합니다
- すみません 미안합니다, 죄송합니다

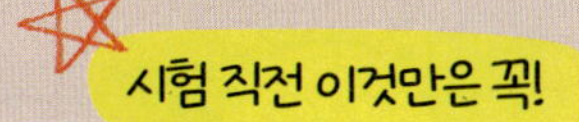

*미흡한 부분은 √체크하고 더 복습합시다!

① 요음

い를 제외한 い단 글자의 오른쪽 아래에 'や, ゆ, よ'를 작게 써서 'きゃ, きゅ, きょ'와 같이 표기하며, 두 글자를 한 박자의 길이로 발음한다.

예 ひゃく[hyaku] 100, 백(2박)
　 かしゅ[kasyu] 가수(2박)
　 しょくじ[syokuji] 식사(3박)

② 촉음

	か행		[k]	がっこう [gakko:] 학교(4박)
っ +	さ행	→	[s]	ざっし [zasshi] 잡지(3박)
	た행		[t]	みっつ [mittsu] 3개(3박)
	ぱ행		[p]	きっぷ [kippu] 표, 티켓(3박)

③ 발음

	'ま, ば, ぱ'행		[m]	てんぷら [tempura] 튀김(4박)
ん +	'さ, ざ, た, だ, な, ら'행	→	[n]	まんなか [mannaka] 한가운데(4박)　かんじ [kanji] 한자(3박)
	'か, が'행		[ŋ]	かんこく [kaŋkoku] 한국(4박)
	'あ, は, や, わ'행		[N]	うどん [udoN] 우동(3박)　ほんや [hoNya] 서점(3박)

④ 장음

あ단 + 'あ'	→	[a]를 길게 발음	おかあさん [oka:saN] 어머니(5박자)	
い단 + 'い'	→	[i]를 길게 발음	おにいさん [oni:saN] 형, 오빠(5박자)	
う단 + 'う'	→	[u]를 길게 발음	すうがく [su:gaku] 수학(4박자)	
え단 + 'え'/'い'	→	[e]를 길게 발음	おねえさん [one:saN] 언니, 누나(5박자)　えいが [e:ga] 영화(3박자)	
お단 + 'お'/'う'	→	[o]를 길게 발음	おおい [o:i] 많다(3박자)　おとうさん [oto:saN] 아버지(5박자)	

⑤ 시간

1시	2시	3시	4시	5시	6시	7시	8시	9시	10시	11시	12시
いちじ	にじ	さんじ	よじ	ごじ	ろくじ	しちじ	はちじ	くじ	じゅうじ	じゅういちじ	じゅうにじ

01 빈칸에 들어갈 말로 알맞은 것은?

> A ＿＿＿＿＿＿＿。
> B いってらっしゃい。

① ただいま　　　　② おかえり　　　　③ おはよう
④ こんにちは　　　⑤ いってきます

02 [보기]의 단어와 박수가 같은 것은?

> ┤ 보기 ├
> きっぷ

① かしゅ　　　　② かんじ　　　　③ かんこく
④ がっこう　　　⑤ すうがく

03 장음의 특징을 가지고 있는 단어만을 고른 것은?

> ㉠ かじ　　　㉡ さっし　　　㉢ こうこう　　　㉣ えいが

① ㉠, ㉡　　　　② ㉠, ㉢　　　　③ ㉡, ㉢
④ ㉡, ㉣　　　　⑤ ㉢, ㉣

04 다음 낱말을 바르게 배열하여 인사말을 만드시오.

(가)

う	あ	と	が	り

➡ ＿＿＿＿＿＿＿＿＿＿＿＿＿＿＿＿＿＿＿

(나)

す	ま	み	ん	せ

➡ ＿＿＿＿＿＿＿＿＿＿＿＿＿＿＿＿＿＿＿

05 빈칸에 들어갈 표현으로 알맞은 것은?

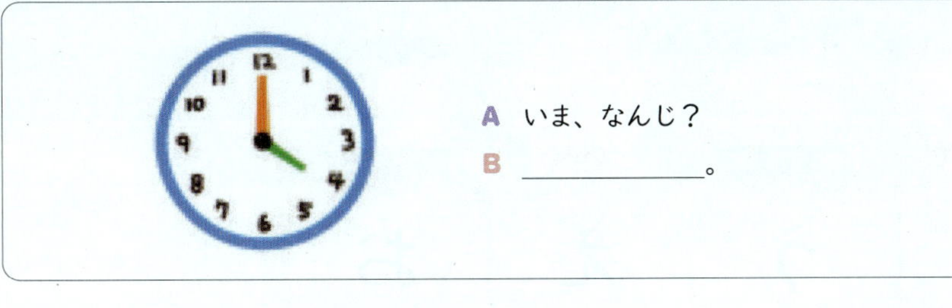

① にじ　　　　　② よじ　　　　　③ ごじ
④ くじ　　　　　⑤ よんじ

06 빈칸에 들어갈 말로 알맞은 것은?

> A じゃあね。
> B ____________。

① またね　　　　　　② こんばんは　　　　　③ ごめんなさい
④ おかえりなさい　　⑤ おはようございます

07 밑줄 친 전화번호를 바르게 읽은 것은?

> 01★ - <u>4732</u> - 2★93

① ししちにさん　　　② しななにさん　　　③ よしちさんに
④ よんなさんに　　　⑤ よんしちさんに

08 다음 문자 중 표기가 바르지 <u>못한</u> 것은?

① きゅ　　　　　② みょ　　　　　③ いゆ
④ ぎゃ　　　　　⑤ ぴゅ

히라가나 정리

1 잘 듣고 따라 읽어 봅시다. 🎧 2-14

청음

あ	い	う	え	お
か	き	く	け	こ
さ	し	す	せ	そ
た	ち	つ	て	と
な	に	ぬ	ね	の
は	ひ	ふ	へ	ほ
ま	み	む	め	も
や		ゆ		よ
ら	り	る	れ	ろ
わ				を

ん

* **청음**: 맑은 소리를 내는 음을 말한다. 모두 45자이며 ん은 포함되지 않는다.

か　き　く
さ　し　す
た　ち　つ

は　ひ　ふ
は
ひ

ふ

탁음

が ぎ ぐ げ ご
ざ じ ず ぜ ぞ
だ ぢ づ で ど
ば び ぶ べ ぼ

요음

きゃ きゅ きょ
しゃ しゅ しょ
ちゃ ちゅ ちょ
にゃ にゅ にょ
ひゃ ひゅ ひょ
みゃ みゅ みょ
りゃ りゅ りょ
ぎゃ ぎゅ ぎょ
じゃ じゅ じょ
びゃ びゅ びょ
ぴゃ ぴゅ ぴょ

반탁음

ぱ ぴ ぷ ぺ ぽ

* 탁음: 일본어 청음 중에서 か행, さ행, た행, は행의 글자 오른쪽 위에 탁점(ﾞ)을 붙여 나타낸다.
* 반탁음: 일본어 청음 は행의 글자 오른쪽 위에 반탁점(ﾟ)을 붙여 나타낸다.
* 요음: い단에 작은 や, ゆ, よ를 붙여서 만든다.

や ゆ よ
＋ ＋ ＋

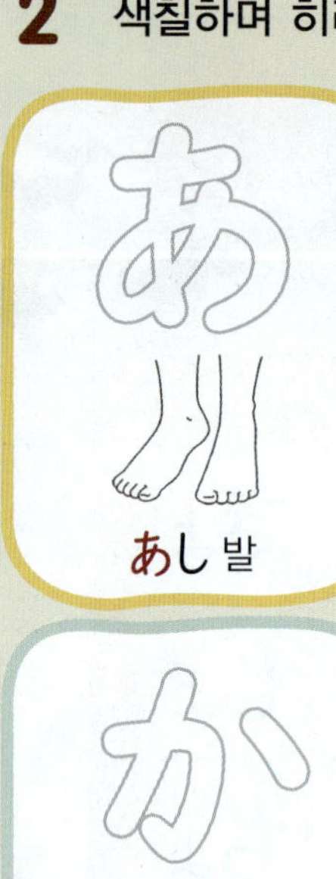
あし 발

いえ 집

うた 노래

えき 역

おに 도깨비

かお 얼굴

き 나무

かぞく 가족

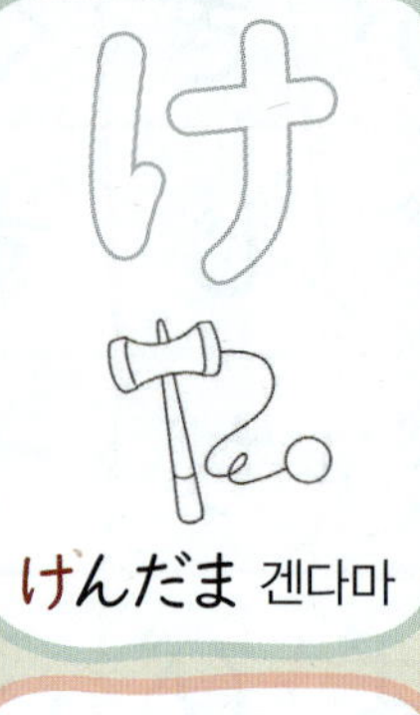
けんだま 겐다마

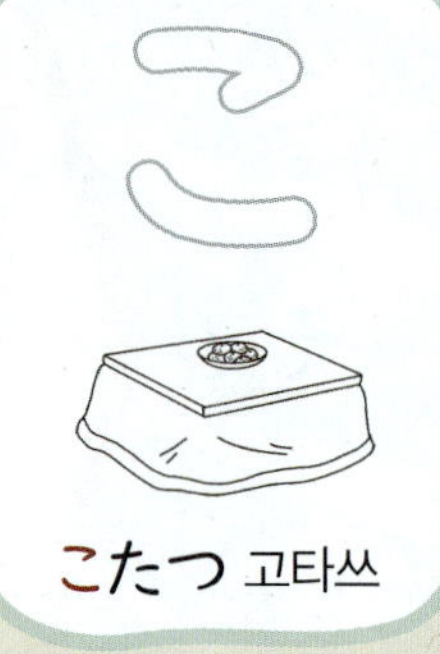
こたつ 고타쓰

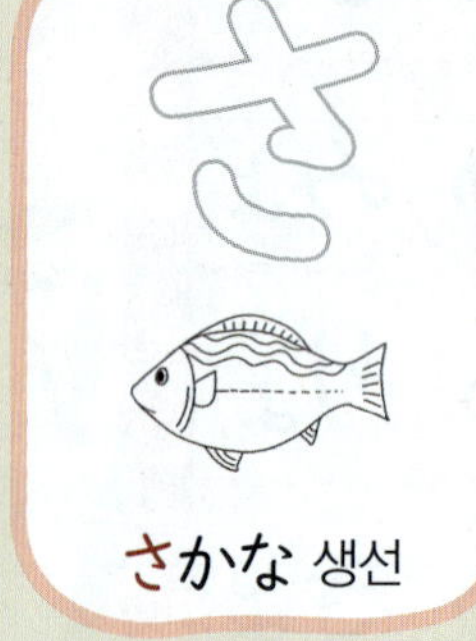
さかな 생선

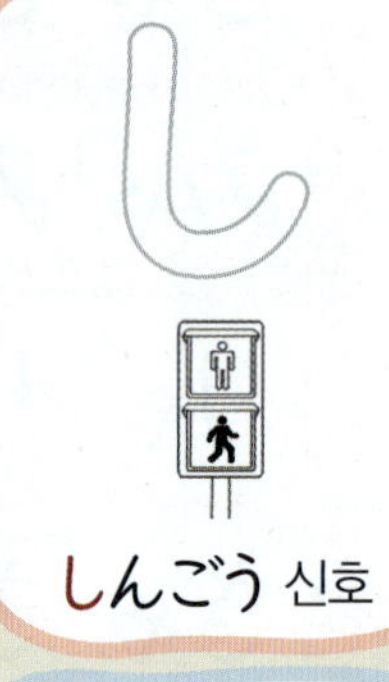
しんごう 신호

すいえい 수영

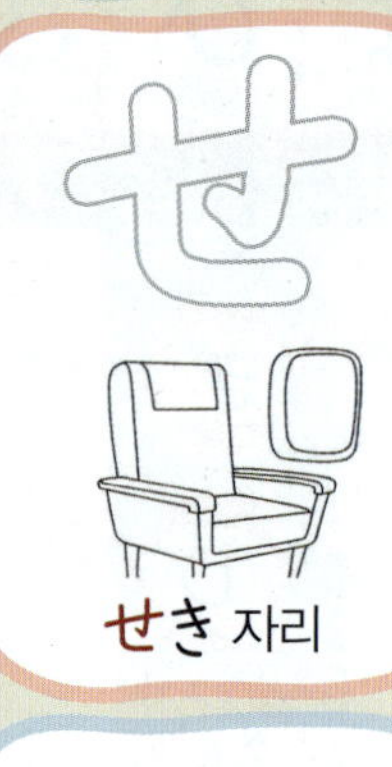
せき 자리

そら 하늘

たこやき 다코야키

ちず 지도

つくえ 책상

て 손

とり 새

なな 칠, 7

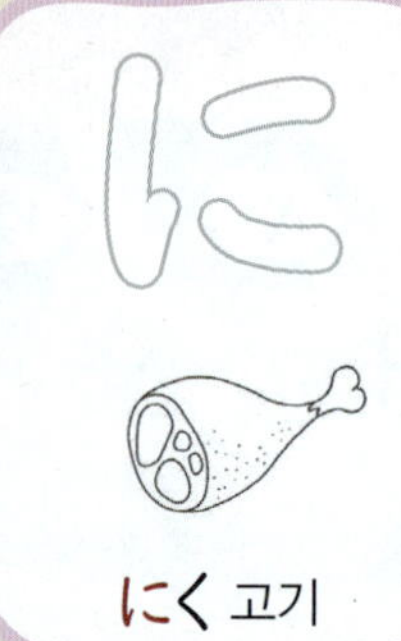
にく 고기

いぬ 개

ねこ 고양이

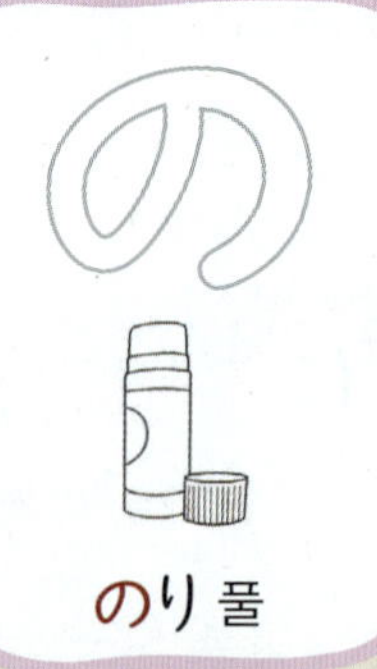
のり 풀

は  はな 꽃	ひ  ひ 불	ふ  ふゆ 겨울	へ  へや 방	ほ  ほん 책
ま 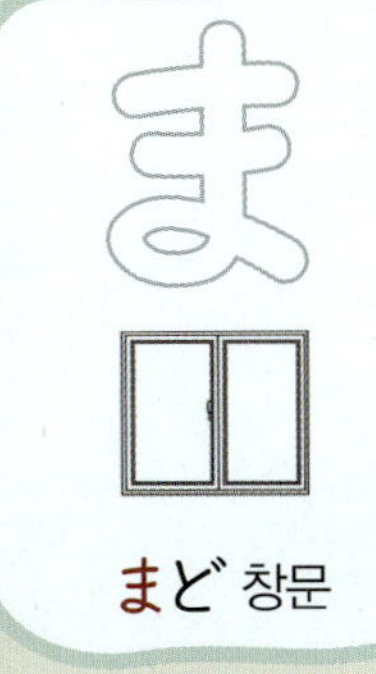 まど 창문	み  みみ 귀	む 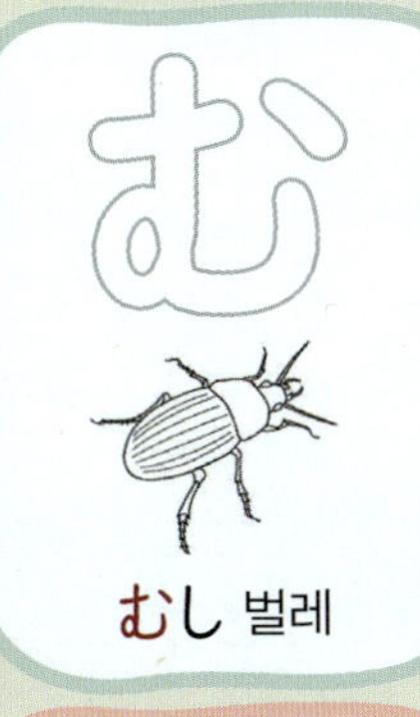 むし 벌레	め  めがね 안경	も  くだもの 과일
や  やま 산		ゆ  ゆき 눈		よ  よる 밤
ら  さくら 벚꽃	り  りんご 사과	る  くるま 자동차	れ 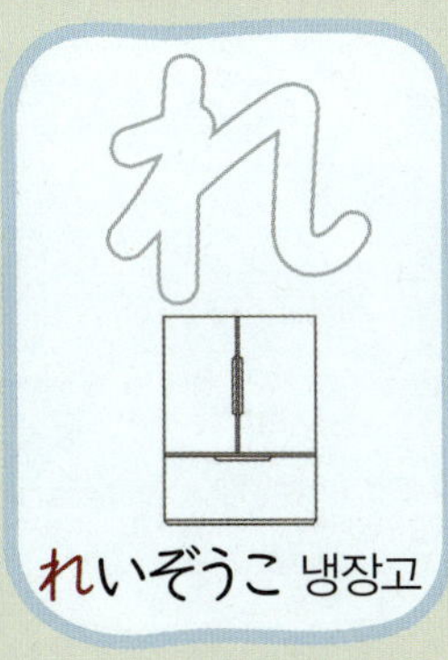 れいぞうこ 냉장고	ろ  うしろ 뒤
わ  わたし 나, 저		を  ふくを きる 옷을 입다		ん 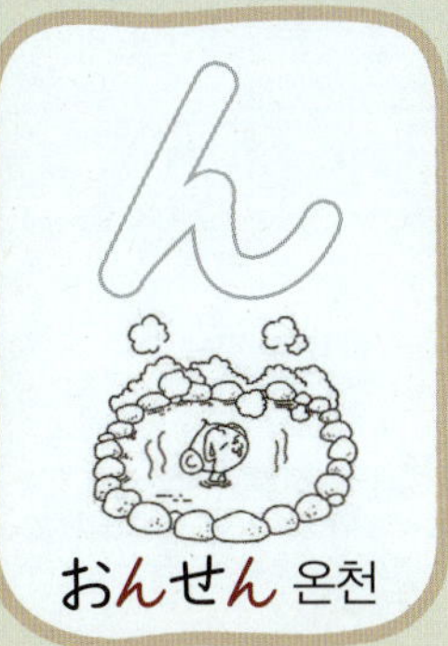 おんせん 온천

あし あし あし	いえ いえ いえ	うた うた うた	えき えき えき	おに おに おに
かお かお かお	き き き	かぞく かぞく かぞく	けんだま けんだま けんだま	こたつ こたつ こたつ
さかな さかな さかな	しんごう しんごう しんごう	すいえい すいえい すいえい	せき せき せき	そら そら そら
たこやき たこやき たこやき	ちず ちず ちず	つくえ つくえ つくえ	て て て	とり とり とり
なな なな なな	にく にく にく	いぬ いぬ いぬ	ねこ ねこ ねこ	のり のり のり

はな	ひ	ふゆ	へや	ほん
はな	ひ	ふゆ	へや	ほん
はな	ひ	ふゆ	へや	ほん

まど	みみ	むし	めがね	くだもの
まど	みみ	むし	めがね	くだもの
まど	みみ	むし	めがね	くだもの

やま		ゆき		よる
やま		ゆき		よる
やま		ゆき		よる

さくら	りんご	くるま	れいぞうこ	うしろ
さくら	りんご	くるま	れいぞうこ	うしろ
さくら	りんご	くるま	れいぞうこ	うしろ

わたし		ふくをきる		おんせん
わたし		ふくをきる		おんせん
わたし		ふくをきる		おんせん

3 はじめまして

🎧 3-01

학습 목표

- 처음 만났을 때 사용하는 인사말을 알고 자신이나 타인을 소개할 수 있다.

의사소통 기본 표현

- **자기소개**　はじめまして。イ・ハナです。
  처음 뵙겠습니다. 이하나입니다.

  どうぞ よろしく おねがいします。
  아무쪼록 잘 부탁합니다.

- **타인 소개**　こちらは ともだちの なかむら ひなたくんです。
  이쪽은 친구인 나카무라 히나타 군입니다.

- **취미·관심**　しゅみは りょうりです。
  취미는 요리입니다.

- **문화**　❀ 일본 고등학생의 학교생활
  ❀ 일본 고등학생의 신발과 가방

일본의 고등학생
일본의 여자 고등학생들의 모습이다. 한국과 마찬가지로 교복, 체육복을 착용하며 백팩을 주로 사용하는 한국 학생들과 달리 한쪽으로 매는 가방을 사용하는 학생들이 많다.

일본 고등학교의 자전거 보관소
일본에서는 자전거로 통학을 하는 학생들이 많이 있어 학교마다 자전거를 보관하는 '주린조(ちゅうりんじょう)'가 있다. 자전거를 구입하면 방범 등록을 해야 하며 등록 시 받은 스티커를 자전거에 붙인다.

일본 고등학교의 신발장
학교 현관에 신발장인 '게타바코(げたばこ)'가 있다. 학생 개인별로 신발장이 있으며 등교를 하면 이곳에서 실내화로 갈아 신는다.

❀ 그림을 보면서 어떤 말을 하고 있는지 생각해 봅시다.

できる dekiru !

❀ 일본어로 어떻게 말할지 찾아 써 봅시다.

❶ 처음 뵙겠습니다.　➡　ヒント 교과서 p.49

❷ 한국에서 왔습니다.　➡　ヒント 교과서 p.49

❸ 이쪽은 이하나입니다.　➡　ヒント 교과서 p.51

❹ 취미는 요리입니다.　➡　ヒント 교과서 p.51

듣고 말하기 ①

🌸 나라 이름과 관련된 단어를 잘 듣고 따라 말해 봅시다. 🎧 3-02

❶ 

❷ 

❸ 

❹ 

1 잘 듣고 순서에 맞게 붙임딱지를 붙여 인사말을 완성해 봅시다. 🎧 3-03 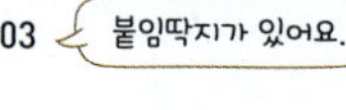 붙임딱지가 있어요.

❶  붙임딱지  じ
❷  붙임딱지  ま
❸  붙임딱지  て

교과서 단어

- ☐ くに 나라
- ☐ かんこく 한국
- ☐ にほん 일본
- ☐ ちゅうごく 중국
- ☐ アメリカ 미국
- ☐ はじめまして 처음 뵙겠습니다

듣기 대본 & 해석

くに 나라
❶ かんこく 한국
❷ にほん 일본
❸ ちゅうごく 중국
❹ アメリカ 미국

 **Tip**

☆ 나라 이름 뒤에 '人'을 붙이면 '○○인'이 된다.

㉇ かんこく(한국)＋じん(인)
　→ かんこくじん(한국인)

 **Tip**

☆ 다양한 나라 이름
- カナダ 캐나다
- イタリア 이탈리아
- ドイツ 독일
- イギリス 영국
- タイ 태국

①

듣기 대본 & 해석

はじめまして。처음 뵙겠습니다.

 **Tip**

☆ 'はじめまして(처음 뵙겠습니다)'는 상대방과 처음 만났을 때 사용하는 대표적인 인사말이다. 2번 이상 만난 사람에게는 사용하지 않는다.

정답 **1** ④ **2** ② **3** ⓒ

2 잘 듣고 따라 말해 봅시다. 🎧 3-04

❶  ❷  ❸ 

3 잘 듣고 보기 와 같이 자기소개를 해 봅시다. 🎧 3-05

- ☐ ～です 입니다
- ☐ ～から きました 에서 왔습니다
- ☐ どうぞ 아무쪼록
- ☐ よろしく おねがいします
  잘 부탁드립니다

듣기 대본 & 해석 

❶ はじめまして。にほんから きました。
처음 뵙겠습니다. 일본에서 왔습니다.
❷ はじめまして。かんこくから きました。
처음 뵙겠습니다. 한국에서 왔습니다.
❸ はじめまして。ちゅうごくから きました。
처음 뵙겠습니다. 중국에서 왔습니다.

Tip

☆ '～から きました(～에서 왔습니다)'
는 자신의 출신을 나타내는 표현으로,
주로 나라, 지역 등을 넣어 소개한다.
비슷한 표현으로 '～しゅっしん(出
身 출신)です。'가 있다.

예 かんこくから きました。한국에서
왔습니다.

예 とうきょうしゅっしん(東京出身)
です。도쿄 출신입니다.

예시 대화 & 해석 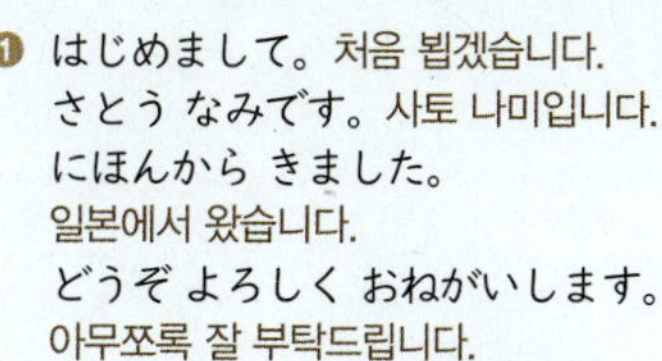

❶ はじめまして。処音 뵙겠습니다.
さとう なみです。사토 나미입니다.
にほんから きました。
일본에서 왔습니다.
どうぞ よろしく おねがいします。
아무쪼록 잘 부탁드립니다.
❷ はじめまして。처음 뵙겠습니다.
ワン・リーです。왕리입니다.
ちゅうごくから きました。
중국에서 왔습니다.
どうぞ よろしく おねがいします。
아무쪼록 잘 부탁드립니다.

Tip

☆ 자기소개 기본 문형

はじめまして。	이름＋です。
출신지(소속)から きました。	どうぞ よろしく おねがいします。

☆ 일본도 자기소개할 때 성과 이름 모두 말하는 것이 일반적이지만 성만 말하는 사람도 많다. 그러나
비즈니스 같은 경우에는 성과 이름 모두 말하는 것이 매너이다.

☆ 외국인의 이름은 기본적으로 가타카나로 표기하며, 성과 이름 사이에 '・(가운뎃점)'을 찍어 표기하
는 것이 일반적이다.

しゅみ

🌸 취미와 관련된 단어를 잘 듣고 따라 말해 봅시다. 🎧 3-06

❶ りょうり　　❷ だ ん す ダンス　　❸ やきゅう

❹ げ ー む ゲーム　　❺ どくしょ　　❻ りょこう　　❼ ぴ あ の ピアノ

1 취미를 묻고 답하는 표현입니다. 잘 듣고 알맞은 것에 ✓표를 해 봅시다. 🎧 3-07

❶ りょこう ☐　　❷ げ ー む ゲーム ☐　　❸ やきゅう ☐

교과서 단어

- ☐ しゅみ 취미
- ☐ りょうり 요리
- ☐ ダンス 댄스
- ☐ やきゅう 야구
- ☐ ゲーム 게임
- ☐ どくしょ 독서
- ☐ りょこう 여행
- ☐ ピアノ 피아노
- ☐ ～は 은/는
- ☐ なんですか 무엇입니까?
- ☐ わたし 나, 저
- ☐ ～の 의

Tip

☆ 외래어는 가타카나로 표기하며 장음은 'ー'로 나타낸다.

❶

듣기 대본 & 해석

A しゅみは なんですか。
　취미는 무엇입니까?
B わたしの しゅみは りょこうです。
　제 취미는 여행입니다.

Tip

☆ 'は'는 '～은/는'의 의미로 쓰이는 조사로, [wa]로 발음한다.

☆ '～は ～です。'는 '～은/는 ～입니다.'의 문형으로 쓰인다.

☆ 'なん'은 '무엇'의 의미로 존댓말의 경우 'なんですか(무엇입니까)', 반말의 경우 'なに'로 사용한다.
　예 しゅみは なんですか. 취미는 무엇입니까?
　　 しゅみは なに? 취미는 뭐야?

☆ 'の'는 '～의'의 의미로 쓰이는 조사이다.

❶ 1 정답

教科書 **51**쪽

2 잘 듣고 [보기] 와 같이 역할을 나누어 타인을 소개하는 대화를 해 봅시다. 🎧 3-08

[보기]

① 

② 

③ 

④ 

Tip

☆ 'さん'은 '～씨'의 의미로 이름 뒤에 붙이는 호칭이다. 일본의 경우 주로 성에 붙여 사용한다.

☆ 'どうぞ よろしく おねがいします(아무쪼록 잘 부탁드립니다)'는 짧게 줄여서 'よろしく お
ねがいします/どうぞ よろしく/よろしく'의 형태로도 사용할 수 있다.

교과서 단어

- ☐ ～くん 군
- ☐ こちらは 이쪽은
- ☐ ～さん 씨
- ☐ こちらこそ 저야말로
- ☐ サッカー 축구
- ☐ しゃしん 사진

예시 대화 & 해석

❶ **A** ひなたくん、こちらは チャン・
ミンさんです。
히나타 군, 이쪽은 장민 씨입니다.

B はじめまして。処음 뵙겠습니다.
チャン・ミンです。장민입니다.
どうぞ よろしく おねがいします。
아무쪼록 잘 부탁드립니다.

C こちらこそ よろしく おねがいします。
저야말로 잘 부탁드립니다.
チャンさんの しゅみは なんですか。
장 씨의 취미는 무엇입니까?

B わたしの しゅみは りょこうです。
제 취미는 여행입니다.

❷ **A** ひなたくん、こちらは たなか
りえさんです。
히나타 군, 이쪽은 다나카 리에 씨입니다.

B はじめまして。処음 뵙겠습니다.
たなか りえです。다나카 리에입니다.
どうぞ よろしく おねがいします。
아무쪼록 잘 부탁드립니다.

C こちらこそ よろしく おねがいします。
저야말로 잘 부탁드립니다.
たなかさんの しゅみは なんですか。
다나카 씨의 취미는 무엇입니까?

B わたしの しゅみは サッカーです。
제 취미는 축구입니다

❸ **A** ひなたくん、こちらは トム・
スミスさんです。
히나타 군, 이쪽은 톰 스미스 씨입니다..

B はじめまして。処음 뵙겠습니다.
トム・スミスです。톰 스미스입니다.
どうぞ よろしく おねがいします。
아무쪼록 잘 부탁드립니다.

C こちらこそ よろしく おねがいします。
저야말로 잘 부탁드립니다.
スミスさんの しゅみは なんですか。
스미스 씨의 취미는 무엇입니까?

B わたしの しゅみは しゃしんです。
제 취미는 사진입니다.

교과서 **52**쪽

하나가 일본에 있는 국제 고등학교 학생과 온라인으로 교류하고 있습니다. 🎧 3-09

교과서 단어

- [ ] すいえい 수영
- [ ] ～と 과/와

クイズ

1. 왕리는 어디에서 왔나요?

2. 처음 만났을 때 사용하는 인사말을 일본어로 써 보세요.

Tip

★ 'から'의 다양한 의미
① 위치, 기점: ～에서, ～부터
　📝 かんこくから きました。
　　한국에서 왔습니다.
② 시간: ～부터
　📝 じゅぎょうは 9じからです。
　　수업은 9시부터입니다.

본문 해설

❶ '～です'는 단정을 나타내는 말 '～だ(～이다)'를 공손하게 말할 때 사용하는 표현으로 우리말의 '～입니다'에 해당한다.

❷ '～から'는 방향을 나타내는 '～에서, ～부터'의 의미로 여기에서는 '～(나라명·출신지)에서'의 의미로 사용된다.

❸ 'きました'는 동사 'くる(오다)'의 과거정중형으로 '왔습니다'의 의미이다. 문법 설명은 피하고 'きました'라는 낱말로 이해하도록 한다.

❹ 'は'는 원래 [ha]로 발음하지만, 조사 '～은/는'의 의미로 사용될 경우 [wa]로 발음한다.

정답
1. 중국
2. はじめまして。

교과서 **53**쪽

정리하기 ❶

まとめ

1 인사말
- はじめまして。 처음 뵙겠습니다.
- どうぞ よろしく おねがいします。
  아무쪼록 잘 부탁합니다.

2 ～は ～です 은/는 입니다
- しゅみは すいえいです。 취미는 수영입니다.

3 は의 발음
- はじめまして。 처음 뵙겠습니다.
  [ha]
- しゅみは なんですか。 취미는 무엇입니까?
  [wa]

4 ～から きました 에서 왔습니다
- ちゅうごくから きました。 중국에서 왔습니다.

대화 내용을 생각하며 물음에 답해 봅시다.

1 빈칸에 알맞은 말을 넣어 자기소개 문장을 완성해 봅시다.

＿＿＿＿＿＿＿。 ワン・リーです。

ちゅうごくから ＿＿＿＿＿＿＿。

2 하나와 나미의 취미와 일치하는 것을 찾아 ✓표를 하고 빈칸에 들어갈 말을 써 봅시다.

❶ 

❷ 

イ・ハナさんの しゅみは
　　　　　　　＿＿＿＿ です。

さとう なみさんの しゅみは
　　　　　　　　　　＿＿＿＿ です。

나만의 정리노트

꼬마 문제

1 공통 글자 넣기

よろ＿＿＿く おねがい＿＿＿ます。
잘 부탁드립니다.

2 알맞은 말에 ∨표 하기

ちゅうごく＿＿＿＿ きました。
중국에서 왔습니다.
□ は　　□ も　　□ から

3 알맞은 말 넣기

ワン・リーさん＿＿＿＿ しゅみは
すいえいです。
왕리 씨의 취미는 수영입니다.

예시 답안 & 해석 ❶

はじめまして。 ワン・リーです。
ちゅうごくから きました。
처음 뵙겠습니다. 왕리입니다.
중국에서 왔습니다.

예시 답안 & 해석 ❷

❶ イ・ハナさんの しゅみは りょうりです。
이하나 씨의 취미는 요리입니다.

❷ さとう なみさんの しゅみは
りょこうです。
사토 나미 씨의 취미는 여행입니다.

정답
1 し
2 から
3 の

교과서 **54**쪽

교과서 단어

- あっ 어, 애(감탄사)
- ともだち 친구
- ～の 의, 인
- ひがしこうこう 히가시 고등학교
- I(いち)ねんせい 1학년

クイズ

1 나미와 히나타는 어떤 사이인가요?
① 친구 ② 선배 ③ 후배 ④ 가족

2 히나타는 몇 학년인지 일본어로 쓰세요.

＿＿＿ねんせい
1 학년

Tip

☆ 다른 사람을 소개할 때는 'こちらは～さんです.(이쪽은 ～씨입니다.)'의 표현을 사용한다. 보통 성에 'さん'을 붙여 사용하는 경우가 많으며, 상대방의 나이나 친소 관계에 따라 'くん(군)' 혹은 'ちゃん(～아/야)'을 사용하기도 한다.

Tip

☆ 'の'의 다양한 의미
① ～의
  예 わたしの しゅみは しゃしんです。
  저의 취미는 사진입니다.
② ～인
  예 ともだちの なかむらさんです。
  친구인 나카무라 씨입니다..
③ 명사와 명사 연결
  예 ひがしこうこうの いちねんせいです。
  히가시 고등학교 1학년입니다.

정답 1.① 2.いち

하나와 나미가 청소년 문화 축제에 참가했습니다. 🎧 3-10

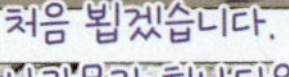

본문 해설

❶ 'こちら'는 방향을 나타내는 말로 '이쪽'의 의미이다.

❷ '～の'는 '～의' 또는 '～인'의 의미로 사용된다.

❸ '고등학교'를 줄여서 'こうこう(고교)'라고 말한다.

❹ '～ねんせい'는 '～학년'의 의미이다. 4학년의 경우 'よんねんせい'가 아닌 'よねんせい'라고 말한다.

❺ 동갑이거나 친한 사이에서는 'どうぞ よろしく おねがいします。(아무쪼록 잘 부탁드립니다.)' 대신에 'どうぞ よろしく。(잘 부탁해.)'를 사용하기도 한다.

교과서 **55**쪽

정리하기 ②

1 소개 표현 - 타인 소개
- こちらは イ・ハナさんです。
  이쪽은 이하나 씨입니다.

2 ~の 의, 인
- わたしの しゅみは しゃしんです。 저의 취미는 사진입니다.
- ともだちの なかむらさんです。 친구인 나카무라 씨입니다.

3 ○○こうこうの 1ねんせいです。 ○○고등학교 1학년입니다.
- 1ねんせい 1학년
- 2ねんせい 2학년
- 3ねんせい 3학년

> 4학년은 4ねんせい라고 해요.

まとめ

대화 내용을 생각하며 물음에 답해 봅시다.

1 빈칸에 공통으로 들어갈 말을 쓰고 말해 봅시다.

❶

❷

2 빈칸에 알맞은 말을 써넣어 문장을 완성해 봅시다.

なかむらさんは 　　さん 　　　　　　　です。
ひがし 　　　　　の 1ねんせいです。

꼬마 문제

1 빈칸 채우기

こちらは __________ ____
なかむら ひなたくんです。
이쪽은 친구인 나카무라 히나타 군입니다.

2 알맞은 말에 ∨표 하기

こうこう______ねんせいです。
고등학교 1학년입니다.
- ☐ いち
- ☐ しち
- ☐ はち

예시 답안 & 해석 ❶

❶ はじめまして。どうぞ <u>よろしく</u>。
처음 뵙겠습니다. 아무쪼록 잘 부탁해요.

❷ はじめまして。どうぞ <u>よろしく</u>
おねがいします。
처음 뵙겠습니다. 아무쪼록 잘 부탁드립니다.

예시 답안 & 해석 ❷

なかむらさんは さとう なみさん<u>の</u>
<u>ともだち</u>です。
ひがし<u>こうこう</u>の 1ねんせいです。
나카무라 씨는 사토 나미 씨의 친구입니다.
히가시 고등학교 1학년입니다.

나만의 정리노트

두근두근 일본 문화

문화 TIP

- ☆ **교실 모습**: 한국 교실과 비슷하다. 일본은 기본적으로 칠판은 세로쓰기를 한다.
- ☆ **복도**: 학교에 따라 학급 표시가 서로 다르다. 보통 'ㅇ年ㅇ組(ㅇ학년ㅇ반)'로 표시하는 경우가 많다.
- ☆ **급식 모습**: 급식을 실시하는 고등학교가 많지 않아서 주로 도시락을 먹거나 학생 식당에서 음식을 사 먹는다.
- ☆ **청소 시간**: 방과 후 또는 점심 시간에 청소를 실시한다.
- ☆ **동아리 안내 포스터**: 일본에서는 방과 후에 동아리 활동인 'ぶかつ(부카쓰)'를 실시하는 곳이 많아서 새 학기에는 다양한 동아리의 모집을 알리는 안내 포스터가 게시된다.
- ☆ **방과 후 활동**: 방과 후에는 주로 동아리 활동을 실시하며 동아리의 성격에 따라 야구부, 배구부, 검도부와 같은 운동부와 다도부, 미술부, 취주악부와 같은 문화부로 나뉜다.
- ☆ 일본의 고등학생은 보통 아침 8시 30분까지 등교를 하며 수업 시간은 한국과 마찬가지로 50분씩 이루어진다. 야간 자율 학습은 실시하지 않으며 주로 동아리 활동을 하거나 학원에 가며 바로 귀가하는 학생도 있다.
- ☆ 일본에서는 대학 입시에서 동아리 활동이 주요 평가 항목에 포함되기 때문에 한국에 비해 동아리 활동이 매우 활발한 편이다.

クイズ

1. '동아리 활동'을 일본어로 무엇이라고 할까요? ______________

2. 일본의 고등학교에서는 대부분 급식을 실시한다. (O/X)

정답
1. ぶかつ
2. X

일본 고등학생의 학교생활

일본 고등학생의 하루 일과

일본에서는 자전거를 타고 통학을 하는 학생들이 많습니다.

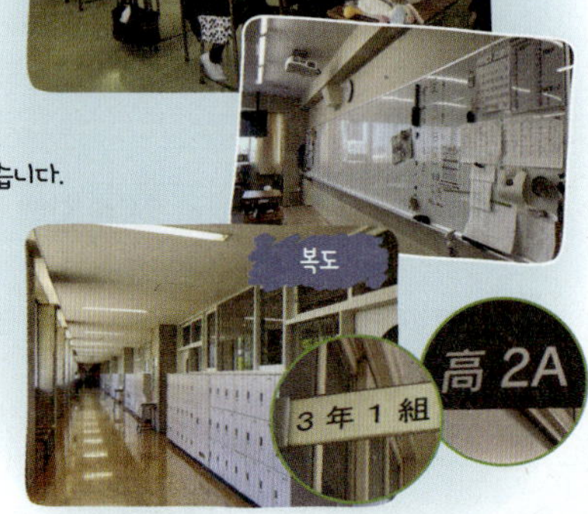

점심에는 도시락이나 급식을 먹고 방과 후에는 주로 동아리 활동(ぶかつ)을 합니다.

동아리 활동에 참가하지 않는 학생들을 '귀가부'라고도 합니다.

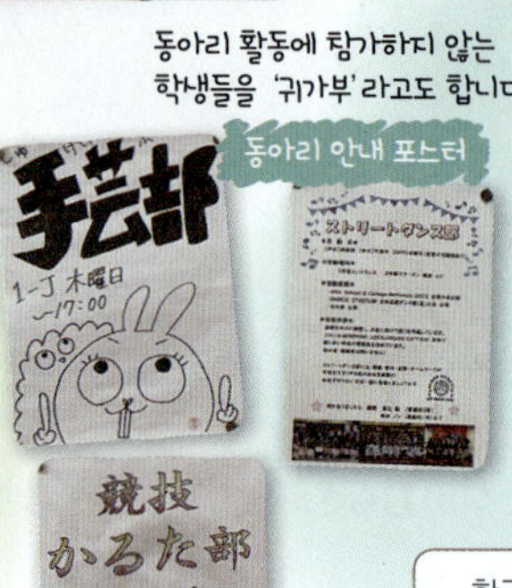

한국과 일본의 특색 있는 동아리 활동을 조사하여 발표해 봅시다.

과제 활동 예시 답안

한국과 일본의 특색 있는 동아리 활동

한국	J-ROTC	군인이나 경찰을 꿈꾸는 학생들로 이루어진 전국에서 유일한 주니어 ROTC 동아리로 주로 국가안보 활동을 많이 하는 편이다.
일본	열기구부	일본 전국에서 두 곳밖에 없는 동아리로 주요 활동으로 기구를 타고 실제로 하늘을 나는 '프리 플라이트', 로프로 묶은 상태에서 열기구에 탑승하는 '계류 플라이트' 등이 있다.

일본 고등학교의 연간 행사

일본에서는 입학식은 4월, 졸업식은 주로 3월에 합니다.
체육 대회와 우리나라의 학교 축제와 같은 문화제를 실시합니다.

4월

입학식(にゅうがくしき)

체육 대회(たいいくさい)

학교 축제(ぶんかさい)

3월

졸업식(そつぎょうしき)

일본 문화 アップ

일본 고등학생의 신발과 가방

일본에서는 학교에 따라 지정된 종류의 실내화, 가방 등의 물품을 사용해야 하는 경우가 있습니다. 실내화와 체육관 전용 운동화는 별도로 준비하며 운동화와 백팩을 주로 사용하는 한국 학생들과 달리 로퍼(구두류) 등을 신거나 한쪽으로 매는 가방을 사용하는 학생들도 있습니다.

Quiz

1. 일본 고등학교의 입학식은 주로 ☐월에 한다.
2. 일본의 고등학교에서는 동아리 활동에 반드시 참가해야 한다. [O | X]

문화 TIP

☆ **입학식**: 벚꽃이 피는 시기인 4월에 입학을 하기 때문에 벚꽃은 새로운 시작을 알리는 상징적인 의미로 여겨진다.

☆ **체육 대회**: 학급별 대항이 아닌 홍백팀으로 나누어 시합을 하는 학교들이 많다. 학급별 맞춤 티셔츠를 입는 한국과 달리 모두 학교 체육복을 착용하며, 경기 종목은 한국과 비슷하다.

☆ **학교 축제**: 재학생뿐만 아니라 졸업생 및 인근 주민 등 일반인도 참여가 가능하다. 학생들이 운영하는 음식점에서 음식을 사 먹거나 다양한 체험 및 공연 등을 즐길 수 있다.

☆ **졸업식**: 3월에 졸업식을 하며 졸업생은 한 명씩 단상에 올라가 졸업장을 받는다.

☆ 고등학생이 주로 사용하는 가방은 'つうがくかばん(통학 가방)' 또는 'スクールバッグ(스쿨백)'라고 하며 신발은 'ローファー(로퍼)'를 신는 경우가 많다. 체육관에서 신는 운동화가 정해져 있는 학교도 많다.

Quiz 정답 & 해설

❶ 4월
➡ 일본의 모든 학교는 4월부터 시작된다.

❷ X
➡ 동아리 가입은 자유이므로 동아리 활동에 참가하지 않는 학생도 있다. 이들을 가리켜 장난을 섞어 'きたくぶ(귀가부)'라고 부른다.

メモ

교과서 **58**쪽

인사말 가위바위보 게임

준비물 자기소개 카드 (활동 자료 161쪽)

활동 방법

1. 자기소개 카드를 작성합니다.
2. 가위바위보를 할 상대방을 찾아 먼저 인사를 하고 자기소개를 합니다.
3. 서로 자기소개가 끝나면 가위바위보를 하고 이긴 사람은 상대방의 카드를 받습니다.
4. 카드를 가장 많이 모은 사람이 이깁니다.

미니 칼럼

じゃんけんぽん

일본에서는 가위바위보를 '잔켄폰(じゃんけんぽん)'이라고 해요.
주먹은 '구(グー)', 가위는 '조키(チョキ)', 보는 '파(パー)'라고
하고 각각 '돌, 가위, 종이'를 의미해요. 무승부일 때는
'아이코데쇼(あいこでしょ)'라고 말해요.

문화 TIP

☆ 일본인은 가위바위보를 할 때 "さいしょは グー、じゃんけんぽん！(처음은 주먹, 가위바위보!)"이라고 말
한다. 비겼을 경우에는 "あいこでしょ！"라고 말하며 다시 가위바위보를 한다.

확인하기

1 잘 듣고 내용과 일치하는 것에 ✓표를 해 봅시다. 🎧 3-11 

❶   □ □

❷   □ □

2 다음 대화를 읽고 물음에 답해 봅시다.

> A こちらは ともだち ___(a)___
>   なかむらさんです。
> B はじめまして。なかむらです。
>   よろしく おねがいします。
> C ___(b) 저야말로___ よろしく。

❶ (a)에 들어갈 말을 히라가나로 써 봅시다.

____

❷ (b)의 의미에 알맞은 표현을 일본어로 써 봅시다.

____

3 글을 읽고 내용과 일치하는 것을 골라 봅시다.

> はじめまして。たなか りえです。
> にほんから きました。
> みなみこうこうの 2ねんせいです。
> しゅみは サッカーです。
> どうぞ よろしく おねがいします。

① 중국에서 왔다.
② 취미는 독서이다.
③ 고등학교 1학년이다.
④ 친구를 소개하고 있다.
⑤ 미나미 고등학교에 다니고 있다.

스스로 확인하기

 ✏️ 문장으로 정리하는 핵심 꼭

> はじめまして。イ・ハナです。ひがしこうこうの 1ねんせいです。
> しゅみは りょうりです。どうぞ よろしく おねがいします。

🔍 3과를 공부하고 이건 꼭

□ 자기소개를 할 수 있다.　□ 타인을 소개할 수 있다.　□ 취미를 묻고 답할 수 있다.

메모

 문제 도 우 미

❶ 듣기 대본 & 해석

❶ はじめまして。さとうです。
처음 뵙겠습니다. 사토입니다.
にほんから きました。
일본에서 왔습니다.

❷ A しゅみは なんですか。
취미는 무엇입니까?
  B りょこうです。 여행입니다.

❷ 해석

A こちらは ともだちの なかむらさんです。
이쪽은 친구인 나카무라 씨입니다.
B はじめまして。なかむらです。
처음 뵙겠습니다. 나카무라입니다.
よろしく おねがいします。
잘 부탁드립니다.
C こちらこそ よろしく。
저야말로 잘 부탁합니다.

❸ 해석

はじめまして。たなか りえです。
처음 뵙겠습니다. 다나카 리에입니다.
にほんから きました。 일본에서 왔습니다.
みなみこうこうの にねんせいです。
미나미고등학교 2학년입니다.
しゅみは サッカーです。
취미는 축구입니다.
どうぞ よろしく おねがいします。
아무쪼록 잘 부탁드립니다.

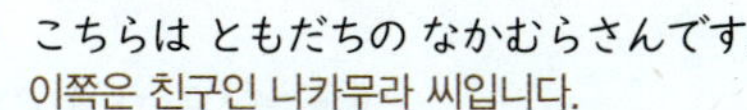

✏️ 문장으로 정리하는 핵심 꼭

처음 뵙겠습니다. 이하나입니다.
히가시 고등학교 1학년입니다.
취미는 요리입니다.
아무쪼록 잘 부탁드립니다.

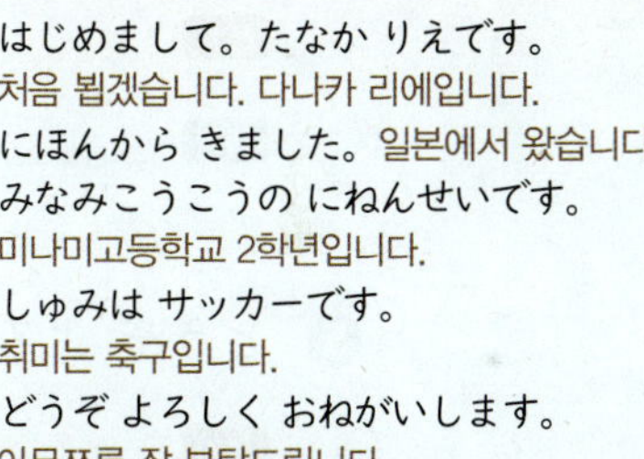

정답

1 ① 　② 

2 ① の　② こちらこそ

3 ⑤

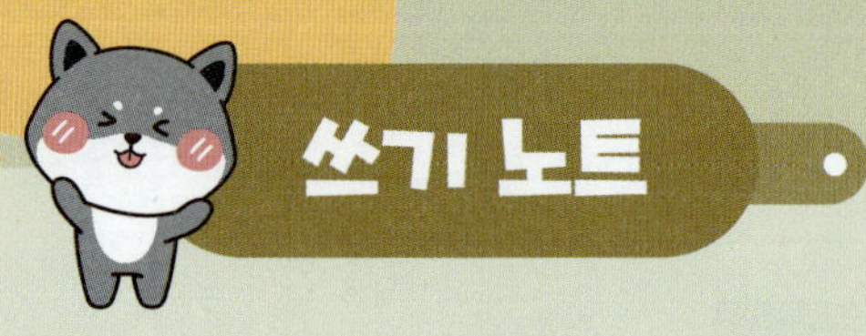

쓰기 노트

문장을 따라 쓰고 해석해 봅시다.

❶ はじめまして。 イ・ハナです。

쓰기

해석

❷ かんこくから きました。

쓰기

해석

❸ なみさんの しゅみは なんですか。

쓰기

해석

❹ しゅみは りょうりです。

쓰기

해석

❺ どうぞ よろしく おねがいします。

쓰기

해석

❻ こちらは ともだちの なかむら ひなたくんです。

쓰기

해석

❼ ひがしこうこうの いちねんせいです。

쓰기

해석

나만의 정리 노트

1 마인드맵으로 정리하기

- ❷ 댄스
- ❶ 요리
- ❸ 야구
- ❿ 수영
- ❹ 게임
- 취미
- ❾ 사진
- ❺ 독서
- ❽ 축구
- ❻ 여행
- ❼ 피아노

2 십자말풀이

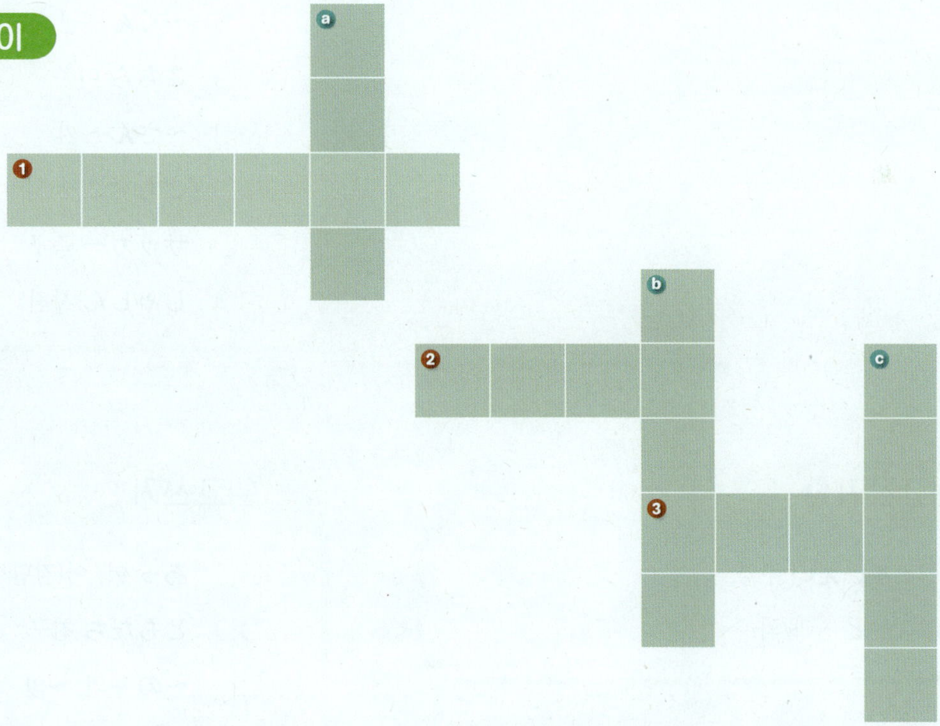

가로 열쇠

- ❶ 처음 뵙겠습니다.
- ❷ 친구
- ❸ 고등학교

세로 열쇠

- ⓐ 잘 부탁해
- ⓑ 저야말로
- ⓒ 중국

듣고 말하기 ❶

- くに 나라
- かんこく 한국
- にほん 일본
- ちゅうごく 중국
- アメリカ 미국
- ～です ～입니다
- ～から きました ～에서 왔습니다
- どうぞ 아무쪼록
- よろしく おねがいします

  잘 부탁드립니다

듣고 말하기 ❷

- しゅみ 취미
- りょうり 요리
- ダンス 댄스
- やきゅう 야구
- ゲーム 게임
- どくしょ 독서
- りょこう 여행
- ピアノ 피아노
- ～は ～은/는
- なんですか 무엇입니까?
- わたし 나, 저
- ～の ～의
- ～くん ～군
- こちら 이쪽
- ～さん ～씨
- ごちらこそ 저야말로
- サッカー 축구
- しゃしん 사진

읽고 쓰기 ❶

- すいえい 수영
- ～と ～과/와

읽고 쓰기 ❷

- あっ 어, 아(감탄사)
- ともだち 친구
- ～の ～의, ～인
- ひがしこうこう 히가시 고등학교
- Iねんせい 1학년

*미흡한 부분은 √체크하고 더 복습합시다!

1 자기소개

☐ はじめまして。イ・ハナです。 처음 뵙겠습니다. 이하나입니다.

☐ かんこくから きました。 한국에서 왔습니다.

☐ しゅみは りょうりです。 취미는 요리입니다.

☐ どうぞよろしく おねがいします。 아무쪼록 잘 부탁드립니다.

2 타인 소개

☐ A こちらは ともだちの なかむら ひなたくんです。 이쪽은 친구인 나카무라 히나타 군입니다.

☐ B はじめまして。なかむら ひなたです。 처음 뵙겠습니다. 나카무라 히나타입니다.

☐   ひがしこうこうの 1ねんせいです。 히가시 고등학교 1학년입니다.

☐   どうぞよろしく。 잘 부탁해요.

☐ C はじめまして。イ・ハナです。 처음 뵙겠습니다. 이하나입니다.

☐   こちらこそ どうぞよろしく おねがいします。 저야말로 아무쪼록 잘 부탁드립니다.

3 단정: 〜は 〜です。 ~은/는 ~입니다.

☐ わたしの しゅみは しゃしんです。 저의 취미는 사진입니다.

☐ こちらは さとう なみさんです。 이쪽은 사토 나미 씨입니다.

4 출신: 〜から きました。 ~에서 왔습니다.

☐ にほんから きました。 일본에서 왔습니다.

☐ ちゅうごくから きました。 중국에서 왔습니다.

01 빈칸에 들어갈 말로 알맞은 것은?

| すいえい | どくしょ | やきゅう |

① くに　　　　　　② なん　　　　　　③ こちら
④ しゅみ　　　　　⑤ どうぞ

02 빈칸에 들어갈 수 있는 것을 〈보기〉에서 있는 대로 고른 것은?

_______________ から きました。

┤ 보기 ├
㉠ にほん　　㉡ アメリカ　　㉢ かんこく　　㉣ しゃしん

① ㉠, ㉡　　　　　　② ㉠, ㉢　　　　　　③ ㉡, ㉢
④ ㉠, ㉡, ㉢　　　　⑤ ㉡, ㉢, ㉣

03 그림의 일본어 표기가 올바르게 짝지어진 것은?

㉠

㉡

	㉠	㉡		㉠	㉡
①	ケム	サッカ	②	ゲム	サッカ
③	ゲーム	サッカー	④	ケーム	サッカ
⑤	ケーム	サッカー

04 빈칸에 들어갈 말이 올바르게 짝지어진 것은?

ワン・リー　ハナさん㉠______ なみさんの しゅみは ㉡______ ですか。
ハナ　　　りょうりです。なみさんは?
なみ　　　わたしは りょこうです。

	㉠	㉡		㉠	㉡
①	と	から	②	と	なん
③	は	なん	④	の	から
⑤	の	なん

[05~07] 대화를 읽고 물음에 답하시오.

> なみ　あっ、ひなたくん！
> 　　　　ハナさん、㉠こちらは ともだち 　a 　なかむら ひなたくんです。
> ひなた　㉡はじめまして。なかむら ひなたです。
> 　　　　㉢ひがしこおこお　 a 　㉣いちれんせいです。
> 　　　　どうぞ よろしく。
> ハナ　イ・ハナです。
> 　　　　こちらこそ どうぞ よろしく ㉤おねがいします。

05 ㉠~㉤ 중 일본어 표기가 옳은 것은?

① ㉠　　　　　　　　　② ㉡　　　　　　　　　③ ㉢
④ ㉣　　　　　　　　　⑤ ㉤

06 빈칸 a에 공통으로 들어갈 조사로 알맞은 것은?

① か　　　　　　② の　　　　　　③ は
④ も　　　　　　⑤ から

07 글의 내용으로 알 수 <u>없는</u> 것은?

① 나미는 히나타의 선배이다.
② 히나타는 고등학교 1학년이다.
③ 하나와 히나타는 처음 만났다.
④ 나미가 하나에게 히나타를 소개하고 있다.
⑤ 히나타는 히가시 고등학교에 다니고 있다.

08 일본 고등학교에 대한 설명 중 옳은 것만으로 짝지어진 것은?

> ㉠ 입학식은 3월에 실시한다.
> ㉡ 점심에는 모두 급식을 먹는다.
> ㉢ 방과 후에 하는 동아리 활동을 'ぶかつ'라고 한다.
> ㉣ 한국의 학교 축제와 같은 행사를 'ぶんかさい'라고 한다.
> ㉤ 학교에 따라 지정된 종류의 실내화나 가방 등의 물품을 사용해야 하는 곳도 있다.

① ㉠, ㉡, ㉢　　　　　　② ㉠, ㉢, ㉣
③ ㉡, ㉢, ㉤　　　　　　④ ㉡, ㉣, ㉤
⑤ ㉢, ㉣, ㉤

프로젝트 1

한일 음식 메뉴판 만들기

목표

- ✅ 가타카나를 바르게 읽고 쓸 수 있다.
- ✅ 일본의 음식 문화를 이해할 수 있다.
- ✅ 한일 음식 메뉴판을 만들 수 있다.

과정

- 🐾 스텝 1: 가타카나 익히기
- 🐾 스텝 2: 일본의 음식 문화 이해하기
- 🐾 스텝 3: 한일 음식 메뉴판 만들기

주먹밥(오니기리)

도라에몽 콜라보 메뉴

붕어빵(다이야키)

여름 저녁 메뉴판

교토 오하라의 명물
아이스 오이 광고판

교과서 **61**쪽

가타카나는 한자의 일부분을 취하여 간략하게 만든 것에서 유래했다고 한다. 히라가나보다 사용 범위가 좁아서 제한적으로 쓰이고 있다. 주로 외래어, 의성어·의태어, 동식물의 이름, 그리고 강조하고자 하는 경우에 사용한다.

 エ
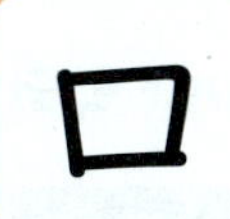 ロ
 カ
 タ
 ニ
 リ

 加
江
仁
 呂
 利
 多

🌸 가타카나는 언제 쓰는지 사진을 보면서 생각해 봅시다.

1 

2 

3 

4 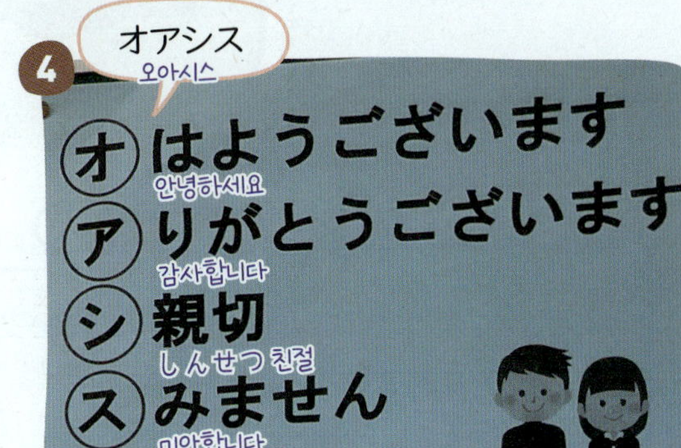

81

☆ 가타카나는 히라가나와 모양만 다를 뿐 발음은 같다.

☆ 헷갈리기 쉬운 가타카나

①	ア	マ	②	ウ	ワ
③	ク	タ	④	コ	ユ
⑤	シ	ツ	⑥	ス	ヌ	マ
⑦	ソ	ン	⑧	チ	ナ
⑨	テ	ラ	⑩	ノ	メ
⑪	フ	ヲ	⑫	ヤ	セ

☆ 가타카나 쉽게 외우는 방법

① 시 츠 응 소

　しつんそ－シツンソ

② 히라가나와 비슷한 모양

　へりやせかき－ヘリヤセカキ

③ 한자와 비슷한 모양

　毛久多千仁－モクタチ二

④ 히라가나의 일부분과 비슷한 경우

　なのれ－ナノレ

⑤ 비슷한 가타카나

　アムマ　ウフワ　コユヨロ
　クタヌ　ノメ　ルレ　ヲラテ

스텝 01

가타카나와 히라가나의 차이점은 무엇일까요?

가타카나 익히기

1 잘 듣고 따라 읽어 봅시다. 🎧 프로젝트1

	ア단	イ단	ウ단	エ단	オ단
ア행	ア a 아	イ i 이	ウ u 우	エ e 에	オ o 오
カ행	カ ka 카	キ ki 키	ク ku 쿠	ケ ke 케	コ ko 코
サ행	サ sa 사	シ shi 시	ス su 스	セ se 세	ソ so 소
タ행	タ ta 타	チ chi 치	ツ tsu 츠	テ te 테	ト to 토
ナ행	ナ na 나	ニ ni 니	ヌ nu 누	ネ ne 네	ノ no 노
ハ행	ハ ha 하	ヒ hi 히	フ fu 후	ヘ he 헤	ホ ho 호
マ행	マ ma 마	ミ mi 미	ム mu 무	メ me 메	モ mo 모
ヤ행	ヤ ya 야		ユ yu 유		ヨ yo 요
ラ행	ラ ra 라	リ ri 리	ル ru 루	レ re 레	ロ ro 로
ワ행	ワ wa 와				ヲ o 오

ン n 응

＊ 가타카나는 한자의 일부분을 따서 만든 글자로 주로 외래어, 의성어·의태어, 강조하는 말 등에 쓰여요.

クイズ

1 알맞은 것끼리 연결하기

① コ ・　　　　　・ ㉠ yu

② ユ ・　　　　　・ ㉡ ro

③ ロ ・　　　　　・ ㉢ ko

2 같은 행이 아닌 것에 ○표 하기

テ 리 ル レ ロ

정답
1. ① ㉢ ② ㉠ ③ ㉡
2. リ

2 잘 듣고 빈칸에 들어갈 글자를 쓴 후 알맞은 그림을 고르고 선으로 연결해 봅시다.

❶    ❷   ❸    ❹

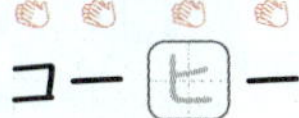 メニュー　スマホ　コーヒー　プレゼント 

ⓐ 　ⓑ 　ⓒ 　ⓓ 

3 그림 속에 숨어 있는 *カタカナ* 10개를 찾아 ◯ 표를 하고 공통된 특징을 말해 봅시다.

오세치 요리는 일본에서 설 명절 때 먹는 요리로 보통 도시락 같은 통에 담아 놓아요. 새우, 청어알, 완두콩 등 여러 가지 재료로 만들고 각각 의미가 있어요.

1 가타카나와 히라가나의 발음이 알맞은 것끼리 연결하기

① タ ·　　 · ㉠ め
② メ ·　　 · ㉡ ぬ
③ ヌ ·　　 · ㉢ た

정답
3 ①ⓒ ②ⓑ ③ⓓ ④ⓐ

정답
1 ①㉢ ②㉠ ③㉡

- [ ] そば 소바
- [ ] そうめん 소멘
- [ ] きつねうどん 기쓰네우동
- [ ] たぬきうどん 다누키우동
- [ ] どんぶり 돈부리
- [ ] しゃぶしゃぶ 샤부샤부
- [ ] さしみ 회
- [ ] すし 초밥
- [ ] おこのみやき 오코노미야키
- [ ] たこやき 다코야키
- [ ] すきやき 스키야키
- [ ] たいやき 다이야키
- [ ] やきそば 야키소바

교과서 **64**쪽

스텝 02

일본의 음식 문화 이해하기

일본 고유의 요리를 わしょく라고 해요.

일본인의 식생활에서 주식은 쌀이며, 생선 요리가 발달했습니다. 또한 미각과 시각을 모두 고려해 음식과 음식을 담는 그릇의 조화를 중요하게 생각합니다.

면류

そば

소바(そば)는 메밀국수로 이사할 때 먹는 힛코시소바, 연말에 먹는 도시코시소바 등이 있다.

きつねうどん

기쓰네우동(きつねうどん)은 유부를 얹은 우동을 말한다.

そうめん

소멘(そうめん)은 우리나라의 소면과 같고, 여름에 먹는 나가시소멘(ながしそうめん)이 유명하다.

たぬきうどん

다누키우동(たぬきうどん)은 튀김 부스러기를 얹은 우동을 말한다.

생선 · 고기류

どんぶり

돈부리(どんぶり)는 덮밥을 말하며 오야코돈, 규동, 가쓰돈 등 밥 위에 올리는 재료에 따라 이름이 달라진다.

さしみ

사시미(さしみ)는 신선한 어패류를 날것 그대로 간장과 고추냉이, 생강 등의 양념을 곁들여 먹는 요리, 즉 생선회를 말한다.

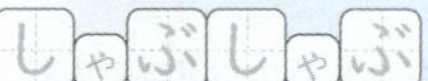

しゃぶしゃぶ

샤부샤부(しゃぶしゃぶ)는 끓는 국물에 얇게 썬 고기, 채소, 해물, 버섯, 두부 등을 데쳐 양념장과 함께 먹는 일본의 전골 요리이다.

すし

스시(すし)는 식초로 조미한 밥에 제철 어패류 등을 얹어 만든다.

야키류

おこのみやき

오코노미야키(おこのみやき)는 한국의 부침개와 비슷한 음식으로 양배추, 달걀, 밀가루 등으로 반죽하고 가쓰오부시와 소스, 마요네즈 등을 위에 뿌려서 먹는다.

すきやき

스키야키(すきやき)는 간장과 설탕으로 만든 소스에 쇠고기와 채소, 실곤약, 두부 등을 함께 넣어 조린 뒤 날달걀에 찍어 먹는다.

たいやき

다이야키(たいやき)는 한국의 붕어빵과 비슷하고 도미 모양의 틀에 굽는다.

たこやき

다코야키(たこやき)는 밀가루 반죽에 잘게 썬 문어와 파, 양배추 등을 넣어 동그랗게 구워 내 가쓰오부시와 소스를 뿌려 먹는다.

やきそば

야키소바(やきそば)는 고기와 양배추 등을 넣은 일본식 볶음면이다.

문화 TIP

☆ 한국어로는 일본 요리를 일식(日食)이라고 하지만, 일본어로는 와쇼쿠(和食), 니혼쇼쿠(日本食)라고 한다. 일본 요리의 특징으로는 쌀밥에 대한 선호도가 높고 차가운 요리가 많으며 재료 본연의 맛을 중요시한다. 또한 해산물 등 날것으로 먹는 음식이 많다.

☆ 일본의 가정식 상차림은 밥, 미소시루, 낫토, 쓰케모노 등으로 이루어진다.

☆ 일본의 발효 음식으로는 낫토, 우메보시, 미소 등이 있다.

☆ 일본 요리를 할 때, 일본어 오십음도에서 착안한 さしすせそ(사시스세소)의 순서를 지키라고 하는데, 이것은 조미료를 넣는 순서로 사토(설탕), 시오(소금), 스(식초), 쇼유(간장), 미소(된장) 순으로 넣도록 하고 있다.

일본에서 현지화된 외국 음식

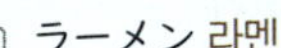

ラーメン
라멘(ラーメン)은 일본식 중화 국수 요리이며 일본의 국민 음식 가운데 하나로 여겨진다. 

オムライス
오므라이스(オムライス)는 프랑스어의 '오믈렛(Omelette)'과 영어의 '라이스(rice)'가 합성된 것이다.

とんかつ
돈가스(とんかつ)는 서양 음식인 '포크커틀릿'이 들어와 일본화하여 생겨난 음식이다. 돼지 '돈'자와 '커틀릿'의 합성어이다.

カレー
카레(カレー)는 인도의 '커리'를 일본식으로 만든 음식이다.

カステラ
카스텔라(カステラ)는 포르투갈에서 전해진 일본식 스펀지케이크이다.

コロッケ
크로켓(コロッケ)은 프랑스의 '크로켓(croquette)'에서 유래되었다.

ラーメン

한국에서 현지화된 외국 음식을 검색해 보고 일본과의 차이점을 발표해 봅시다.

일본의 식사 예절

일본인은 밥그릇은 들고 먹고, 국그릇은 들어서 입에 대고 마시며, 건더기는 젓가락으로 건져 먹습니다.

젓가락을 가로로 놓습니다.

젓가락으로 음식을 찔러서 먹지 않는다.

식기 위에 젓가락을 얹지 않는다.

젓가락으로 음식을 주고받지 않는다.

젓가락으로 그릇을 끌어당기지 않는다.

세계 여러 나라의 식사 예절을 검색해 보고 발표해 봅시다.

- [ ] ラーメン 라멘
- [ ] オムライス 오므라이스
- [ ] とんかつ 돈가스
- [ ] カレー 카레
- [ ] カステラ 카스텔라
- [ ] コロッケ 크로켓

문화 TIP

☆ 젓가락으로 음식을 주고받는 행위를 '하시와타시'라 부른다. 음식을 나눠 먹는 상황에서 절대 해서는 안 될 행위이다. '하시와타시'는 화장한 유골을 수습하는 동작과 유사하기 때문에 금기시된다. 음식을 나눠 먹을 때는 앞접시에 덜어서 건네는 등의 방식으로 매너를 지키면 된다.

과제 활동 예시 답안

❶ 한국에서 현지화된 외국 음식

라면	일본의 라멘 제조 기술을 도입해 한국식 라면으로 발전시켰다.
양념치킨	미국 남부에서 만들어진 프라이드 치킨을 한국식으로 변화·발전시켰다.
핫도그	구운 소시지를 길쭉한 핫도그빵에 끼워서 케첩과 머스터드소스를 뿌려 먹는 미국 음식이 한국 현지화되면서 모양이 달라졌다.
뚱카롱	일반 마카롱보다 3배가량 두꺼운 필링이 들어간 마카롱을 말한다.

❷ 세계의 식사 예절

중국	식사할 때 젓가락을 식탁에 세게 내려놓거나 젓가락으로 음식을 찌르는 등의 행위를 예의에 어긋난다고 생각한다. 또한 중국인들은 음식을 모두 먹으면 '준비한 음식이 부족했다'라는 의미로 해석하므로 음식을 조금 남기는 것이 예의이다. 단 개인용 접시에 담은 음식은 남기지 않는 것이 예의이며, 개인용 접시에 음식을 담을 때에는 공용 수저를 이용해야 한다.
영국	모든 사람들이 음식을 제공받기 전까지 먼저 식사를 하지 않도록 주의해야 하며, 입을 벌린 채 음식을 씹는 것은 상대방을 배려하지 않는 태도이므로 삼가야 한다. 또한 식사를 하는 동안 팔꿈치를 테이블 위에 올려놓는 것은 무례한 행동이며, 무언가를 집기 위해 다른 사람의 접시 위로 팔을 뻗기보다는 집어 달라고 부탁하는 것이 좋다.
프랑스	프랑스인들은 아침과 점심은 가볍고 간단하게, 저녁은 오랫동안 푸짐하게 먹는다. 이 중 가장 예절을 신경 써야 할 때는 저녁 식사로, 약 3~4시간 정도 느긋하게 식사를 즐기곤 하므로 최대한 느긋하게 천천히 식사를 해야 한다.
인도	주로 손으로 음식을 먹는 것으로 알려져 있지만, 식당에서는 숟가락과 포크를 사용하기도 한다. 인도에서는 식사 전후에 손을 깨끗이 씻어야 하고, 식사할 때는 오른손을 사용해 음식을 먹어야 한다. 대부분의 인도인들이 종교적인 이유로 술을 마시지 않기 때문에 가급적 식사 중 술은 멀리하는 것이 좋으며, 식사 중 이야기를 하는 것을 무례한 행동이라고 여기므로 오롯이 식사에 집중하는 것이 좋다.

✿ 한국 음식 가타카나 표기
・ 떡볶이 トッポッキ
・ 김밥 キンパプ
・ 비빔밥 ビビンバ
・ 삼겹살 サムギョプサル
・ 전 チヂミ
・ 잡채 チャプチェ
・ 부대찌개 プデチゲ
・ 삼계탕 サムゲタン
・ 물냉면 ムルレンミョン
・ 간장게장 カンジャンケジャン
・ 김치 キムチ
・ 회오리감자 トルネードポテト
・ 호떡 ホットク

교과서 **66**쪽

스텝 **03**

한일 음식 메뉴판 만들기

활동 방법

1 한국과 일본의 음식을 각각 3가지씩 정합니다.

2 검색을 통해 음식 가격을 알아보고 일본어로 메뉴판을 만듭니다.

3 메뉴판이 완성되면 역할을 정해 음식을 주문해 봅시다.

	한국어	일본어	가격
보기	돈가스	とんカツ	800엔
한국 음식			
일본 음식			

가격 말하기

100	200	300	400	500
ひゃく	にひゃく	さんびゃく	よんひゃく	ごひゃく

600	700	800	900	1,000
ろっぴゃく	ななひゃく	はっぴゃく	きゅうひゃく	せん

✿ 친구와 역할을 정해 음식을 주문하여 봅시다.

점원　いらっしゃいませ。なにに しますか。
　　　어서 오세요. 무엇으로 하겠습니까?

하나　________に します。
　　　________로 하겠습니다.

점원　かしこまりました。
　　　알겠습니다.
　　　　　　⋮
하나　いただきます。
　　　잘 먹겠습니다.

Tip

☆ 기타 음식 가타카나 표기

- 식혜 シッケ
- 수정과 スジョングァ
- 사이다 サイダー
- 콜라 コーラ
- 우유 ミルク
- 커피 コーヒー
- 빙수 ピンス
- 아이스크림 アイスクリーム
- 단고 だんご
- 버블티 バブルティー
- 홍차 こうちゃ
- 카페라떼 カフェラテ
- 매실차 メシルちゃ
- 망고주스 マンゴージュース

예시

アイスクリーム 아이스크림

イルカ 돌고래

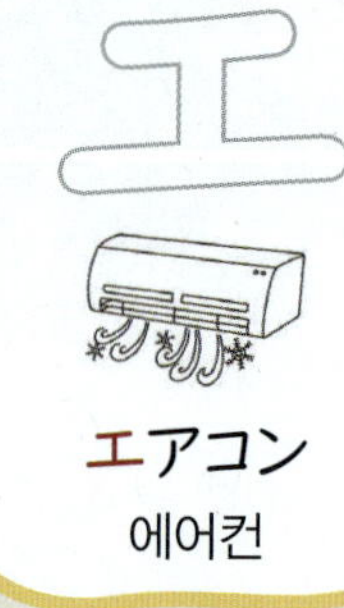

ウインナー 비엔나소시지

エアコン 에어컨

オムライス 오므라이스

カフェ 카페

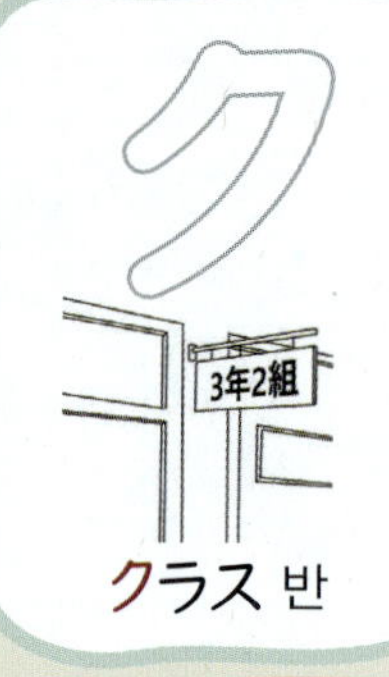

スキー 스키

クラス 반

カラオケ 노래방

コーラ 콜라

サッカー 축구

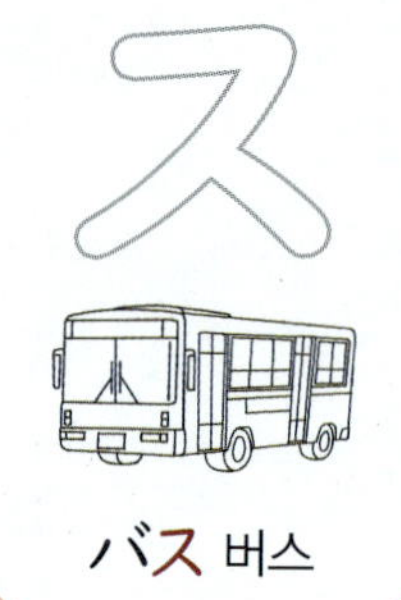

タクシー 택시

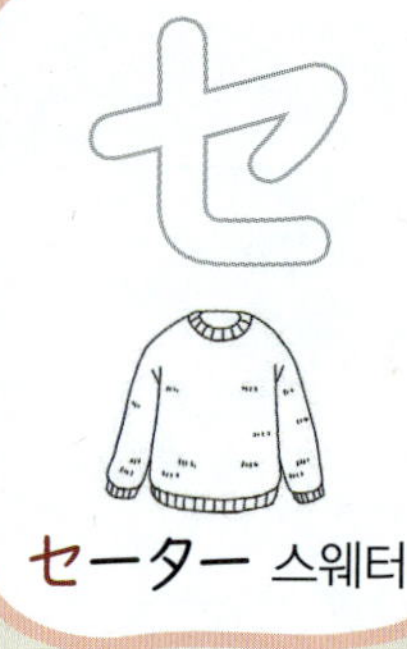

バス 버스

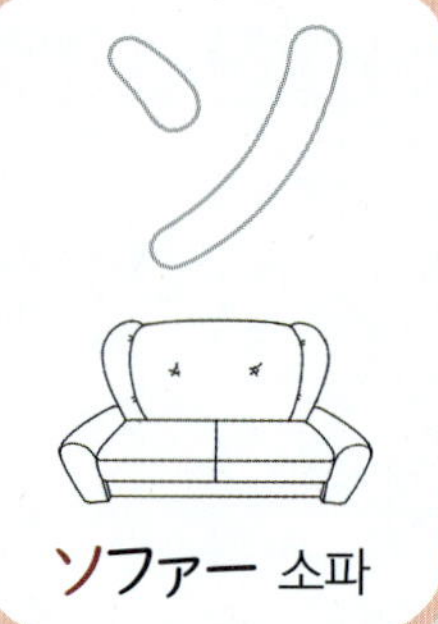

セーター 스웨터

ソファー 소파

タワー 탑, 타워

チケット 표, 티켓

シャツ 셔츠

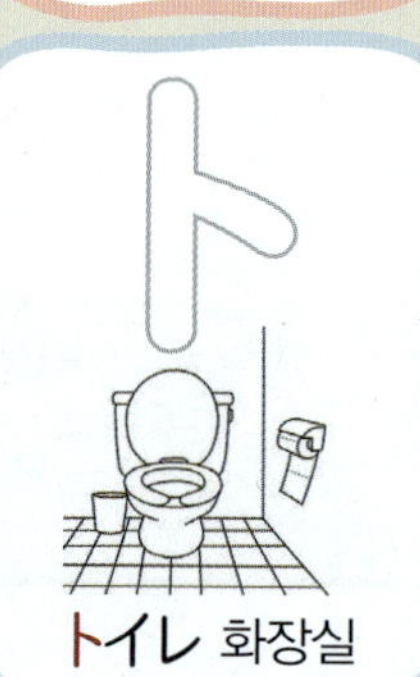

テーブル 테이블

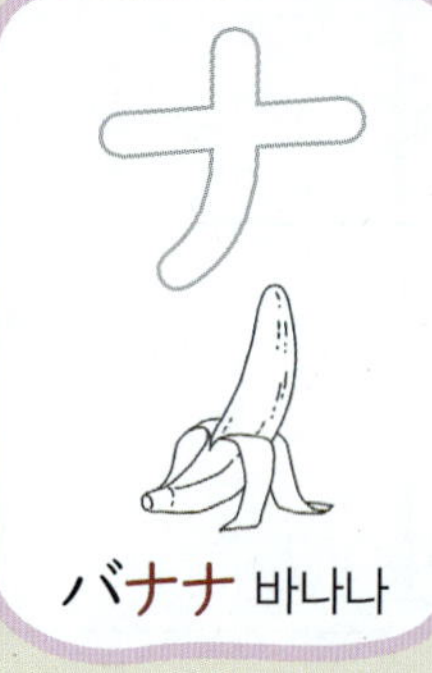

トイレ 화장실

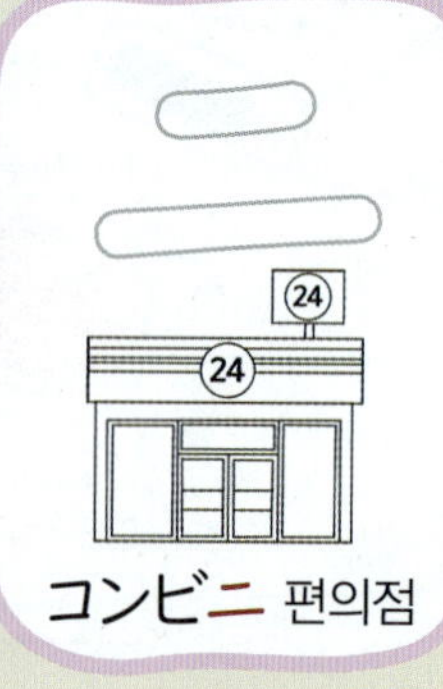

バナナ 바나나

コンビニ 편의점

カヌー 카누

ネクタイ 넥타이

ピアノ 피아노

ハ  **ハート** 하트	ヒ  **コーヒー** 커피	フ  **ゴルフ** 골프	ヘ  **ヘリコプター** 헬리콥터	ホ 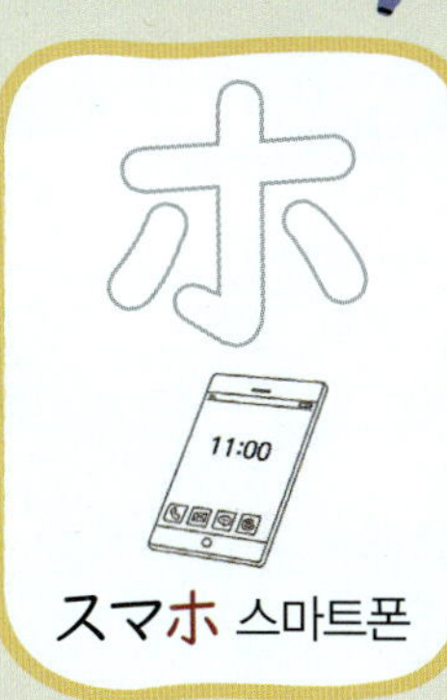 **スマホ** 스마트폰
マ  **マンション** 일본의 아파트	ミ  **ミルク** 우유	ム 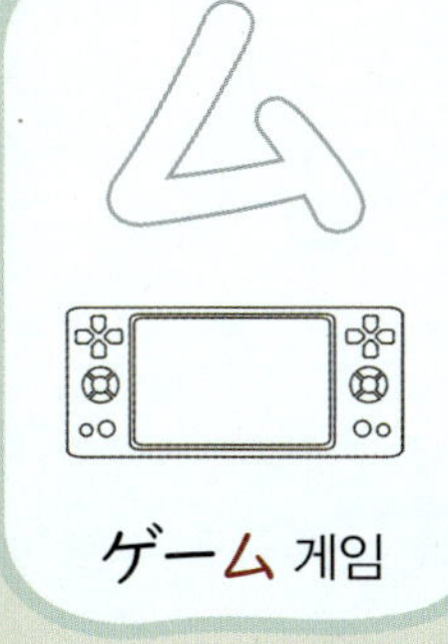 **ゲーム** 게임	メ  **メロン** 멜론	モ  **モノレール** 모노레일
ヤ  **タイヤ** 타이어		ユ 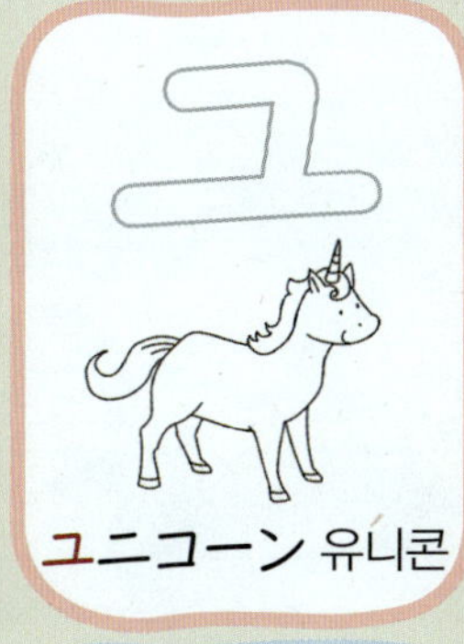 **ユニコーン** 유니콘		ヨ  **ヨット** 요트
ラ  **ラーメン** 라멘	リ  **リサイクル** 재활용	ル 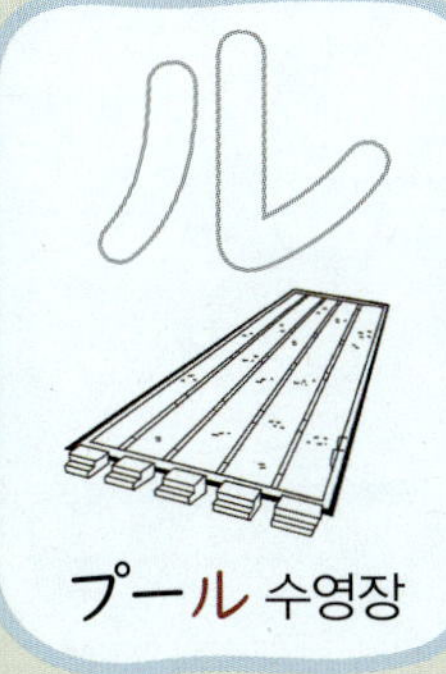 **プール** 수영장	レ  **レストラン** 레스토랑	ロ 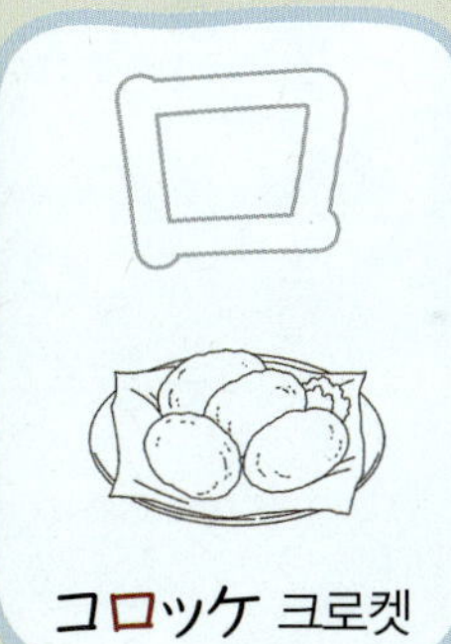 **コロッケ** 크로켓
ワ 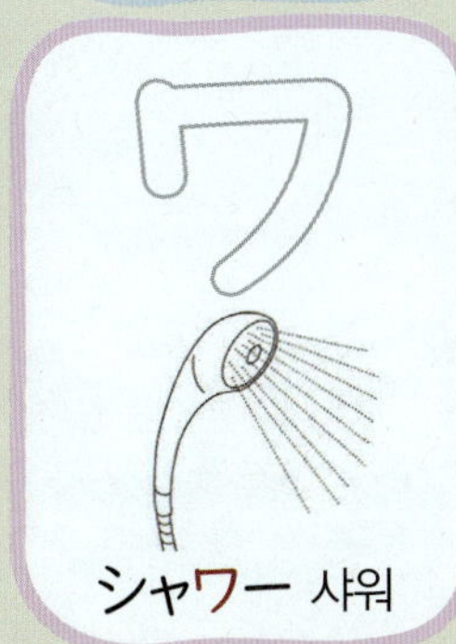 **シャワー** 샤워		ヲ 		ン 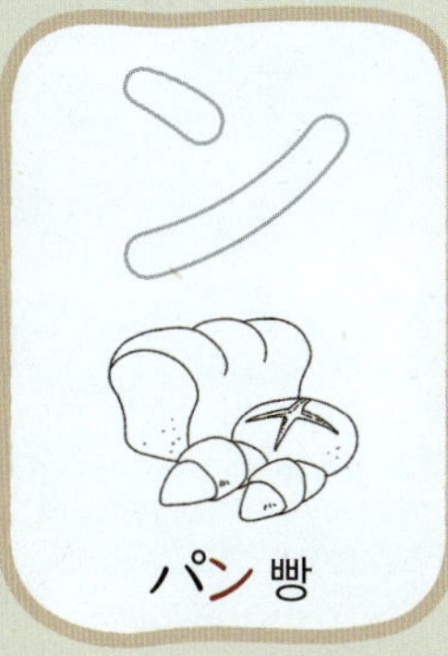 **パン** 빵

アイスクリーム アイスクリーム アイスクリーム	イルカ イルカ イルカ	ウインナー ウインナー ウインナー	エアコン エアコン エアコン	オムライス オムライス オムライス
カフェ カフェ カフェ	スキー スキー スキー	クラス クラス クラス	カラオケ カラオケ カラオケ	コーラ コーラ コーラ
サッカー サッカー サッカー	タクシー タクシー タクシー	バス バス バス	セーター セーター セーター	ソファー ソファー ソファー
タワー タワー タワー	チケット チケット チケット	シャツ シャツ シャツ	テーブル テーブル テーブル	トイレ トイレ トイレ
バナナ バナナ バナナ	コンビニ コンビニ コンビニ	カヌー カヌー カヌー	ネクタイ ネクタイ ネクタイ	ピアノ ピアノ ピアノ

ハート ハート ハート	コーヒー コーヒー コーヒー	ゴルフ ゴルフ ゴルフ	ヘリコプター ヘリコプター ヘリコプター	スマホ スマホ スマホ
マンション マンション マンション	ミルク ミルク ミルク	ゲーム ゲーム ゲーム	メロン メロン メロン	モノレール モノレール モノレール
タイヤ タイヤ タイヤ		ユニコーン ユニコーン ユニコーン		ヨット ヨット ヨット
ラーメン ラーメン ラーメン	リサイクル リサイクル リサイクル	プール プール プール	レストラン レストラン レストラン	コロッケ コロッケ コロッケ
シャワー シャワー シャワー				パン パン パン

4 おじゃまします

실례하겠습니다.

학습 목표

- 위치를 나타내는 표현을 알고 길을 묻고 답할 수 있다.
- 방문 표현을 알고 상황에 맞게 말할 수 있다.

의사소통 기본 표현

- **말 걸기** あのう、すみません。 저, 실례합니다.
- **존재장소** パンやは あの コンビニの となりに ありますよ。 빵집은 저 편의점 옆에 있어요.
- **가족 소개** わたしの ははです。 제 엄마입니다.
- **방문** いらっしゃい。/ おじゃまします。
  어서 오세요. / 실례하겠습니다.
- **권유** どうぞ。 드세요.

문화 ✿ 일본의 주거 문화
✿ 일본의 방문 예절

일본의 단독 주택인 '잇코다테(いっこだて)'로 일본인들이 가장 선호하는 주거 형태이다. 주로 2층으로 되어 있으며 주차 공간이 마련되어 있다. 지진이 많이 발생하는 일본의 환경적 특성상 내진성과 내구성을 고려하여 과거에는 목조 주택을 많이 지었으나 현재는 철근 콘크리트 등 건축 자재가 다양해지고 있다.

교과서 **71**쪽

와시쓰(わしつ)
일본 전통식 방으로 바닥에는 '다다미(たたみ)'가 깔려 있다. 한쪽에는 바닥보다 한층 높게 된 '도코노마(とこのま)'가 있으며, 이곳에는 족자나 꽃꽂이 등을 장식한다.

일본 욕실과 화장실
일본은 욕실인 '오후로(おふろ)'와 화장실인 '도이레(トイレ)'로 나뉘어져 있다. 욕실은 몸만 씻는 공간으로 욕조가 설치되어 있는 경우가 많다. 화장실은 변기 하나가 들어갈 정도의 작은 공간으로 되어 있으며 변기 뚜껑 위에는 수도꼭지가 설치되어 있어 손을 씻을 수 있다.

🌺 그림을 보면서 어떤 말을 하고 있는지 생각해 봅시다.

1

2

3

4

できる dekiru !

✿ 일본어로 어떻게 말할지 찾아 써 봅시다.

❶ 화장실은 어디입니까?　➡ ヒント 교과서 p.73 ______________

❷ 제 아버지와 어머니입니다.　➡ ヒント 교과서 p.78 ______________

❸ 실례하겠습니다.　➡ ヒント 교과서 p.78 ______________

❹ 이것, 받으세요.　➡ ヒント 교과서 p.78 ______________

ばしょ
장소

🌸 장소의 이름과 관련된 단어를 잘 듣고 따라 말해 봅시다. 🎧 4-02

교과서 단어

- ☐ ばしょ 장소
- ☐ えき 역
- ☐ びょういん 병원
- ☐ コンビニ 편의점
- ☐ ゆうびんきょく 우체국
- ☐ えいがかん 영화관
- ☐ こうえん 공원
- ☐ トイレ 화장실
- ☐ がっこう 학교
- ☐ レストラン 레스토랑
- ☐ カフェ 카페
- ☐ としょかん 도서관
- ☐ パンや 빵집
- ☐ うち 집
- ☐ こうばん 파출소

Tip

☆ ③ 'コンビニ(편의점)'는 'コンビニエンス ストア'의 줄임말이다.

☆ ⑦ 'トイレ(화장실)'는 'トイレット'의 줄임말이며, 다른 표현으로 'おてあらい(화장실)'를 사용하기도 한다.

☆ ⑩ 'カフェ(카페)'에서 사용된 'ェ'는 기존의 글자를 작게 써서 표기한 것으로 외래어를 표기할 때 유사한 발음으로 표현하기 위해 사용한다.

☆ ⑫ 'パンや(빵집)'의 'や'는 명사 뒤에 붙여 가게를 나타내는 의미로 사용된다.

  예 ほんや 서점 くつや 구두 가게

☆ ⑬ 'うち(집)'와 비슷한 표현으로 'いえ'가 있는데 'いえ'는 물리적인 '집(건물)'을 의미하고 'うち'는 심리적인 '집(가정, 가족)'의 의미를 포함하고 있다는 데 차이가 있다.

どこ？
어디?

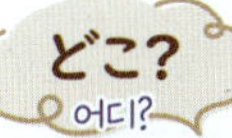 위치와 관련된 단어를 잘 듣고 따라 말해 봅시다. 🎧 4-03

1 72쪽의 그림을 보면서 잘 듣고 **보기** 와 같이 바꿔 말해 봅시다. 🎧 4-04

보기

A あのう、すみません。としょかんは どこですか。
　저, 실례합니다. 도서관은 어디입니까?
B としょかんですか。としょかんは パンやの ひだりに あります。
　도서관 말입니까? 도서관은 빵집 왼쪽에 있습니다.
A ありがとうございました。
　고맙습니다.

❶ 

❷ 

❸ 

교과서 단어

- [ ] どこ 어디
- [ ] うえ 위
- [ ] した 아래
- [ ] なか 안
- [ ] ひだり 왼쪽
- [ ] みぎ 오른쪽
- [ ] まえ 앞
- [ ] うしろ 뒤
- [ ] となり 옆
- [ ] あのう 저, 저기
- [ ] すみません 실례합니다
- [ ] どこですか 어디입니까?
- [ ] ～に 에
- [ ] あります 있습니다
- [ ] ありがとうございました 감사합니다

예시 대화 & 해석

❶ A あのう、すみません。저, 실례합니다.
コンビニは どこですか。
편의점은 어디입니까?
B コンビニですか。
편의점 말입니까?
コンビニは びょういんの みぎに
あります。
편의점은 병원 오른쪽에 있습니다.
A ありがとうございました。
고맙습니다.

❷ A あのう、すみません。
저, 실례합니다.
レストランは どこですか。
레스토랑은 어디입니까?
B レストランですか。
레스토랑 말입니까?
レストランは カフェの うえに
あります。
레스토랑은 카페 위에 있습니다.
A ありがとうございました。
고맙습니다.

❸ A あのう、すみません。저, 실례합니다.
トイレは どこですか。
화장실은 어디입니까?
B トイレですか。화장실 말입니까?
トイレは こうえんの なかに
あります。
화장실은 공원 안에 있습니다.
A ありがとうございました。
고맙습니다.

Tip

- ❽ 'となり(옆)'와 비슷한 표현으로 'よこ'와 'そば'가 있다. 'となり'는 같은 종류의 대상이 바로 옆에 있는 경우, 'よこ'는 대상이 수평 방향 상에서 옆에 존재할 때, 'そば'는 기준에서 360도 안에 있는 모든 대상 중 가까운 거리에 있는 경우에 사용한다.
- 'すみません'은 '죄송합니다'의 의미 외에도 다른 사람에게 말을 걸 때 '실례합니다'의 의미로도 사용된다.
- 'に'는 장소를 나타내는 조사로 '～에'의 의미이다.
- 'ありがとうございました'는 'ありがとうございます'의 과거형으로 과거의 사건에 대해 감사하고 싶을 때, 어떠한 일이 완료되었을 때 사용한다.

교과서 단어

- ☐ かぞく 가족
- ☐ わたし 나, 저
- ☐ ちち (나의) 아빠
- ☐ はは (나의) 엄마
- ☐ あに (나의) 오빠, 형
- ☐ あね (나의) 언니, 누나
- ☐ おとうと (나의) 남동생
- ☐ いもうと (나의) 여동생
- ☐ おとうさん (남의) 아버지
- ☐ おかあさん (남의) 어머니
- ☐ おにいさん (남의) 오빠, 형
- ☐ おねえさん (남의) 언니, 누나
- ☐ おとうとさん (남의) 남동생
- ☐ いもうとさん (남의) 여동생

Tip

❀ 일본어의 가족 호칭은 상황과 장면에
따라 달라지기 때문에 주의해야 한다.
자신의 가족을 다른 사람에게 이야기
할 때는 낮추어 말하며 다른 사람의 가
족에 대해 이야기할 때는 높여서 말한
다. 또한 한국에서는 부르는 사람의 성
별에 따라 '오빠/형', '언니/누나'를 구
분하여 사용하지만 일본에서는 구분
하지 않고 같은 호칭을 사용한다.

Tip

☆ 가족 호칭

	나의 가족	남의 가족	나의 가족을 내가 부를 때
아버지	ちち	おとうさん	おとうさん
어머니	はは	おかあさん	おかあさん
오빠, 형	あに	おにいさん	(お)にいさん (お)にいちゃん
언니, 누나	あね	おねえさん	(お)ねえさん (お)ねえちゃん
남동생	おとうと	おとうとさん	이름 또는 이름+ちゃん
여동생	いもうと	いもうとさん	

교과서 **75**쪽

1 잘 듣고 알맞은 그림에 ✓표를 해 봅시다. 🎧 4-06

❶   ❷  

☐ ☐ ☐ ☐

2 잘 듣고 보기 와 같이 친구와 대화해 봅시다. 🎧 4-07

보기

A ハナさんの おねえさんですか。
하나 씨의 언니입니까?
B1 はい、わたしの あねです。
네, 제 언니입니다.
B2 いいえ、わたしの あねじゃないです。
아니요, 제 언니가 아닙니다.

❶ 

❷ 

❸ 

3 잘 듣고 보기 와 같이 권유하는 표현을 짝과 대화해 봅시다. 🎧 4-08

보기

A 차, 드세요.
　おちゃ、どうぞ。
B ありがとうございます。
　고맙습니다.

❶ 

❷ 

교과서 단어

☐ 〜と 과/와
☐ 〜ですか 입니까?
☐ はい 네, 예
☐ いいえ 아니요
☐ 〜じゃないです 이/가 아닙니다
☐ おちゃ 차
☐ どうぞ 드세요
☐ おみず 물
☐ ケーキ 케이크

듣기 대본 & 해석

❶ わたしの ちちと ははです。
제 아빠와 엄마입니다.
❷ わたしの あねと いもうとです。
제 언니와 여동생입니다.

예시 대화 & 해석

❶ A ワンさんの おかあさんですか。
왕 씨의 어머니입니까?
B1 はい、わたしの ははです。
네, 제 엄마입니다.
B2 いいえ、わたしの ははじゃないです。
아니요, 제 엄마가 아닙니다.
❷ A たなかさんの おにいさんですか。
다나카 씨의 오빠입니까?
B1 はい、わたしの あにです。
네, 제 오빠입니다.
B2 いいえ、わたしの あにじゃないです。
아니요, 제 오빠가 아닙니다.
❸ A スミスさんの おとうとさんですか。
스미스 씨의 남동생입니까?
B1 はい、わたしの おとうとです。
네, 제 남동생입니다.
B2 いいえ、わたしの おとうとじゃないです。
아니요, 제 남동생이 아닙니다.

예시 대화 & 해석

❶ A おみず、どうぞ。
물, 드세요.
B ありがとうございます。
고맙습니다.
❷ A ケーキ、どうぞ。
케이크, 드세요.
B ありがとうございます。
고맙습니다.

 Tip

✿ '〜と'는 '〜과/와'의 의미로 복수의 명사를 나열할 때 쓰인다.

✿ '〜じゃないです'는 '〜이/가 아닙니다'의 의미로 부정의 의미를 나타낸다.

✿ 'どうぞ'는 다른 사람에게 무언가를 권유하는 상황에서 다양한 의미로 사용된다.

교과서 단어

- うち 집
- ううん 아니
- ちかく 근처
- ～かな 일까?
- おまわりさん 경찰
- あそこ 저기
- あの 저
- あ 아(감탄사)

クイズ

1 하나와 나미가 가려고 하는 곳은 어디인가요?

2 빵집은 어디에 있나요?

Tip

☆ ある VS いる

'ある(있다), あります(있습니다)'는 사물·식물의 존재 유무를 나타내며, 사람·동물의 존재 유무를 나타낼 때에는 'いる(있다), います(있습니다)'를 사용한다.

예 ゆうびんきょくは こうばんの となりに あります。
우체국은 파출소 옆에 있습니다.

예 ねこは としょかんの まえに います。 고양이는 도서관 앞에 있습니다.

하나와 나미가 스마트폰의 지도를 보면서 히나타의 집을 찾고 있습니다. 🎧 4-09

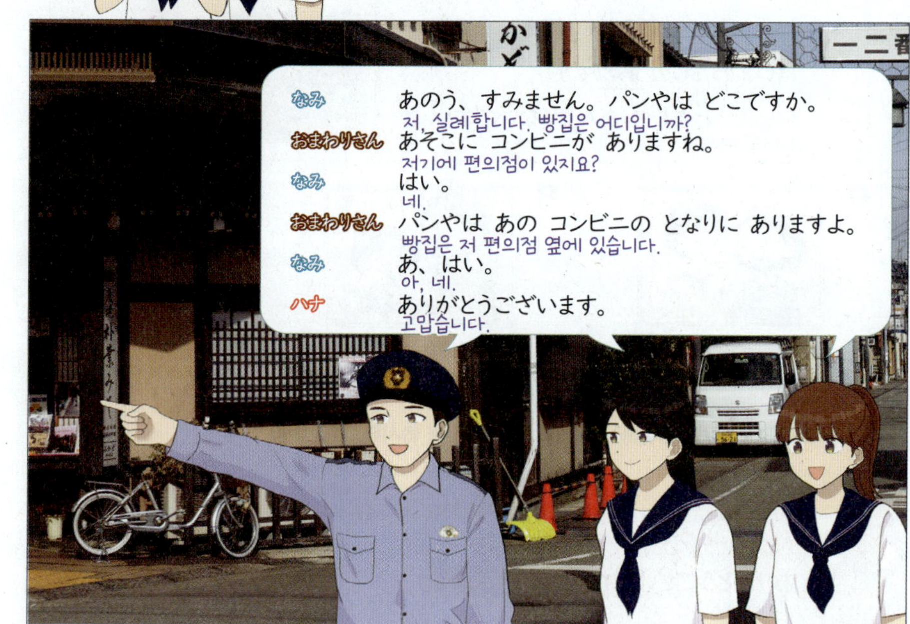

본문 해설

❶ ～じゃ ない: '～이/가 아니다'의 의미로 '～では ない'의 회화체이다.

❷ 'すみません'을 '죄송합니다'의 의미로 사용할 경우 비슷한 표현인 'ごめんなさい'로 바꾸어 말할 수 있지만 '고맙습니다, 저기요(부르는 말), 실례합니다'의 경우에는 바꾸어 말할 수 없다.

❸ 'どこですか(어디입니까?)'를 동급생 혹은 동등한 위치의 사람에게 말할 때에는 'どこ(어디)'라고 말할 수 있다.

❹ '조사 '～に'는 위치·장소를 나타내는 '～에'의 의미로 사용된다.

정리하기 ①

まとめ

1 **〜じゃない** 이/가 아니다 / **〜じゃないです** 이/가 아닙니다

- ・ううん、ほんやの となり**じゃない**よ。 아니, 서점 옆이 아니야.
- ・いいえ、わたしの あね**じゃないです**。 아니요, 제 언니(누나)가 아닙니다.

2 **すみません**의 다양한 쓰임

죄송합니다.

고맙습니다.

저기요.

실례합니다.

3 **〜は どこですか** 은/는 어디입니까?

- ・パンやは どこですか。
  빵집은 어디입니까?

4 **〜は 〜に あります** (사물·식물) 은/는 에 있습니다

- ・パンやは コンビニの となりに あります。
  빵집은 편의점 옆에 있습니다.

사람·동물의 존재를 나타낼 때는 '**います**'를 사용해요.

대화 내용을 생각하며 물음에 답해 봅시다.

1 다른 사람에게 말을 걸 때 사용하는 표현을 찾아 일본어로 써 봅시다.

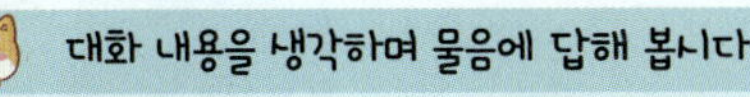

2 낱말 카드를 바르게 배열하여 문장을 완성해 봅시다.

❶

ですか	ひなたくんの	どこ	うちは
입니까	히나타 군의	어디	집은

➡ ___________________________________ 。

❷

となりに	パンやは	あります	コンビニの
옆에	빵집은	있습니다	편의점의

➡ ___________________________________ 。

꼬마 문제

1 알맞은 말 넣기

コンビニは □□ ですか。
편의점은 어디입니까?

2 빈칸 채우기

としょかんは こうえんの となりに ______________。
도서관은 공원 옆에 있습니다.

❶
예시 답안 & 해석

すみません。
실례합니다.

❷
예시 답안 & 해석

❶ ひなたくんの うちは どこですか。
 히나타 군의 집은 어디입니까?
❷ パンやは コンビニの となりに あります。
 빵집은 편의점 옆에 있습니다.

Tip

	사물 · 식물	사람 · 동물
있다	ある	いる
있습니다	あります	います

읽고 쓰기 ②

하나와 나미가 히나타의 집을 방문했습니다. 🎧 4-10

교과서 단어

- ぼく 저(남성어)
- いらっしゃい 어서 와, 어서 오세요
- あがって 들어와(요)
- おじゃまします 실례하겠습니다
- おかし 과자
- あら 어머
- きょう 오늘
- おひる 점심
- ごはん 밥
- カツどん 가쓰돈
- さあ 자
- いただきます 잘 먹겠습니다
- おいしい 맛있다
- ごちそうさまでした 잘 먹었습니다

クイズ

1 하나가 히나타의 엄마에게 선물한 것은 무엇인가요?

2 하나, 나미, 히나타가 먹은 점심 메뉴는 무엇인가요?

본문 해설

❶ 'いらっしゃい(어서 오세요)'는 다른 사람이 자신의 집에 방문했을 때 사용하는 표현이며, 비슷한 표현으로 'いらっしゃいませ(어서 오세요)'가 있으나 주로 가게, 상점과 같은 곳에서 사용된다.

❷ 'どうぞ'는 '아무쪼록(부디)'이라는 의미 외에도 '들어오세요, 받으세요, 먼저 타세요, 앉으세요' 등 다른 사람에게 무언가를 권유하는 장면에서 다양한 의미로 사용된다.

❸ 'あがって'는 동사 'あがる(오르다, 올라가다)'를 활용한 것으로 '(집에) 올라와(들어와)'의 의미이다. 이는 일본의 가옥이 마루가 현관보다 높은 구조가 대부분으로 그에 따라 자연스럽게 생겨난 표현이라 할 수 있다.

❹ 일본에서는 'いただきます(잘 먹겠습니다)'와 'ごちそうさまでした(잘 먹었습니다)'는 혼자 밥을 먹는 경우에도 흔히 사용한다. 식사 인사를 할 때에는 두 손을 합장하듯 모은 상태로 인사를 하는 특징이 있다.

정답
1. 한국 과자
2. 가쓰돈

정리하기 ②

1 방문 표현

A　いらっしゃい。어서 오세요.

B　おじゃまします。실례하겠습니다.

2 식사 표현

・いただきます。잘 먹겠습니다.

・ごちそうさまでした。잘 먹었습니다.

3 どうぞの 쓰임

まとめ

대화 내용을 생각하며 물음에 답해 봅시다.

1 빈칸에 공통으로 들어갈 말을 쓰고 어떤 상황에서 사용하는 말인지 말해 봅시다.

❶

❷

2 그림의 상황에서 사용할 수 있는 인사말을 본문에서 찾아 일본어로 써 봅시다.

❶

❷

예시 답안 & 해석 ❶

❶ どうぞ。들어오세요. (방문)

❷ どうぞ。드세요. (권유)

예시 답안 & 해석 ❷

❶ いただきます。
잘 먹겠습니다.

❷ ごちそうさまでした。
잘 먹었습니다.

나만의 정리노트

정답
1 ちち、はは
2 おじゃまします

문화 TIP

- **단독 주택**: 아파트를 선호하는 한국과 달리 일본에서 가장 선호하는 주거 형태는 단독 주택이다. 단독 주택에는 반드시 주차 공간을 마련해야 하며 방의 크기를 다다미의 장수로 나타낸다.

- **맨션**: 한국의 아파트에 해당하는 맨션은 여러 동으로 되어 있는 한국과 달리 한 동의 단독 건물로 되어 있으며 주차장, 편의시설 등이 구비되어 있어 가격이 비싸다.

- **아파트**: 일본의 아파트는 집의 크기가 작고 가격이 저렴해 보통 학생이나 직장인 등이 임대하여 사는 경우가 많다. 목조나 경량 철골로 만들어진 형태가 많아 방음이나 단열에 취약한 편이다.

- **화장실, 욕실**: 일본에서는 보통 화장실과 욕실이 분리되어 있으며, 화장실의 변기 뚜껑에는 수도꼭지가 달려 있어 용변을 본 후 손을 씻을 수 있어 물을 절약할 수 있다. 욕실에는 욕조와 샤워기가 있으며 욕조에는 물을 자동으로 받아 온도를 유지할 수 있는 기능이 딸린 것들이 많다.

- **주택 도면**: 일본에서는 주택의 구조를 나타낼 때 '3LDK'와 같은 용어를 사용한다. 숫자는 방의 개수, 'L: Living room, D: Dinning room, K: Kitchen'의 의미를 나타낸다.

クイズ

1. 한국의 아파트에 해당하는 주거 형태로 고층으로 되어 있는 공동 주택을 무엇이라고 할까요?

2. 바닥에 다다미가 깔려 있는 일본 전통식 방의 이름은 무엇인가요?

정답
1. 맨션 マンション
2. 다다미 たたみ

교과서 **80**쪽

일본의 주거 문화

일본의 주거 형태로는 단독 주택(いっこだて), 맨션(マンション), 아파트(アパート)가 있습니다. 일본에서는 주택의 구조를 나타낼 때 'LDK'라는 말을 사용합니다. '3LDK'에서, '3'은 방의 개수, 'L'은 거실, 'D'는 식사 공간, 'K'는 부엌을 뜻합니다. 다다미의 장수로 방의 크기를 나타낼 수도 있습니다.

단독 주택
いっこだて

맨션
マンション

아파트
アパート

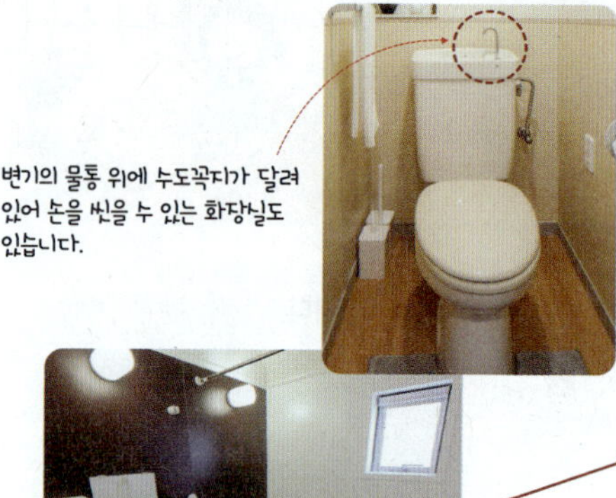

변기의 물통 위에 수도꼭지가 달려 있어 손을 씻을 수 있는 화장실도 있습니다.

일본 주택은 대부분 욕실과 화장실이 분리되어 있습니다.

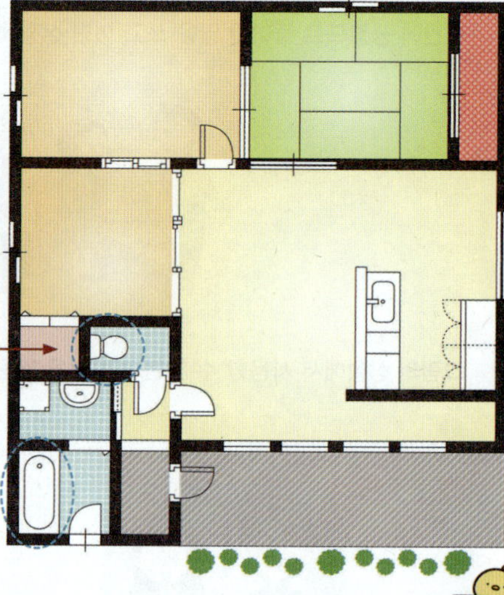

한국과 일본 주택의 특징을 기후와 연관 지어 생각해 보고 발표해 봅시다.

과제 활동 예시 답안

한국과 일본 주택의 특징

한국	겨울이 춥기 때문에 보일러 같은 바닥 난방 기능이 있다.
일본	지진이 많이 발생하기 때문에 내진 설계가 잘 되어 있으며, 여름에는 매우 덥고 습하기 때문에 습도를 조절하고 통풍이 잘 되는 다다미와 같은 바닥재를 사용한다.

와시쓰 내부

일본의 전통적인 방을 와시쓰(わしつ)라고 합니다. 바닥에는 다다미(たたみ)가 깔려 있으며 족자나 꽃꽂이를 장식하는 도코노마(とこのま)가 있습니다.

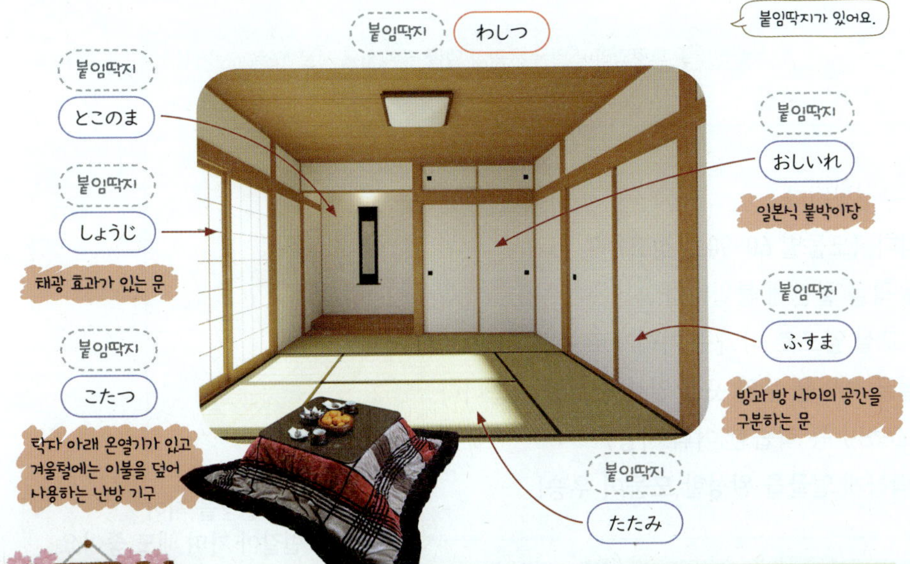

일본 문화 アップ

일본의 방문 예절

신발을 벗고 들어갈 때는 신발코가 밖으로 향하게 가지런히 놓습니다.

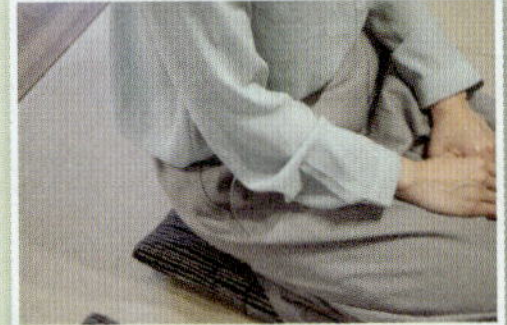

다다미 방에 앉을 때는 정좌를 하는 것이 예의입니다.

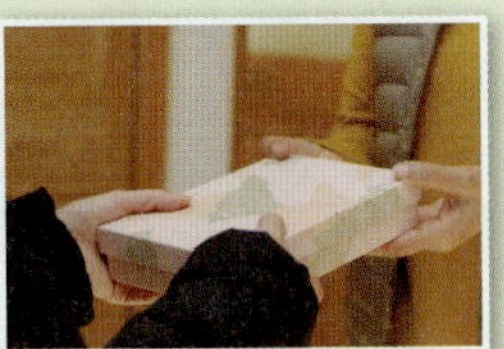

일본 가정을 방문할 때는 과자, 케이크 등의 간단한 선물을 가지고 갑니다.

Quiz  

❶ 일본 주택은 대부분 욕실과 화장실이 분리되어 있다.　 ⓞ │ ✕
❷ 탁자 아래 온열기가 있고 이불을 덮어 사용하는 난방 기구를 ☐☐☐☐ (이)라고 한다.

문화 TIP 

☆ **와시쓰(わしつ)**: 다다미가 깔린 일본 전통식 방으로 현대식 주택도 방 1개 정도는 와시쓰로 되어 있는 경우가 많다.

☆ **도코노마(とこのま)**: 다다미방의 정면에 다른 바닥보다 조금 높게 만든 공간으로 족자나 꽃꽂이 등을 장식한다.

☆ **しょうじ(쇼지)**: 종이나 화선지를 발라 만든 미닫이문이다. 빛이 통과하는 미닫이문으로 주로 외부와 닿아 있다.

☆ **こたつ(고타쓰)**: 테이블 아래에 전기난로를 설치하여 전용 담요를 덮어 사용하는 난방 기구이다. 테이블 속에 다리를 넣어 몸을 데우며 겨울에는 고타쓰에서 간식을 먹거나 식사를 한다.

☆ **たたみ(다다미)**: 일본 주택에 까는 바닥재로 짚을 압축하여 만들어 습도와 온도를 조절하는 기능을 한다. 다다미 한 장의 크기는 대개 너비 90cm, 길이 180cm, 두께 5~7cm 정도이다.

☆ **ふすま(후스마)**: 빛이 통과하지 않는 미닫이문으로 내부에 사용되어 방과 방 사이의 공간을 구분하는 역할을 한다.

☆ **おしいれ(오시이레)**: 방 안에 설치된 붙박이장으로 이불, 옷 등을 수납한다.

Quiz 정답 & 해설

❶ ○
→ 일본에서는 용변을 보는 화장실은 더럽다는 인식이 있어 대개 몸을 깨끗하게 씻는 욕실과 분리되어 있다.

❷ 고타쓰, こたつ
→ 일본은 한국의 온돌과 같은 바닥 난방 시설이 없기 때문에 고타쓰를 사용해 난방을 하여 겨울을 지낸다.

문화 TIP

☆ 일본의 방문 예절

❶ 신발을 벗고 들어갈 때는 신발 앞 끝이 바깥쪽을 향하게 정리를 하는데 이는 나갈 때 편하게 신을 수 있도록 하기 위해서이다.

❷ 방에 들어가서는 주인이 앉기를 권할 때 앉으며 보통 정좌를 하는 것이 예의이다.

❸ 일본 가정에서는 다다미방 이외에서는 대부분 슬리퍼를 신지만 다다미방으로 들어갈 경우에는 슬리퍼를 벗는다. 다다미방에는 가능한 한 맨발로 들어가지 않으며 문턱이나 다다미의 가장 자리를 밟지 않도록 주의한다.

❹ 일본 가정을 방문할 때는 과자, 케이크 등의 간단한 선물을 준비하는데 이를 '데미야게(てみやげ)'라고 한다.

227쪽에 활동 자료가
있어요.

교과서 **82**쪽

얼굴 완성하기! 후쿠와라이 게임

준비물 후쿠와라이 얼굴 윤곽과 얼굴 부위(활동 자료 163쪽), 눈가리개

활동 방법

1. 4~5명으로 모둠을 구성합니다.
2. 게임 시간을 정합니다. (모둠별 60~90초 정도)
3. 후쿠와라이 얼굴 윤곽을 칠판에 붙입니다.
4. 모둠의 대표 1명은 교실 앞으로 나와 눈가리개로 눈을 가립니다.
5. 나머지 모둠원은 얼굴 부위를 붙일 곳을 일본어로 알려 줍니다.
   (うえ, した, みぎ, ひだり 등 학습한 어휘 사용)
6. 시간 내에 가장 완벽하게 얼굴을 완성한 모둠이 우승!

2명이 짝을 지어
번갈아 가며 해도 좋아요.

 미니 칼럼

ふくわらい

후쿠와라이(ふくわらい)는 일본 설날 놀이 중 하나로, 눈을 가린 채 익살스러운 생김새의 횻토코(ひょっとこ)와 복스러운 여자 얼굴인 오카메(おかめ)의 얼굴 윤곽만 그려 놓은 종이에 눈, 코, 입 등을 맞추어 완성하는 놀이예요.

문화 TIP

☆ '후쿠와라이(ふくわらい)'는 일본 설날 놀이 중 하나로 'ふく'는 복, 'わらい'는 '웃음'이라는 의미이다. 눈을 가린 채 주위 사람들의 조언에 따라 얼굴 윤곽만 그린 종이에 눈썹, 눈, 코, 입, 귀를 배열하는 놀이로, 보이지 않는 상태에서 만든 얼굴이 매우 익살스러워서 저절로 웃게 된다. 승부를 내는 방법은 정해진 것은 없지만 누가 더 잘 만들었는지, 또는 더 웃기는 얼굴을 만든 사람을 승자로 정하기도 한다. 후쿠와라이에 사용하는 얼굴로 '오카메(おかめ)'와 '횻토코(ひょっとこ)'가 있는데 이것은 복스러운 여자 얼굴과 익살스러운 남자 얼굴로, 가족의 건강과 행복을 기원하는 의미가 담겨 있다.

확인하기

교과서 **83**쪽

1 잘 듣고 내용에 알맞은 그림에 ✓표를 해 봅시다. 🎧 4-11 

❶  ❷  ❸ 

☐ ☐ ☐

2 그림을 보고 빈칸에 알맞은 말을 써 봅시다.

わたしの かぞくです。
―――、―――、―――、―――、
わたしです。

3 대화의 내용으로 알 수 있는 것을 찾아봅시다.

A あのう、すみません。コンビニは どこですか。
B コンビニですか。あそこに こうばんが ありますね。
A はい。
B コンビニは あの こうばんの となりに あります。
A ありがとうございました。

① B가 길을 묻고 있다.
② A는 파출소를 찾고 있다.
③ 편의점은 파출소 옆에 있다.
④ 두 사람은 편의점에 함께 간다.
⑤ 두 사람은 전화 통화를 하고 있다.

스스로 확인하기

🖊️ **문장으로 정리하는 핵심** 콕

わたしの ちちと ははです。
わたしの うちは いっこだてです。
パンやの となりに あります。

💡 **4과를 공부하고 이건** 꼭

☐ 말 걸기 표현을 말할 수 있다.　☐ 위치를 묻고 답할 수 있다.　☐ 가족을 소개할 수 있다.

문제 도 우 미

❶ 

듣기 대본 & 해석

A いらっしゃい。どうぞ、あがって。
　어서 오세요. 자, 들어오세요.
B おじゃまします。
　실례하겠습니다.

❷ 

해석

わたしの かぞくです。
ちち、はは、あね、おとうと、
わたしです。
제 가족입니다.
아빠, 엄마, 언니, 남동생, 저입니다.

❸

해석

A 저, 실례합니다. 편의점은 어디입니까?
B 편의점이요? 저기에 파출소가 있지요?
A 네.
B 편의점은 저 파출소 옆에 있습니다.
A 감사합니다.

🖊️ **문장으로 정리하는 핵심** 콕

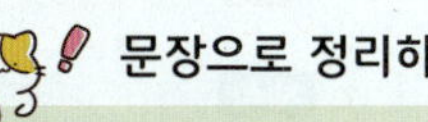

제 아빠와 엄마입니다.
제 집은 단독 주택입니다.
빵집 옆에 있습니다.

정답
1 ①
2 ちち、はは、あね、おとうと
3 ③

✏️ 문장을 따라 쓰고 해석해 봅시다.

① あのう、すみません。えきは どこですか。

쓰기 ___________________________

해석 ___________________________

② えきは ゆうびんきょくの となりに あります。

쓰기 ___________________________

해석 ___________________________

③ わたしの ちちと ははです。

쓰기 ___________________________

해석 ___________________________

④ たなかさんの おにいさんですか。

쓰기 ___________________________

해석 ___________________________

⑤ いいえ、わたしの あにじゃないです。

쓰기 ___________________________

해석 ___________________________

⑥ おちゃ、どうぞ。

쓰기 ___________________________

해석 ___________________________

⑦ おじゃまします。

쓰기 ___________________________

해석 ___________________________

나만의 정리 노트

1 마인드맵으로 정리하기

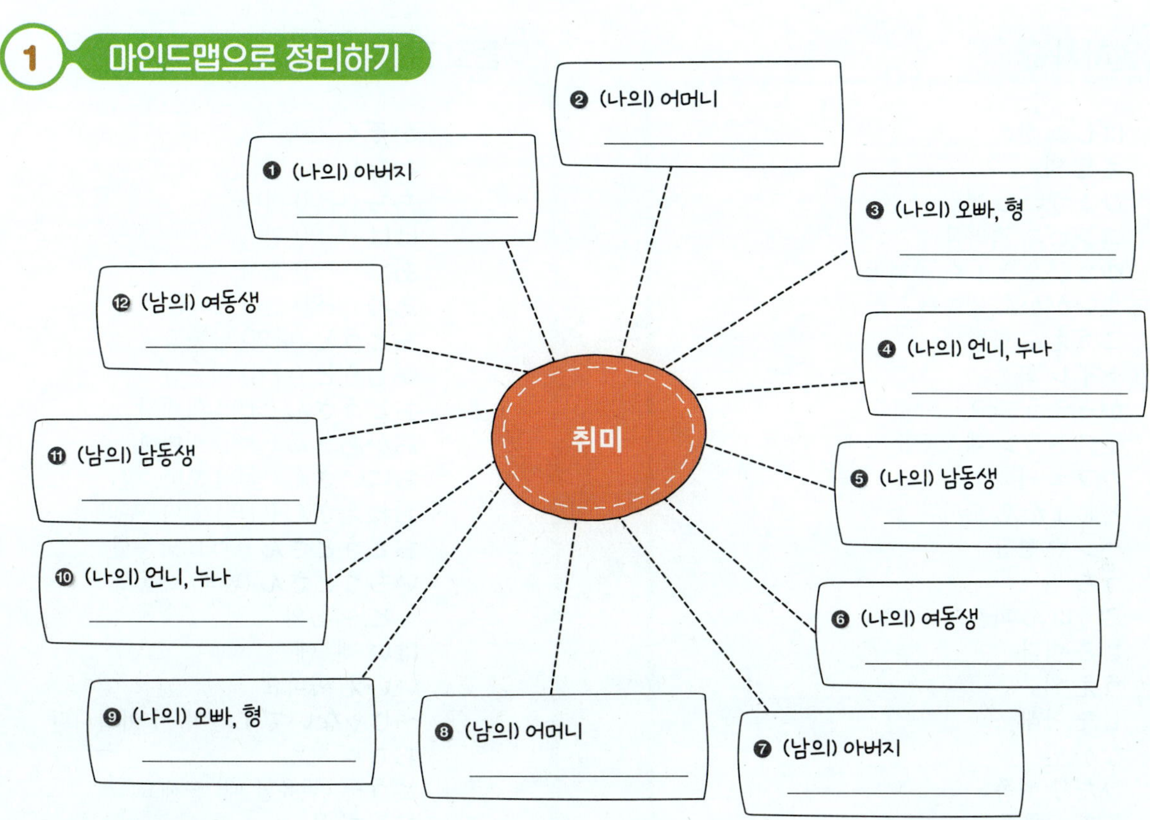

2 워드 서치

어디 / 파출소 / 오른쪽 / 영화관 / 집 / 옆 / 잘 먹겠습니다

う	ま	お	り	に	な	か	せ
ち	ぬ	こ	う	ば	ん	く	み
さ	ど	ぞ	と	な	り	で	ぎ
ほ	こ	や	え	い	が	か	ん
ひ	い	た	だ	き	ま	す	も

듣고 말하기 ❶

- ばしょ 장소
- えき 역
- びょういん 병원
- コンビニ 편의점
- ゆうびんきょく 우체국
- えいがかん 영화관
- こうえん 공원
- トイレ 화장실
- がっこう 학교
- レストラン 레스토랑
- カフェ 카페
- としょかん 도서관
- パンや 빵집
- うち 집
- こうばん 파출소
- どこ 어디
- うえ 위
- した 아래
- なか 안
- ひだり 왼쪽
- みぎ 오른쪽
- まえ 앞
- うしろ 뒤
- となり 옆
- あのう 저, 저기
- すみません 실례합니다
- ～に ～에
- あります 있습니다(사물·식물)
- ありがとうございました 감사합니다

읽고 쓰기 ❶

- うち 집
- ちかく 근처
- ～かな ～일까?
- おまわりさん 경찰
- あそこ 저기
- あの 저
- あ 아(감탄사)

듣고 말하기 ❷

- かぞく 가족
- わたし 저
- ちち (나의) 아빠
- はは (나의) 엄마
- あに (나의) 오빠, 형
- あね (나의) 언니, 누나
- おとうと (나의) 남동생
- いもうと (나의) 여동생
- おとうさん (남의) 아버지
- おかあさん (남의) 어머니
- おにいさん (남의) 오빠, 형
- おねえさん (남의) 언니, 누나
- おとうとさん (남의) 남동생
- いもうとさん (남의) 여동생
- ～と ～과/와
- はい 네, 예
- いいえ 아니요
- ～じゃないです ～이/가 아닙니다
- おちゃ 차
- どうぞ (권유할 때) 드세요
- おみず 물
- ケーキ 케이크

읽고 쓰기 ❷

- ぼく 저(남성어)
- いらっしゃい 어서 와, 어서오세요
- あがって 들어와(요)
- おじゃまします 실례하겠습니다
- これ 이것
- おかし 과자
- あら 어머
- きょう 오늘
- おひる 점심
- ごはん 밥
- カツどん 가쓰돈
- さあ 자
- いただきます 잘 먹겠습니다
- おいしい 맛있다
- ごちそうさまでした 잘 먹었습니다

*미흡한 부분은 √체크하고 더 복습합시다!

1 가족 호칭

	나의 가족	남의 가족	나의 가족을 내가 부를 때
아버지	ちち	おとうさん	おとうさん
어머니	はは	おかあさん	おかあさん
오빠, 형	あに	おにいさん	(お)にいさん (お)にいちゃん
언니, 누나	あね	おねえさん	(お)ねえさん (お)ねえちゃん
남동생	おとうと	おとうとさん	이름 또는 이름 +ちゃん
여동생	いもうと	いもうとさん	

2 위치

위	아래	왼쪽	오른쪽	앞	뒤	안	옆
うえ	した	ひだり	みぎ	まえ	うしろ	なか	となり

3 존재 표현

	사물·식물	사람·동물
있다	ある	いる
있습니다	あります	います

3 명사의 부정: ～じゃない, ～じゃないです ~이/가 아니다, ~이/가 아닙니다

- ☐ ほんやじゃない。 서점이 아니다.
- ☐ いいえ、わたしの あねじゃないです。 아니요, 제 언니(누나)가 아닙니다.

01 빈칸에 들어갈 글자로 만들 수 있는 단어의 의미는?

| う□ | □ぞく | ゆうびんきょ□ |

① 역 ② 공원 ③ 근처 ④ 점심 ⑤ 학교

02 빈칸에 들어갈 말로 알맞은 것은?

A　たなかさんの おにいさんですか。
B　いいえ、わたしの ＿＿＿＿＿ じゃないです。

① あに ② あね ③ おとうと
④ おにいさん ⑤ おねえさん

03 빈칸에 들어갈 말로 알맞은 것을 〈보기〉에서 있는 대로 고른 것은?

A　としょかんは どこですか。
B　としょかんですか。
　　としょかんは パンやの ＿＿＿＿＿ に あります。

┌ 보기 ┐
ⓐ なか　ⓑ まえ　ⓒ みぎ　ⓓ となり　ⓔ ひだり

① ⓐ, ⓑ ② ⓑ, ⓒ ③ ⓒ, ⓓ
④ ⓓ, ⓔ ⑤ ⓐ, ⓓ, ⓔ

04 그림의 상황에서 사용하는 인사말로 알맞은 것은?

① どうぞ。
② すみません。
③ いただきます。
④ ごちそうさまでした。
⑤ ありがとうございました。

[05~07] 대화를 읽고 물음에 답하시오.

ハナ、なみ	こんにちは。
たくや	ハナさん、ぼくの ㉠＿＿＿＿＿ と ㉡＿＿＿＿＿ です。
たくやの ちち	いらっしゃい。どうぞ、あがって。
ハナ、なみ	㉢＿＿＿＿＿＿＿＿。
ハナ	あのう、これ、かんこくの おかしです。
たくやの はは	あら、ありがとう。

05 ㉠, ㉡에 들어갈 말이 알맞게 짝지어진 것은?

	㉠	㉡		㉠	㉡
①	ちち	はは	②	ちち	おかあさん
③	おとうと	はは	④	おとうさん	はは
⑤	おとうさん	おかあさん			

06 ㉢에 들어갈 말로 알맞은 것은?

① おいしい　　　　② どこですか　　　　③ おじゃまします
④ なかに あります　　⑤ えきじゃないです

07 글의 내용과 일치하는 것은?

① 하나는 나미의 집에 놀러갔다.
② 하나는 한국 과자를 선물했다.
③ 등장하는 인물은 모두 4명이다.
④ 나미가 다쿠야에게 가족을 소개했다.
⑤ 다쿠야의 엄마와 하나의 엄마는 처음 만났다.

08 선생님이 설명하고 있는 것과 관계 <u>없는</u> 것은?

① たたみ
② ふすま
③ しょうじ
④ とこのま
⑤ こうばん

5 いっしょに どう?

함께 어때?

학습 목표

- 친구에게 약속을 제안할 수 있다.
- 상대방을 칭찬할 수 있으며, 칭찬하는 말에 겸손하게 답변할 수 있다.
- 음식 메뉴를 권하고 선택할 수 있다.

의사소통 기본 표현

- おまつり、こんどの どようびだよね。
  축제, 이번(주) 토요일이지?
- ボランティア、いっしょに どう? 봉사 활동, 함께 어때?
- じょうず! 잘한다!
- いやー、そんな こと ないよ。 아냐, 그렇지 않아.
- なにに する? 무엇으로 할래?

문화 🌸 일본의 축제와 전통 의복
　　　🌸 마쓰리 굿즈

일본의 축제

일본에는 전국 각지에서 실시하는 축제가 많고 종류도 다양하여 볼거리가 많다. 특히, 일반인들과 지역 상인연합회, 학생, 외국인까지 참여하여 퍼레이드를 펼치는 형식이 많으며, 주로 여름에 하는 축제에 인파가 몰린다. 지역의 전통과 특색을 살린 춤과 노래, 전통 의복이 축제의 재미를 더한다.

'하나비(はなび 불꽃놀이)'는 여름 축제의 대표적인 볼거리이다. 가족, 친구와 연인, 직장 동료와 함께 즐기며, 관람 명소를 찾아 사람이 몰린다. 전통 의복 중의 하나인 '유카타'를 입고 축제에 참여하는 사람이 많다.

'야타이(やたい 포장마차 또는 야시장)'는 축제의 명물로 먹거리, 볼거리, 놀거리를 제공하며, 지역 특색에 맞추어 다양한 형태가 존재한다. '야타이'의 먹거리로는 '다코야키'와 '야키소바' 등이 인기이며, 즐길거리로는 '금붕어 뜨기와 활쏘기 등이 인기가 높다.

🌸 그림을 보면서 어떤 말을 하고 있는지 생각해 봅시다.

できる dekiru !

✽ 일본어로 어떻게 말할지 찾아 써 봅시다.

❶ 축제는 8월 14일이지? ➡ ヒント 교과서 p.86, 87 _______________

❷ 토요일 어때? ➡ ヒント 교과서 p.87, 88 _______________

❸ 금붕어 뜨기 잘한다. / 그렇지 않아. ➡ ヒント 교과서 p.92 _______________

❹ 무엇으로 할래? ➡ ヒント 교과서 p.89 _______________

いつ?

🌸 날짜와 관련된 단어를 잘 듣고 따라 말해 봅시다. 🎧 5-02

❶ なんがつ

 1月 いちがつ	 2月 にがつ	 3月 さんがつ	4月 しがつ	5月 ごがつ	6月 ろくがつ
 7月 しちがつ	 8月 はちがつ	 9月 くがつ	 10月 じゅうがつ	 11月 じゅういちがつ	 12月 じゅうにがつ

❷ なんようび

❸ なんにち

월요일 げつようび	화요일 かようび	수요일 すいようび	목요일 もくようび	금요일 きんようび	토요일 どようび	일요일 にちようび
1 ついたち	2 ふつか	3 みっか	4 よっか	5 いつか	6 むいか	7 なのか
8 ようか	9 ここのか	10 とおか	11 じゅういちにち	12 じゅうににち	13 じゅうさんにち	14 じゅうよっか

 11일부터 31일까지는 '숫자+にち'라고 읽어요. 단, 14일 (じゅうよっか)과 24일(にじゅうよっか), 20일(はつか)은 주의가 필요해요. 학습 자료 144쪽을 참고해 주세요.

- ☐ いつ 언제
- ☐ なんがつ 몇 월
- ☐ なんようび 무슨 요일
- ☐ なんにち 며칠

듣기 대본 & 해석

いつ?
언제?

❶ なんがつ
몇 월

いちがつ	しちがつ
1월	7월
にがつ	はちがつ
2월	8월
さんがつ	くがつ
3월	9월
しがつ	じゅうがつ
4월	10월
ごがつ	じゅういちがつ
5월	11월
ろくがつ	じゅうにがつ
6월	12월

❷ なんようび
무슨 요일

❸ なんにち
며칠

ついたち	ようか
1일	8일
ふつか	ここのか
2일	9일
みっか	とおか
3일	10일
よっか	じゅういちにち
4일	11일
いつか	じゅうににち
5일	12일
むいか	じゅうさんにち
6일	13일
なのか	じゅうよっか
7일	14일

- ✿ 월: 숫자 + がつ
  📝 いち(1) + がつ(월) → いちがつ(1월)
- ✿ 요일: 월/화/수/목/금/토/일 + ようび
  📝 げつ(월) + ようび(요일) → げつようび(월요일)
- ✿ 날짜:
  · 1일~10일 → 고유어
  · 11일~31일 → 숫자 + にち
  · 14일(じゅうよっか), 20일(はつか), 24일(じゅうよっか)에 주의한다.
- ✿ 월과 일, 요일을 물을 때에는 'なんがつ(몇 월)', 'なんようび(무슨 요일)', 'なんにち(며칠)'와 같이 공통적으로 의문사 'なん'을 사용한다.

교과서 **87**쪽

1 잘 듣고 [보기]와 같이 바꿔 말해 봅시다. 🎧 5-03

[보기]
A コンサートは にちようびだよね。
　　콘서트는 일요일이지?
B うん、そうだよ。응, 맞아.

コンサート	にちようび
콘서트	일요일

[보기] にちようび	① げつようび	かようび	② すいようび	もくようび	③ きんようび	どようび
일요일	월요일	화요일	수요일	목요일	금요일	토요일
コンサート 콘서트	じゅく 학원		テスト 시험		しあい 시합	

2 잘 듣고 [보기]와 같이 친구와 역할을 바꿔 말해 봅시다. 🎧 5-04

[보기]
A ワンさんの たんじょうびは いつですか。
　왕 씨의 생일은 언제입니까?
B くがつ ついたちです。
　9월 1일입니다.

① なみさん　しがつ いつか
　나미 씨　　4월 5일

② ハナさん　しちがつ よっか
　하나 씨　　7월 4일

③ 자신의 생일을 말해 봅시다.

교과서 단어

- [ ] コンサート 콘서트
- [ ] ～よね (이)지?(확인)
- [ ] そうだよ 그래
- [ ] じゅく 학원
- [ ] テスト 시험
- [ ] しあい 시합
- [ ] たんじょうび 생일
- [ ] おめでとう 축하해

① 듣기 대본 & 해석

❶ A じゅくは げつようびだよね。
　학원은 월요일이지?
　B うん、そうだよ。응, 맞아.
❷ A テストは すいようびだよね。
　시험은 수요일이지?
　B うん、そうだよ。응, 맞아.
❸ A しあいは きんようびだよね。
　시합은 금요일이지?
　B うん、そうだよ。응, 맞아.

Tip

☆ '～だよね(～이지)'는 상대방에게 확인이나 동의를 요구하는 표현이다.

예 テスト、こんどの きんようびだよね。시험, 이번 금요일이지?

② 예시 대화 & 해석

❶ A なみさんの たんじょうびは いつですか。
　나미 씨의 생일은 언제입니까?
　B しがつ いつかです。4월 5일입니다.
❷ A ハナさんの たんじょうびは いつですか。
　하나 씨의 생일은 언제입니까?
　B しちがつ よっかです。7월 4일입니다.

Tip

☆ 보통 생일을 물을 때, 'おたんじょうびは いつですか。(생일은 언제입니까?)'라고 하는데, 자신의 생일을 말할 때는 'お'를 빼고 말한다.

예 A: おたんじょうびは いつですか。
　생일은 언제입니까?
　B: わたしの たんじょうびは いちがつ なのかです。
　저의 생일은 1월 7일입니다.

Tip

☆ 자신의 생일을 말해 봅시다.
A ＿＿＿＿さんの たんじょうびは いつですか。
　＿＿＿＿씨의 생일은 언제입니까?
B ＿＿＿ がつ ＿＿＿ です。
　＿＿＿＿월 ＿＿＿＿입니다.

교과서 단어

- [ ] どう？ 어때?
- [ ] かわいい 귀엽다
- [ ] おいしい 맛있다
- [ ] じょうずだ 잘하다, 능숙하다
- [ ] すきだ 좋아하다
- [ ] えいが 영화
- [ ] いっしょに 함께
- [ ] どうですか 어떻습니까?
- [ ] いいですね 좋아요
- [ ] たこやき 다코야키
- [ ] ちょっと 조금, 좀

☆ 일본어의 형용사는 い형용사와 な형용사 두 가지 형태가 있다.

い형용사	な형용사
かわい**い**(귀엽다)	じょうず**だ**(잘하다)
たのし**い**(즐겁다)	すき**だ**(좋아하다)

① 듣기 대본 & 해석

① 남자 えいが、いっしょに どうですか。
　　　영화, 함께 어떻습니까?
　　여자 いいですね。좋아요.
② 남자 たこやき どう？
　　　다코야키, 어때?
　　여자 たこやきは ちょっと……。
　　　다코야키는 조금…….

☆ 'どうですか。'는 상대방에게 제안하거나 조언할 때에 사용하는 표현이다.

예 ボランティア、いっしょに どうですか。
봉사 활동, 함께 어떻습니까?

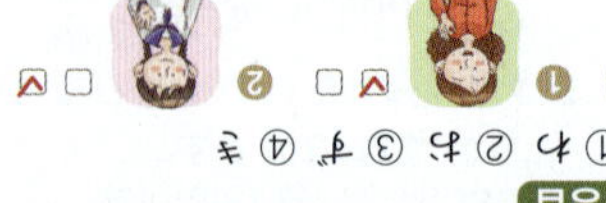

どう？
어때?

🌸 단어를 잘 듣고 빈칸을 채우며, 따라 말해 봅시다. 🎧 5-05

1 잘 듣고 알맞은 표정의 그림에 ✓표를 해 봅시다. 🎧 5-06

2 잘 듣고 [보기]와 같이 칭찬하고 답변해 봅시다. 🎧 5-07

[보기]

A わあ、けんだま じょうずですね。 와, 겐다마 잘하네요.

B1 いえいえ、そんな こと ないですよ。 아니에요. 그렇지 않아요.

B2 ありがとうございます。 감사합니다.

けんだま
겐다마

① 
うた
노래

②
りょうり
요리

③
にほんご
일본어

3 잘 듣고 [보기]와 같이 친구의 이름과 주문할 음식 이름을 바꿔 말해 봅시다. 🎧 5-08

[보기]

하나야, 무엇으로 할래?

A ハナ さん、なにに する?

B やきそばに する。
야키소바로 할래.

やきそば
야키소바

교과서 단어

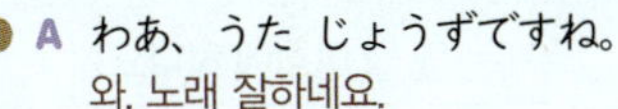

- [ ] わあ 와(감탄)
- [ ] けんだま 겐다마
- [ ] いえいえ 아니에요
- [ ] そんな こと ないですよ 그렇지 않아요
- [ ] ありがとうございます 고맙습니다
- [ ] うた 노래
- [ ] りょうり 요리
- [ ] にほんご 일본어
- [ ] なにに する? 무엇으로 할래?
- [ ] やきそば 야키소바
- [ ] ラーメン 라멘
- [ ] うどん 우동
- [ ] コーラ 콜라
- [ ] ジュース 주스

② 예시 대화 & 해석

① A わあ、うた じょうずですね。
와, 노래 잘하네요.
B1 いえいえ、そんな こと ないですよ。
아니에요. 그렇지 않아요.
B2 ありがとうございます。 감사합니다.

② A わあ、りょうり じょうずですね。
와, 요리 잘하네요.
B1 いえいえ、そんな こと ないですよ。
아니에요. 그렇지 않아요.
B2 ありがとうございます。 감사합니다.

③ A わあ、にほんご じょうずですね。
와, 일본어 잘하네요.
B1 いえいえ、そんな こと ないですよ。
아니에요. 그렇지 않아요.
B2 ありがとうございます。 감사합니다.

③ 예시 대화 & 해석

① A ハナさん、なにに する?
하나야, 무엇으로 할래?
B ラーメンに する。
라멘으로 할래.

② A ハナさん、なにに する?
하나야, 무엇으로 할래?
B うどんに する。
우동으로 할래.

③ A ハナさん、なにに する?
하나야, 무엇으로 할래?
B コーラに する。
콜라로 할래.

④ A ハナさん、なにに する?
하나야, 무엇으로 할래?
B ジュースに する。
주스로 할래.

Tip

⭐ 칭찬을 받았을 때 겸손하게 대답하는 표현으로는 'そんな こと ないです。(그렇지 않아요.)' 'いいえ、まだまだです。(아니요, 아직이에요.)' 등이 있다.

예 A: にほんご、じょうずですね。 일본어, 잘하네요.
　　B: いいえ、まだまだです。 아니요, 아직이에요.

⭐ '명사 + に する'는 '~로 하다'라는 뜻으로 선택이나 결정을 할 때 쓰는 표현이다. 존댓말로는 '~に します'라고 한다.

예 しょうゆラーメンに する。 쇼유라멘으로 할게.

예 あの かわいい かばんに します。 저 귀여운 가방으로 하겠습니다.

하나, 나미, 히나타가 사회 관계망 서비스(SNS) 대화 창에서 축제에 대해 이야기하고 있습니다.

🎧 5-09

교과서 단어

- おまつり 축제
- こんど 이번, 이다음
- はなび 불꽃놀이
- なんじから 몇 시부터
- はん 반
- ごみゼロ 쓰레기 제로
- ボランティア 자원봉사
- ～も 도
- うん 응
- する 하다
- はじめて 처음
- たのしみ 기대돼

クイズ

1 축제는 몇 월 며칠에 하나요?

2 봉사 활동의 명칭을 일본어로 써 보세요.

Tip

⭐ 일본어에서는 반말로 물을 때 문장 끝 부분의 인토네이션을 약간 높여 말한 다.

예) はなびは なんじから？↗
불꽃놀이는 몇 시부터야?

예) ボランティア いっしょに どう？↗
봉사 활동 함께 어때?

정답
1. 9월 4일
2. ごみゼロ、ボランティア

본문 해설

❶ 'する'는 동사로 '하다'라는 의미가 있는데, 본문에서는 자신의 '의지'를 표현하여 '할래, 할래.'라는 의미로 쓰이고 있다.

❷ 'たのしみ'는 '기대함'이라는 의미로 일상회화에서 많이 사용되는 표현이다.

교과서 **91**쪽

정리하기 ①

1 미화어 'お'

주로 일본의 고유어 앞에 붙여 말하는 사람의 격을
높이거나 부드럽게 말하는 인상을 줍니다.

- おまつり 축제

2 ～だよね

우리말의 '(이)지?' 정도의 의미로 상대방에게
확인이나 동의를 요구하는 표현입니다.

- おまつり、こんどの どようびだよね。
  축제, 이번 토요일이지?

3 ～から

A しあいは なんじから？ 시합은 몇 시부터야?
B よじ はんからです。 4시 반부터입니다.

4 조언/제안

- ボランティア、いっしょに どう？
  봉사 활동, 함께 어때?

まとめ

대화 내용을 생각하며 물음에 답해 봅시다.

1 달력에서 축제가 있는 날에 ○ 표를 하고, 그날의 월과 일을 히라가나로 쓰고 말해 봅시다.

2 대화 상대에 맞게 빈칸에 알맞은 말을 쓰고 말해 봅시다.

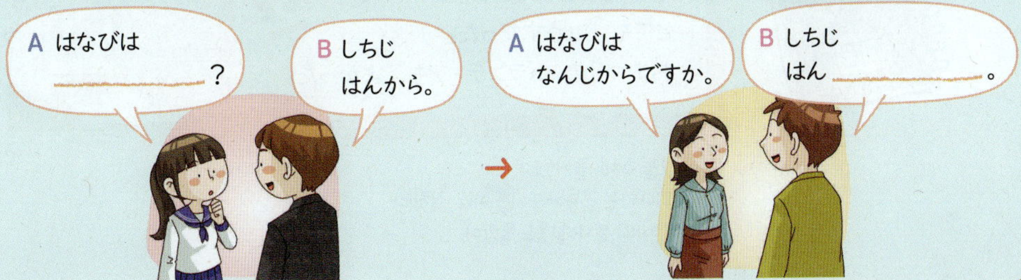

---

1 공통 글자 넣기

A はなびは なんじ □□ ？
B しちじ はん □□ 。

2 빈칸에 들어갈 말에 ∨표 하기

テストは もくようびだ ＿＿＿＿ 。
시험은 목요일이지?

□ よね
□ よ
□ から

3 알맞은 말 넣기

えいが いっしょに ＿＿＿＿＿ ？
영화 함께 어때?

---

① 예시 답안 & 해석

9월 4일 くがつ よっか

② 예시 답안 & 해석

A はなびは なんじから？
불꽃놀이는 몇 시부터야?
B しちじ はんから。
7시 반부터.

↓

A はなびは なんじからですか。
불꽃놀이는 몇 시부터입니까?
B しちじ はんからです。
7시 반부터입니다.

나만의 정리노트

정답
1 か/ん
2 よね
3 どう？

하나, 나미, 히나타가 축제에 갔습니다. 그날 밤, 하나는 축제를 생각하며 일기를 씁니다. 5-10

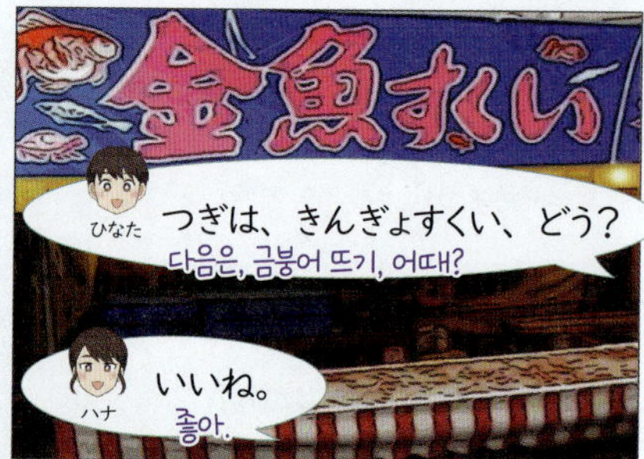

きょうの おまつり、たのしかった。
ひなたくんは、きんぎょすくいが
とても じょうずだった。
おまつりの ボランティアも、よかった。

오늘 축제, 즐거웠다.
히나타는 금붕어 뜨기를 매우 잘했다.
축제의 봉사 활동도 좋았다.

본문 해설

❶ な형용사의 경우, 친구들끼리 가볍게 감탄이나 감정을 표현할 때에 '어간'만을 사용하여 자주 사용한다.
예 じょうず**だ**(잘한다, 능숙하다) → ひなたくん、 じょうず！(히나타, 잘한다!)

❷ 'いくら'는 '얼마'라는 의미로 가격을 물을 때 사용하는 의문사이다. 정중하게는 'いくらですか?(얼마입니까?)'라고 하면 된다.

❸ 'きょう'는 '오늘'이라는 뜻으로, '내일'은 'あした', '어제'는 'きのう'라고 한다.

❹ 'よかった'는 い형용사 'よい(좋다)'의 과거 표현이다.

교과서 **93**쪽

정리하기 ②

'좋다'라는 의미를 가진 말은 'いい'와 'よい'가 있어요. 'いい'는 활용 표현이 없기 때문에, '좋았다'는 'よい'를 활용하여 'よかった'라고 해요.

1 형용사 과거 표현   학습 자료 145쪽

い형용사: い로 끝나는 형용사		な형용사: だ로 끝나고 명사에 연결될 때 な로 바뀌는 형용사	
かわいい (귀엽다)	かわいかった (귀여웠다)	じょうずだ (잘하다)	じょうずだった (잘했다)
たのしい (즐겁다)	たのしかった (즐거웠다)	すきだ (좋아하다)	すきだった (좋아했다)

2 칭찬과 겸손

- わあ、ひなたくん、じょうず！ 와, 히나타, 잘한다!
- いやー、そんな こと ないよ。 아니야, 그렇지 않아.

3 선택

- ハナちゃんは なにに する(しますか)？
  하나는 뭘로 할래(하겠습니까)?
- たこやきに する(します)。
  다코야키로 할래(하겠습니다).

 대화 내용을 생각하며 물음에 답해 봅시다.

1 '하나'가 축제에서 경험한 것과 관련된 단어입니다. 빈칸을 채워 봅시다.

❶ 

☐ か ☐

❷ 

き ☐ ぎょ ☐ くい

❸ 

た ☐ や ☐

2 대화 상대에 맞게 빈칸에 알맞은 말을 쓰고 말해 봅시다.

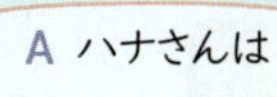

→

---

1 빈칸 채우기

いやー、そんな ______ ないよ。
아니야, 그렇지 않아.

2 공통 글자 넣기

A なみちゃんは なに□ する？
  나미는 무엇으로 할래?
B わたしは たこやき□ する。
☐ は
☐ を
☐ に

예시 답안 & 해석

❶ ゆかた 유카타
❷ きんぎょすくい 금붕어 뜨기
❸ たこやき 다코야키

예시 답안 & 해석

A ハナちゃんは なにに する？
  하나는 무엇으로 할래?
B わたしは たこやきに する。
  나는 다코야키로 할래.

↓

A ハナさんは なにに しますか。
  하나 씨는 무엇으로 하겠습니까?
B わたしは たこやきに します。
  나는 다코야키로 하겠습니다.

정답
1 こと
2 に

나만의 정리노트

두근두근 **일본 문화**

일본의 축제와 전통 의복

일본은 1년 내내 전국 각지에서 다양한 축제가 열립니다. 3대 축제로 불리는 간다 마쓰리, 기온 마쓰리, 덴진 마쓰리가 유명합니다.

일본 3대 마쓰리

한국과 일본의 지역 축제를 조사하고 비교하여 발표해 봅시다.

도쿄 간다 마쓰리 (5월 중순)   교토 기온 마쓰리 (7월 중순)   오사카 덴진 마쓰리 (7월 24일 무렵)

축제 풍물

일본의 축제에서 빠질 수 없는 것이 놀거리와 먹을거리입니다. 지역마다 전통적인 요소가 많이 남아 있어 볼거리도 다양합니다.

요요쓰리 (ヨーヨーつり)

오사카 덴진 마쓰리는 축제가 끝나면 자원봉사자들이 함께 쓰레기 제로 대작전을 펼칩니다.

 **문화 TIP**

✿ **도쿄 간다 마쓰리**: 도쿄 지요다구에서 5월 중순에 열리는 축제로 전국시대를 끝내고 일본을 통일한 도쿠가와 이에야스에 의해 시작된 축제이다. '미코시'라고 부르는 가마를 짊어지고 퍼레이드를 펼친다.

✿ **교토 기온 마쓰리**: 869년 교토에서 유행한 전염병 퇴치를 위해 시작한 기원제가 시초로서, '야마보코'라고 불리는 거대한 수레를 끌며 행진한다.

✿ **오사카 덴진 마쓰리**: 오사카 '덴만구'를 중심으로 열리는 축제로, 역모죄로 좌천되어 와 사망한 헤이안 시대 정치가를 기리는 의미로 시작되었다. 배를 타고 강을 거슬러 올라가는 선상 퍼레이드가 유명하다.

✿ **오사카 덴진 마쓰리 쓰레기 제로 대작전**: 마쓰리에서 사용되는 용기를 재사용 식기를 사용하는 등 쓰레기 배출 감소를 목표로 자원봉사자를 모집하여 실시한다.

✿ **하나비**(はなび): 불꽃놀이를 이르는 말로 일본 각지의 축제에서 볼 수 있다.

✿ **요요쓰리**(ヨーヨーつり): 물풍선을 낚는 놀이로 축제에서 체험할 수 있는 놀이이다.

✿ **야키소바**(やきそば), **다코야키**(たこやき): 축제 야시장이나 야타이(포장마차)를 대표하는 먹거리이다.

 **クイズ**

1 '불꽃놀이'를 일본어로 무엇이라고 할까요?

2 간다 마쓰리는 오사카에서 열리는 대표적인 축제이다. (O/X)

정답
1. はなび
2. X

 **과제 활동 예시 답안**

한국과 일본의 지역 축제(※갯벌을 주제로 한 지역 축제)

한국	일본
보령 머드축제	가시마 가타림픽
매년 7~8월 충남 보령에서 실시하는 체험형 축제로 대천해수욕장과 인근 갯벌의 '머드'를 활용하여 다양한 놀이와 체험을 즐길 수 있다. 해마다 전국에서 많은 사람이 찾고 있다.	1985년 시작된 축제로 갯벌을 이용한 다양한 운동 경기가 진행되는 축제이다. 매년 5월 말 사가현의 나나우라 해변에서 열리고 있으며, 전국적으로 인기를 끌고 있다.

교과서 **95**쪽

기모노와 유카타

기모노(きもの)는 일본의 전통 의복을 총칭하는 말로 와후쿠(わふく)라고도 합니다. 용도와 입는 상황에 따라 모양과 색이 다양합니다.

きもの 성인식, 결혼식 등에 입어요.

하카마는 주름진 형태로 남자용 바지와 여자용 치마가 있어요.

ゆかた 여름 툭데에 입고 가요.

일본 문화 アップ

마쓰리 굿즈

일본에서는 축제와 관련한 여러 전통 물품이 있습니다. 핫피는 축제를 진행하거나 참여하는 사람들이 입는 옷으로 단순한 형태부터 화려한 문양까지 다양합니다.

Quiz

① 도쿄 간다 마쓰리에서는 미코시를 짊어지고 퍼레이드하는 모습을 볼 수 있다. O | X

② 일본은 전통적으로 유카타를 입을 때 반드시 다비를 신는다. O | X

문화 **TIP**

〈사진 설명〉

☆ **기모노**(きもの): 일본의 전통 의복을 통칭하는 표현으로, 결혼식, 졸업식, 입학식, 성인식 등에 입는다.

☆ **유카타**(ゆかた): 주로 여름에 입는 옷으로 여름 축제 때에도 많이 입는다.

☆ **하카마**(はかま): 전통 하의로 정장, 제복, 무술 연습복, 작업복 등 다양한 종류가 있다.

☆ **하오리**(はおり): 상의에 걸쳐 입는 옷으로 방한을 위한 용도로 입는다.

☆ **오비**(おび): 허리띠의 역할을 하는 것으로, 여성용의 경우 남성용보다 폭이 넓고 무늬도 화려하며 매듭 법도 다양하다.

☆ **다비**(たび): 전통 의복을 입을 때 신는 양말과 같은 것으로 엄지발가락과 나머지 발가락 부분이 갈라져 있는 것이 특징이다.

☆ **조리**(ぞうり): 보통 짚으로 만든 일본의 전통 신발을 가리킨다.

☆ **게다**(げた): 나무로 만들어진 전통 나막신이다.

☆ **핫피**(はっぴ): 원래 상인이나 장인들이 입는 전통 의복으로 '마쓰리'에 참여하는 사람의 단체복, 행사복으로 쓰인다.

☆ **하치마키**(はちまき): 주로 '정신 통일', '기합'의 의미로 머리에 둘러 묶는 끈을 말한다.

☆ **우치와**(うちわ): 손잡이가 있는 둥근 부채를 말한다.

Quiz / 정답 & 해설

① O
➡ 미코시를 짊어지고 퍼레이드를 펼친다.

② X
➡ 때에 따라서는 신을 수도 있으나 반드시 신는 것은 아니다.

メモ

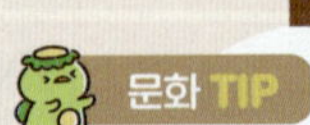 문화 TIP

교과서 **96**쪽

 핫피 오리가미 

229쪽에 활동 자료가 있어요.

☆ 핫피(はっぴ)
일본의 전통 의상 중 하나로, 축제의 참여자들이 같은 옷을 입고 퍼레이드를 펼치는 모습을 많이 볼 수 있다.
옷깃에는 단체의 이름이 적혀 있기도 하다. 또한, 물건을 만드는 장인이나 음식점 조리장이 착용하기도 한다.

준비물 색종이 1장, 붙임딱지

활동 방법

1. 4~5명으로 모둠을 구성합니다.
2. 부록 165쪽의 접는 방법과 영상을 활용하여 핫피를 접습니다.
3. 모둠별로 교실을 예쁘게 꾸며 봅시다.

 미니 칼럼

おりがみ

오리가미(おりがみ)는 사람이나 동식물, 생활 속에서 볼 수 있는 물건들을 종이를 접어 만드는 일본 전통 놀이입니다.

다른 나라에도 존재하는 놀이이지만 '오리가미'가 종이접기를 뜻하는 말로 다른 나라에서도 사용될 만큼 일본에서 특별합니다. 일본에서 만들어진 작품이 예술적으로 뛰어나다는 평가를 많이 받고 있습니다.

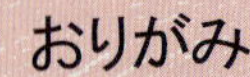 문화 TIP

☆ 오리가미(おりがみ)
일본의 오리가미(折り紙)는 일찍이 헤이안 시대에 튼튼한 종이를 만들 수 있는 제지법이 개발되면서 의식과 의례에 쓰인 예를 볼 수 있다. 현대에 이르러서는 일본 국내에서 종이접기협회가 존재할 만큼 많은 사람의 사랑을 받고 있으며, 다양하게 연구되어 예술적 측면에서 높은 평가를 받는 작품을 만들어 내고 있다. 또한, 수학이나 기하학과 관련하여 하나의 연구 주제로 관심받고 있다.

교과서 97쪽

1 잘 듣고 내용에 알맞은 요일에 ○ 표를 해 봅시다. 🎧 5-11

9月	にちようび	げつようび	かようび	すいようび	もくようび	きんようび	どようび
	3	4	5	6	7	8	9

2 빈칸에 공통으로 들어갈 말을 보기 에서 찾아 문장을 완성해 봅시다.

❶ A にほんご、______________。
B いやー、そんな こと ないよ。

❷ A わあ、うた、______________。
B ありがとう。

3 '하나'의 일기 내용과 일치하는 것을 골라 봅시다.

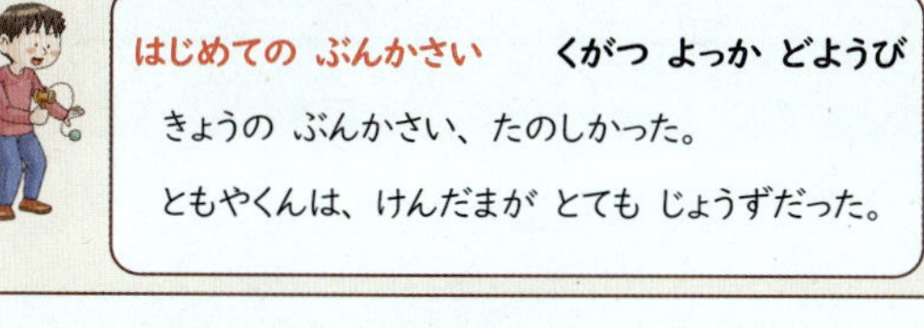

① 오늘 문화제는 재미없었다.
② 하나는 겐다마에 도전했다.
③ 하나는 봉사 활동에 참여했다.
④ 도모야는 겐다마를 매우 잘한다.
⑤ 나미와 함께 문화제에 다녀왔다.

🐕 ✏️ **문장으로 정리하는 핵심** 🔑

くがつ よっか どようびに おまつりが あります。
ごみゼロ ボランティア、いっしょに どうですか。

🐕 🔍 **5과를 공부하고 이건** 꼭

◻ 제안하는 말을 할 수 있다. ◻ 칭찬과 겸손의 말을 할 수 있다. ◻ 선택하는 말을 할 수 있다.

🐈 **문제 도 우 미**

들기 대본 & 해석 ❶

A ボランティアは どう？
자원봉사는 어때?
B いつ？
언제?
A くがつ なのかだよ。
9월 7일이야.

해석 ❷

❶ A にほんご、じょうずだね。
일본어, 잘하네!
B いやー、そんな こと ないよ。
아냐, 그렇지도 않아.
❷ A わあ、うた、じょうずだね。
와, 노래, 잘하네!
B ありがとう。
고마워.

해석 ❸

첫 축제
9월 4일 토요일
오늘의 축제, 즐거웠다.
도모야는, 겐다마를 매우 잘했다.

🐈 ✏️ **문장으로 정리하는 핵심** 🔑

9월 4일 토요일에 축제가 있습니다.
쓰레기 제로 봉사 활동, 함께 어떻습니까?

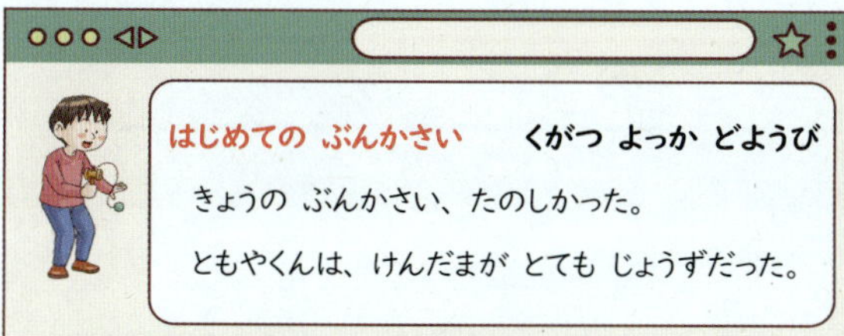

정답
1 もくようび、7
2 ❶ じょうずだね ❷ じょうずだね
3 ④

쓰기 노트

✏️ 문장을 따라 쓰고 해석해 봅시다.

❶ おまつり、こんどの どようびだよね。

쓰기

해석

❷ ワンさんの たんじょうびは いつですか。

쓰기

해석

❸ けんだま じょうずですね。

쓰기

해석

❹ えいが、いっしょに どうですか。

쓰기

해석

❺ いえいえ、そんな こと ないですよ。

쓰기

해석

❻ ハナちゃんは なにに する？

쓰기

해석

❼ きょうの おまつり、たのしかった。

쓰기

해석

나만의 정리 노트

1 마인드맵으로 정리하기

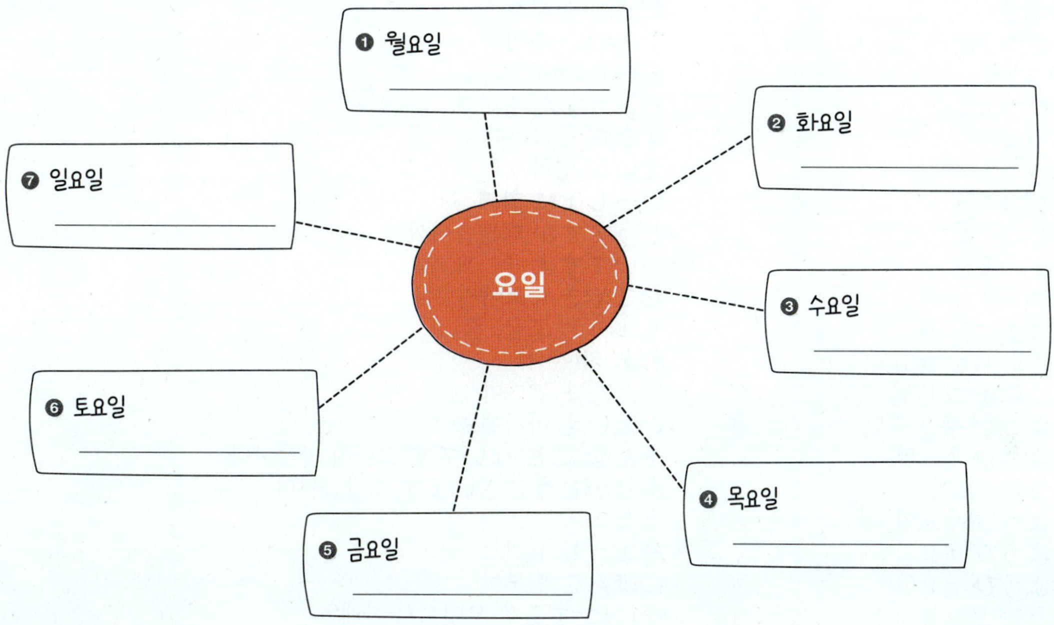

2 십자말풀이

가로 열쇠

❶ 축제
❷ 무슨 요일
❸ 생일

세로 열쇠

ⓐ 요리
ⓑ 1일
ⓒ 불꽃놀이

듣고 말하기 ❶

- いつ 언제
- いちがつ 1월
- にがつ 2월
- さんがつ 3월
- しがつ 4월
- ごがつ 5월
- ろくがつ 6월
- しちがつ 7월
- はちがつ 8월
- くがつ 9월
- じゅうがつ 10월
- じゅういちがつ 11월
- じゅうにがつ 12월
- なんようび 무슨 요일
- げつようび 월요일
- かようび 화요일
- すいようび 수요일
- もくようび 목요일
- きんようび 금요일
- どようび 토요일
- にちようび 일요일
- なんにち 며칠
- ついたち 1일
- ふつか 2일
- みっか 3일
- よっか 4일
- いつか 5일
- むいか 6일
- なのか 7일
- ようか 8일
- ここのか 9일
- とおか 10일
- じゅういちにち 11일
- じゅうににち 12일
- じゅうさんにち 13일
- じゅうよっか 14일
- にじゅうよっか 24일
- はつか 20일
- コンサート 콘서트
- ～よね ～이지?(확인)
- そうだよ 그래
- じゅく 학원
- テスト 시험
- しあい 시합
- たんじょうび 생일
- おめでとう 축하해

듣고 말하기 ❷

- どう？ 어때?
- かわいい 귀엽다
- おいしい 맛있다
- じょうずだ 잘하다, 능숙하다
- すきだ 좋아하다
- えいが 영화
- いっしょに 함께
- どうですか 어떻습니까?
- いいですよ 좋아요
- たこやき 다코야키
- ちょっと 조금, 좀
- わあ 와(감탄)
- けんだま 겐다마
- いえいえ 아니에요
- そんな こと ないです 그렇지 않습니다
- ありがとうございます 고맙습니다
- うた 노래
- りょうり 요리
- にほんご 일본어
- なにに する？ 무엇으로 할래?
- やきそば 야키소바
- ラーメン 라멘
- うどん 우동
- コーラ 콜라
- ジュース 주스

읽고 쓰기 ❶

- おまつり 축제
- こんど 이번, 이다음
- そうだ 그렇다
- はなび 불꽃놀이
- なんじから 몇 시부터
- はん 반
- ごみゼロ 쓰레기 제로
- ボランティア 자원봉사
- うん 응
- する 하다
- はじめて 처음
- たのしみだ 기대되다

읽고 쓰기 ❷

- ゆかた 유카타
- つぎ 다음
- はなび 불꽃놀이
- きんぎょすくい 금붕어 뜨기
- ううん 아니
- そんな こと ないよ 그렇지 않아
- いくら 얼마
- ４００えん 400엔
- きょう 오늘
- たのしかった 즐거웠다
- とても 매우
- じょうずだった 잘했다, 능숙했다
- ～も ～도
- よかった 좋았다

단원별 정리 · 요점 체크

*미흡한 부분은 ✓체크하고 더 복습합시다!

1 월

1월	2월	3월	4월	5월	6월
いちがつ	にがつ	さんがつ	しがつ	ごがつ	ろくがつ
7월	8월	9월	10월	11월	12월
しちがつ	はちがつ	くがつ	じゅうがつ	じゅういちがつ	じゅうにがつ

2 요일

월요일	화요일	수요일	목요일	금요일	토요일	일요일
げつようび	かようび	すいようび	もくようび	きんようび	どようび	にちようび

3 일

1日 ついたち	2日 ふつか	3日 みっか	4日 よっか	5日 いつか	6日 むいか	7日 なのか
8日 ようか	9日 ここのか	10日 とおか	11日 じゅういちにち	12日 じゅうににち	13日 じゅうさんにち	14日 じゅうよっか
15日 じゅうごにち	16日 じゅうろくにち	★17日 じゅうしちにち	18日 じゅうはちにち	★19日 じゅうくにち	20日 はつか	21日 にじゅういちにち
22日 にじゅうににち	23日 にじゅうさんにち	24日 にじゅうよっか	25日 にじゅうごにち	26日 にじゅうろくにち	★27日 にじゅうしちにち	28日 にじゅうはちにち
★29日 にじゅうくにち	30日 さんじゅうにち	31日 さんじゅういちにち				

4 형용사와 과거 표현

い형용사		な형용사	
かわいい (귀엽다)	かわいかった (귀여웠다)	じょうずだ (잘하다)	じょうずだった (잘했다)
たのしい (즐겁다)	たのしかった (즐거웠다)	すきだ (좋아하다)	すきだった (좋아했다)

01 빈칸에 들어갈 말로 알맞은 것은?

> A　えいが いっしょに どうですか。
> B　________________。

① する　　　　　　② あるよ　　　　　　③ よかった
④ いいですよ　　　⑤ ありがとう

02 빈칸에 들어갈 말로 알맞은 것을 〈보기〉에서 있는 대로 고른 것은?

> A　にほんご、じょうずですね。
> B　____________________________。

───┤ 보기 ├───
ⓐ すきですよ
ⓑ ありがとうございます
ⓒ いえいえ、そんな こと ないですよ

① ⓐ　　　　② ⓐ, ⓑ　　　　③ ⓐ, ⓒ　　　　④ ⓑ, ⓒ　　　　⑤ ⓐ, ⓑ, ⓒ

03 빈칸에 들어가는 글자를 조합하여 만들 수 있는 단어의 뜻은?

□こやき

□どん

① 노래　　　② 다음　　　③ 시합　　　④ 처음　　　⑤ 학원

04 다음 그림들과 관련 <u>있는</u> 것은?

① いくら　　　　　② コーラ　　　　　③ おまつり
④ たのしみ　　　　⑤ りょうり

[05~06] 대화를 읽고 물음에 답하시오.

	ひなた	なみさんの たんじょうびは いつ?
	なみ	㉠ ____________。
	ひなた	コンサートは ㉡ ________だよね。
	なみ	うん、そうだよ。

05 ㉠에 들어갈 말은?

① しがつ みっか　　② しがつ ふつか　　③ しがつ いつか
④ よがつ みっか　　⑤ よがつ ふつか

06 ㉡에 들어갈 말은?

① かようび　　② どようび　　③ すいようび
④ にちようび　　⑤ きんようび

07 빈칸에 공통으로 들어갈 말은?

> **A** なにに __________か。
> **B** わたしは ラーメンに __________。

① します　　② あります　　③ すきです
④ おいしいです　　⑤ かわいいです

08 일본의 축제와 관계 <u>없는</u> 것은?

① はなび　　② ゆかた　　③ えいが
④ みこし　　⑤ はっぴ

6 ハナちゃん、あぶない！ 🎧 6-01

교과서 **98**쪽

학습 목표

- 주말 계획을 묻고 답할 수 있다.
- 목적지에 가는 방법을 묻고 답할 수 있다.
- 일본의 지진을 이해하고 대처 방법을 설명할 수 있다.

의사소통 기본 표현

- **상황 설명(예정)** こんどの しゅうまつ なに する？
  이번 주말, 뭐 해?
- **방법 · 이유** ぼうさいセンターは どうやって いくのかな。
  방재 센터는 어떻게 해서 가는 걸까?
- **지시** まず、あたまと からだを まもりましょう。
  우선, 머리와 몸을 보호합시다.
- **화제 전개** それから？ そして？
  그리고? 그리고?
- **주의 환기** あぶない！ 위험해!

문화 🌸 일본의 자연환경과 날씨
🌸 다양한 대피 장소 표지판

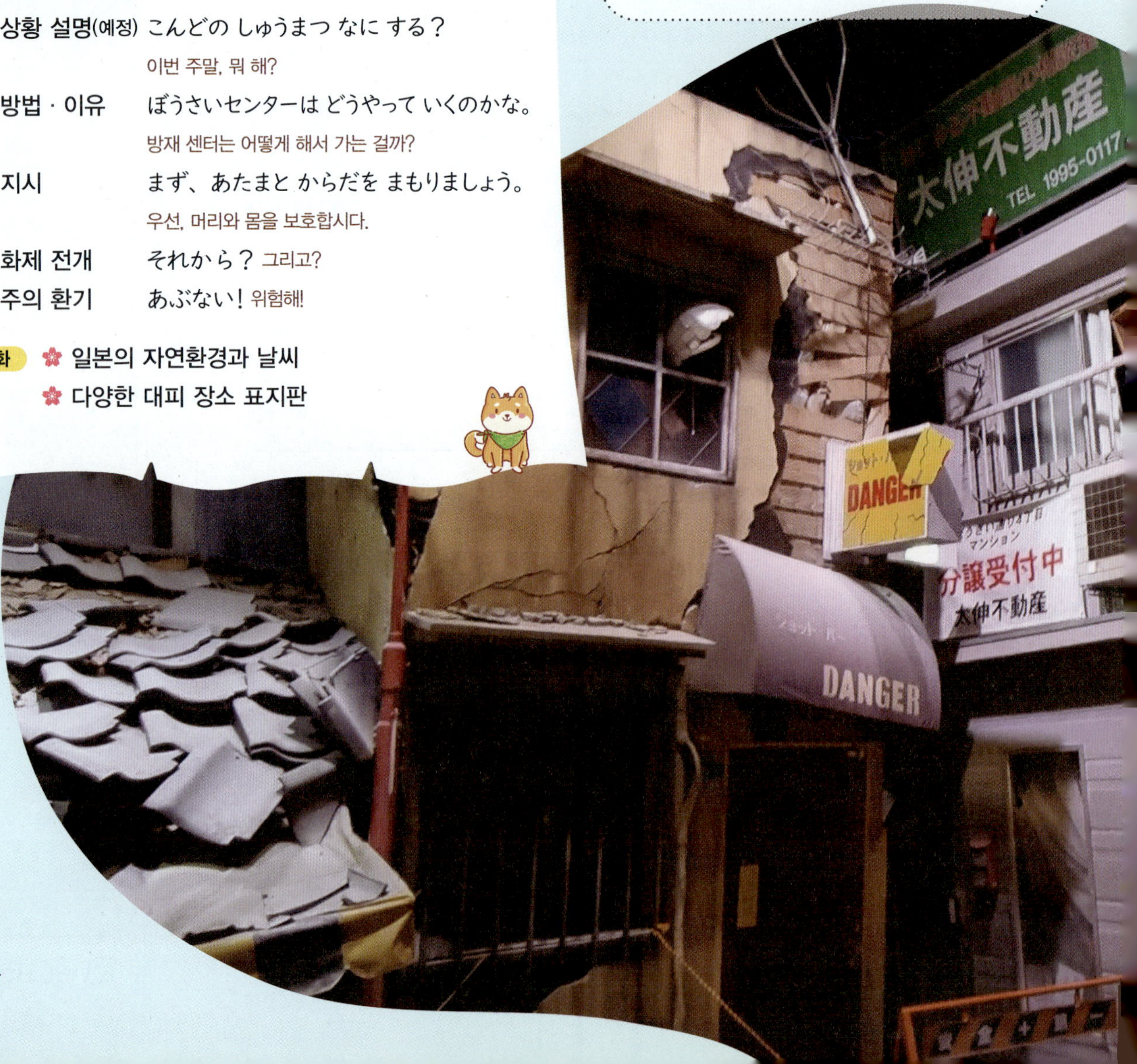

교과서 **99**쪽

3월의 오키나와

남북으로 긴 국토를 가진 일본은 같은 시기라 하더라도 지역에 따라 다양한 날씨와 환경을 살펴볼 수 있다.

3월의 홋카이도의 유빙과 스키장

3월의 오키나와

일본 남쪽에 위치한 오키나와에서는 3월경에 해수욕장 개장이 시작되고 해수욕을 즐기러 일본 국내에서도 많은 사람이 찾는다.

3월 홋카이도의 유빙 체험과 스키

– 홋카이도의 겨울은 길고 추워서 바다가 어는 현상을 볼 수 있다. 특히, 3월 초까지 쇄빙선 투어로 유빙 체험이 가능하다.
– 온도가 낮고 적설량이 많아 3월 말까지 스키를 즐길 수 있다.

그림을 보면서 어떤 말을 하고 있는지 생각해 봅시다.

できる dekiru !

✽ 일본어로 어떻게 말할지 찾아 써 봅시다.

❶ 주말에 약속(일정) 있어? / 뭐 해?　➡ ヒント 교과서 p.104
　　주말엔 약속(일정) 없는데….

❷ 방재 센터는 어떻게 해서 가는 걸까?　➡ ヒント 교과서 p.104

❸ 지진이다!　➡ ヒント 교과서 p.106

❹ 위험해!　➡ ヒント 교과서 p.106

교과서 단어

- おきる 일어나다
- あらう 씻다
- たべる 먹다
- のむ 마시다
- みる 보다
- ねる 자다
- いく 가다
- べんきょうする 공부하다
- よむ 읽다
- やすむ 쉬다
- くる 오다
- はなす 말하다
- かえる (집에) 돌아가(오)다
- のる 타다
- あそぶ 놀다

Tip

☆ 일본어 동사의 종류는 3가지

1류동사	• 어미가 'る'로 끝나지 않는 동사	예 あらう, のむ, いく, よむ, やすむ, はなす, のる
	• 어미가 'る'로 끝나고 'る' 앞의 글자가 あ단, う단, お단인 동사	
	• 예외동사: 2류 동사의 조건을 가지고 있으나 1류로 분류하는 동사	예 かえる
2류동사	• 어미가 'る'로 끝나고 'る' 앞의 글자가 い단이나 え단인 동사	예 おきる, みる, たべる, ねる
3류동사	• くる, する(2개만 있다.)	예 くる, する

교과서 **100**쪽

なにを する?
워 해?

🌸 단어를 잘 듣고 따라 말해 봅시다. 🎧 6-02

クイズ

1 동사 분류하기

① [おきる] _________   ② [やすむ] _________

③ [くる] _________   ④ [あらう] _________

⑤ [ねる] _________   ⑥ [かえる] _________

2 밑줄 친 부분의 공통 발음 찾기

いく　のる　する　みる　たべる

① a   ② i   ③ u   ④ e   ⑤ o

1 잘 듣고 내용과 일치하는 것에 ✓ 표를 해 봅시다. 🎧 6-03

バス
버스
☐

でんしゃ
전철
☐

タクシー
택시
☐

じてんしゃ
자전거
☐

2 잘 듣고 보기 와 같이 짝과 대화해 봅시다. 🎧 6-04

보기

A こんどの しゅうまつ、なに する? 이번 주말에 뭐 해?

B ともだちと アニメを みる よていだよ.
친구와 애니메이션을 볼 예정이야.

アニメを みる
애니메이션을 보다

かいものに いく
쇼핑하러 가다

うんどうを する
운동을 하다

うみで あそぶ
바다에서 놀다

교과서 단어

☐ しんじゅく 신주쿠
☐ どうやって 어떻게 해서
☐ バス 버스
☐ でんしゃ 전철
☐ がっこう 학교
☐ じてんしゃ 자전거
☐ しゅうまつ 주말
☐ アニメ 애니메이션
☐ ～よていだ 예정이다
☐ かいものに いく
　 장 보러 가다, 쇼핑하러 가다
☐ うんどう 운동
☐ うみ 바다
☐ ～で 에서

① 듣기 대본 & 해석

❶ A しんじゅくに どうやって いく?
　 신주쿠에 어떻게 해서 가?
　 B バスで いくよ.
　 버스로 가.
❷ A がっこうに どうやって くる?
　 학교에 어떻게 해서 와?
　 B じてんしゃで くるよ.
　 자전거로 와.

② 예시 대화 & 해석

❶ A こんどの しゅうまつ、なに する?
　 이번 주말에 뭐 해?
　 B ともだちと かいものに いく
　 よていだよ.
　 친구와 쇼핑하러 갈 예정이야.
❷ A こんどの しゅうまつ、なに する?
　 이번 주말에 뭐 해?
　 B ともだちと うんどうを する
　 よていだよ.
　 친구와 운동을 할 예정이야.
❸ A こんどの しゅうまつ、なに する?
　 이번 주말에 뭐 해?
　 B ともだちと うみで あそぶ
　 よていだよ.
　 친구와 바다에서 놀 예정이야.

Tip

☆ 'どうやって'는 '어떻게 해서'라는 의미로 방법을 묻는 말이다.
　 예 これ どうやって たべる? 이거 어떻게 해서 먹어?

☆ 조사 '～で'는 '장소'를 나타내는 [～에서]라는 의미도 있지만, '수단이나 방법'을 나타내는 [～로]라는 의미도 있다.
　 예 がっこうで えいがを みる. 학교에서 영화를 보다.
　 예 バスで いく. 버스로 가다.

☆ '동사 기본형 + よていだ'는 '～할 예정이다'라는 의미로 미리 계획된 사항을 말할 때 쓰인다.
　 예 しゅうまつには うみで あそぶ よていです.
　 주말에는 바다에서 놀 예정입니다.

정답
1 ❶ じてんしゃ(자전거) ❷ バス(버스)

교과서 단어

- ☐ まもります 지킵니다
- ☐ はいります 들어갑니다
- ☐ しゃがみます 쭈그려 앉습니다
- ☐ まちます 기다립니다
- ☐ けします 끕니다
- ☐ あけます 엽니다
- ☐ よびます 부릅니다

クイズ

1 동사 ます표현으로 바꾸기

① する → ＿＿＿＿＿
② けす → ＿＿＿＿＿
③ はいる → ＿＿＿＿＿
④ まもる → ＿＿＿＿＿
⑤ まつ → ＿＿＿＿＿
⑥ あける → ＿＿＿＿＿

교과서 **102**쪽

どう しますか。
어떻게 합니까?

지진이 발생했을 때 필요한 표현입니다. 잘 듣고 뜻을 생각해 봅시다. 🎧 6-05

Tip

☆ 동사에 '〜ます'를 붙이면 '〜습니다'라는 뜻의 정중한 의미가 된다.

1류동사	어미를 い단으로 바꾸고 + ます	예 のむ → のみます 　　いく → いきます ＊ 예외동사 　　かえる → かえります
2류동사	어미의 'る'를 없애고 + ます	예 たべる → たべます
3류동사	くる, する	예 くる → きます 　　する → します

정답
1. ① します ② けします
③ はいります ④ まもります
⑤ まちます ⑥ あけます

1 잘 듣고 지진에 대피하는 순서대로 번호를 써 봅시다. 🎧 6-06

☐　　☐　　☐

2 잘 듣고 어울리는 말과 연결한 다음 말해 봅시다. 🎧 6-07

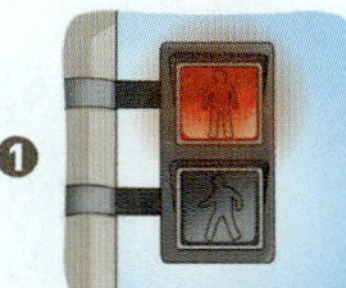

しんごうを •
신호를

• ㄱ あらいましょう。
씻읍시다

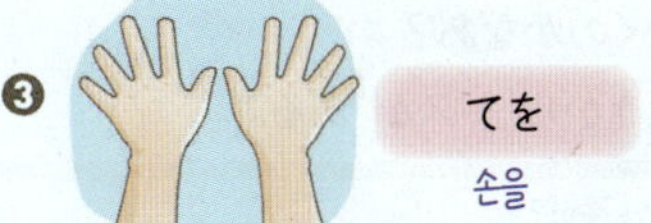

プールから •
수영장에서

• ㄴ でましょう。
나갑시다

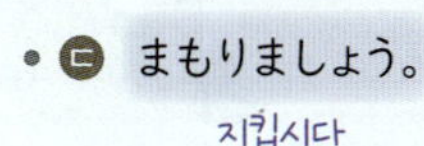

てを •
손을

• ㄷ まもりましょう。
지킵시다

교과서 단어

☐ まず 우선
☐ それから 그리고
☐ しんごう 신호
☐ あらいましょう 씻읍시다
☐ プール 수영장
☐ でましょう 나갑시다
☐ て 손
☐ まもりましょう 지킵시다

듣기 대본 & 해석　**1**

まず、テーブルの したに はいります。
それから、ひを けします。
ドアを あけます。
우선 탁자 아래에 들어갑니다. 그리고,
불을 끕니다. 문을 엽니다.

듣기 대본 & 해석　**2**

❶ しんごうを まもりましょう。
　신호를 지킵시다.
❷ プールから でましょう。
　수영장에서 나갑시다.
❸ てを あらいましょう。
　손을 씻읍시다.

Tip

★ 〜ますの 위치에 〜ましょうを 넣
으면 '〜합시다.'라는 의미가 된다.

예 あらう(씻다)
　→ あらいます(씻습니다)
　→ あらいましょう(씻읍시다)
예 たべる(먹다)
　→ たべます(먹습니다)
　→ たべましょう(먹읍시다)

나만의 정리노트

학교에서 방재 훈련을 받은 하나가 주말에 방재 센터에 가고 싶어 합니다. 🎧 6-08

교과서 단어

- ☐ こんど 이번, 이다음
- ☐ とくに 특별히
- ☐ ～けど (이)지만
- ☐ どこか 어디인가
- ☐ ぼうさいセンター 방재 센터
- ☐ もう すぐ 이제 곧
- ☐ ぼうさいの ひ 방재의 날
- ☐ ～だから (이)므로, (이)니까
- ☐ さそう 권하다
- ☐ ～かなあ 일까?

クイズ

1 주말에 하나와 나미가 가기로 한 장소는?
① 축제
② 방재 센터
③ 스포츠 센터

2 방재 센터에 가는 교통수단을 일본어로 써 보세요.

나미 어디가 좋아?
하나 음~, 방재 센터는 어때? 이제 곧 방재의 날이니까.
나미 응, 좋아. 히나타도 권해 볼까?
하나 그러자. 방재 센터는 어떻게 해서 가는 걸까?
나미 역에서 (가는) 버스가 있어.

본문 해설

❶ 'どこか(어디인가)' 'どこが(어디가)'와 같이 か/が는 단어 뒤에 붙어 다양하게 활용된다.
예 なにか(무엇인가), なにが(무엇이)

❷ 'もう すぐ ぼうさいの ひだから'에서 '～から'는 '～때문에'라는 '이유'를 나타낸다.
그 밖에도 다양한 의미가 있다.

- ～에서(출발·기점)
예 えきから バスが あるよ. 역에서 (가는) 버스가 있어.

- ～(으)로(재료)
예 こめから さけが できる. 술은 쌀로 만든다.

정답
1. ②
2. バス

교과서 105쪽

정리하기 ①

1 どこか vs どこが 어디인가? vs 어디가

- どこか いく?
  어디인가 갈까?
- どこが いい?
  어디가 좋아?

3 방법

- どうやって いくの?
  어떻게 해서 가는 거야?

2 〜から 때문에(이유), 에서(출발·기점)

- もう すぐ ぼうさいの ひだから。
  이제 곧 방재의 날이니까.
- えきから バスが あるよ。
  역에서 (가는) 버스가 있어.

まとめ

대화 내용을 생각하며 물음에 답해 봅시다.

1 낱말 카드를 알맞게 나열하여 문장을 완성해 봅시다.

| の | する | こんど | なに | しゅうまつ |

➡ ______________________________________ ?

2 하나와 나미가 주말에 가기로 한 장소에 ✓표를 하고 일본어로 써 봅시다.

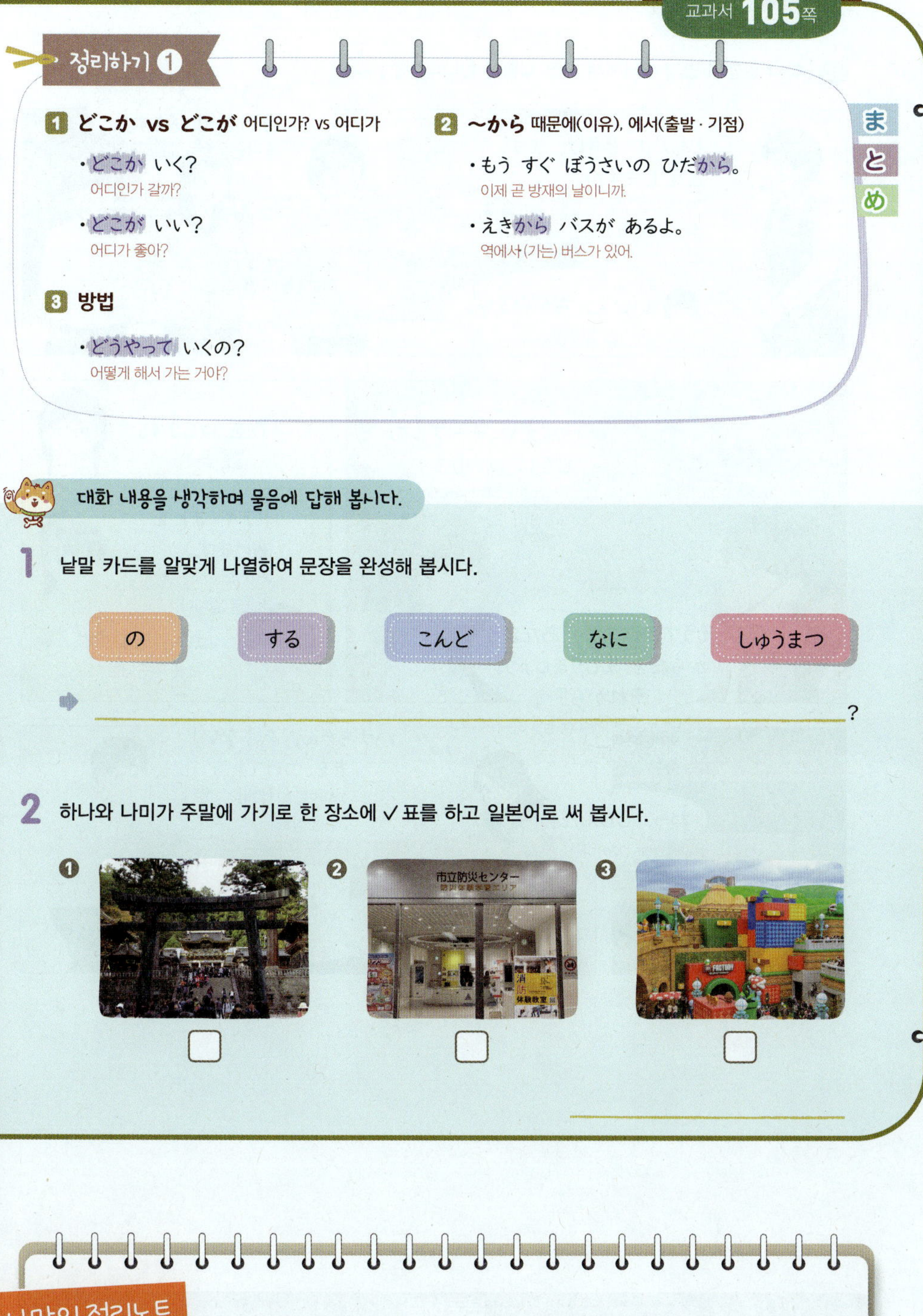

❶ ❷ ❸

꼬마 문제

1 빈칸 채우기

> ________ ぼうさいの ひだから。
> 이제 곧 방재의 날이니까.

2 빈칸에 들어갈 말에 ✓표 하기

> えき _____ バスが あるよ。
> 역에서 (가는) 버스가 있어.
> ☐ に
> ☐ も
> ☐ から

3 알맞은 말 넣기

> ① どこ☐ いい?
> ② どこ☐ いく?

예시 답안 & 해석

❶ こんどの しゅうまつ なに する?
  이번 주말에 뭐 해?
❷ ② ぼうさいセンター(방재 센터)

정답
1 もうすぐ
2 から
3 ① が ② か

교과서 단어

- [ ] じしん 지진
- [ ] とき 때
- [ ] おおきい 크다
- [ ] こえで 목소리로
- [ ] たすけ 도움
- [ ] ちがいます 틀립니다
- [ ] あたま 머리
- [ ] からだ 몸
- [ ] それから 그리고
- [ ] ドア 문
- [ ] ～や (이)랑
- [ ] あぶない 위험해
- [ ] きを つけて 조심해
- [ ] はやく 빨리

クイズ

1 빈칸을 채워 봅시다.
지진이 발생했을 때는, 우선 어떻게 합니까?
① 책상이나 탁자 아래에 _______.
② 불을 _______.
③ 문이랑 창문을 _______.

2 빈칸을 완성해 봅시다.
① 위험해! → あ◻ない！
② 조심해! → ◻を つけて！

하나 일행이 방재 센터에서 지진 체험을 합니다. 🎧 6-09

정답
1. ① 들어갑니다 ② 끕니다 ③ 엽니다
2. ① ぶ ② き

본문 해설

❶ '～で'는 '장소'를 나타내는 '～에서'라는 의미도 있지만, '수단이나 방법'을 나타내는 '～(으)로'라는 의미도 있다.

❷ 'いいえ、ちがいます(아니요, 틀렸습니다)'는 문제를 맞히지 못한 것에 대한 부정이다. 다른 사람의 의견에 대해서는 사용하지 않도록 한다.

❸ 'はやく'는 '빨리'라는 의미이다. 반복해서 말하여 다급함을 강조하고 있다.

교과서 **107**쪽

정리하기 ②

まとめ

1 긍정·부정

- はい、そうです。 네. 그렇습니다.
- いいえ、ちがいます。 아니요. 틀렸습니다.

2 화제 전개

- まず、つくえや テーブルの したに はいります。
  それから、ひを けします。
  우선, 책상이나 테이블 밑에 들어갑니다. 그리고, 불을 끕니다.

3 동사 표현 정리 동사의 기본형은 [u]단으로 끝난다. | 학습 자료 146쪽

いく (가다)	いきます (갑니다)	いきましょう (갑시다)
かえる (돌아가(오)다)	かえります (돌아갑(옵)니다)	かえりましょう (돌아갑(옵)시다)
みる (보다)	みます (봅니다)	みましょう (봅시다)
たべる (먹다)	たべます (먹습니다)	たべましょう (먹읍시다)
くる (오다)	きます (옵니다)	きましょう (옵시다)
する (하다)	します (합니다)	しましょう (합시다)

대화 내용을 생각하며 물음에 답해 봅시다.

1 빈칸을 채워 문장을 완성해 봅시다.

じしんの ときは、＿＿＿＿＿＿と ＿＿＿＿＿＿を まもりましょう。

2 지진이 일어났을 때 초기에 대처하는 요령을 써 봅시다.

じしんの ときは

꼬마 문제

1 빈칸 채우기

| みる | みます | |
| する | します | しましょう |

2 알맞은 말 넣기

> まず、つくえや テーブルの し
> たに はいります。
> ＿＿＿＿ 、ひを けします。

예시 답안 & 해석 ①

じしんの ときは、あたまと からだを
まもりましょう。
지진이 발생했을 때는, 머리와 몸을
보호합시다.

예시 답안 & 해석 ②

❶ つくえや テーブルの したに
  はいります。
  책상이나 탁자 아래에 들어갑니다.
❷ ひを けします。
  불을 끕니다.
❸ ドアや まどを あけます。
  문이랑 창문을 엽니다.

나만의 정리노트

두근두근 일본 문화

일본의 자연환경과 날씨

자연환경

☆ **산림**: 혼슈의 경우, 산에 둘러싸인 분지와 산림이 풍부한 고원이 많다. 특히, 일본 알프스가 유명하다.

☆ **화산**: 일본은 활화산이 존재하며, 예로부터 화산 분화로 인한 피해를 겪고 있다.

☆ **지진**: 전국적으로 크고 작은 지진이 늘 일어나고 있다.

☆ **온천**: 지형적으로 화산대에 위치하고 있어, 온천이 많아 일찍부터 온천 문화를 즐겨 왔다.

☆ **쓰나미**: 지진으로 인해 일어나는 해일을 뜻하는 말이다.

날씨

☆ **봄(벚꽃 전선)**: 봄이 되면 벚꽃이 피는 예상 시기를 뉴스에서 알려준다.

☆ **여름(장마)**: 쓰유/바이우(梅雨 つゆ/ばいう)라고 불리는 장마가 5월부터 7월에 걸쳐 계속된다.

☆ **가을(태풍)**: 강한 열대저기압에 따라 태풍의 영향권에 들어가는 일이 많다.

☆ **겨울(폭설)**: 북서 계절풍에 의해 동해를 끼고 있는 곳에서는 많은 눈이 내린다.

일본 알프스

☆ 일본 알프스는 혼슈(本州) 중앙부에 위치한 기타 알프스(北アルプス 飛騨山脈), 미나미 알프스(南アルプス 赤石山脈), 중앙 알프스(中央アルプス 木曽山脈) 3개의 산맥을 총칭하는 말이다.

クイズ

1 [○Ⅹ문제] 일본은 평지가 많고, 화산, 온천 등은 보기 어렵다.

2 [○Ⅹ문제] 일본은 한국과 마찬가지로 사계절의 특징이 있다.

정답
1. Ⅹ
2. ○

자연환경

일본은 국토의 70% 정도가 산지에 속하며, 높고 험한 산이 많습니다. 또한, 화산이 많아 예부터 전국적으로 온천이 발달했습니다.

환태평양 조산대에 속해 있어서 지진이 자주 일어나며, 지진에 의해 쓰나미(つなみ)라는 해일이 발생하기도 합니다.

산림
일본의 지붕이라고 불리는 일본 알프스에는 3,000m가 넘는 산이 많다.

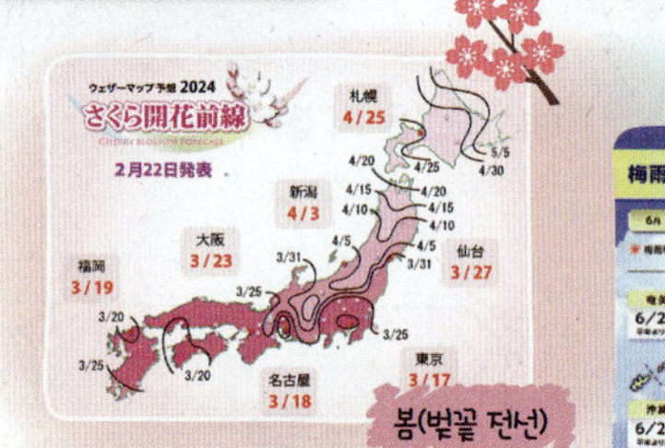

날씨

일본에는 한국과 마찬가지로 사계절이 있습니다. 국토가 남북으로 길어 다양한 날씨가 나타납니다. 태풍과 폭설로 인한 자연재해도 자주 발생합니다.

봄(벚꽃 전선)
여름(장마)

메모

교과서 **109**쪽

위기 관리와 방재 용품

대해 알림 앱 서비스

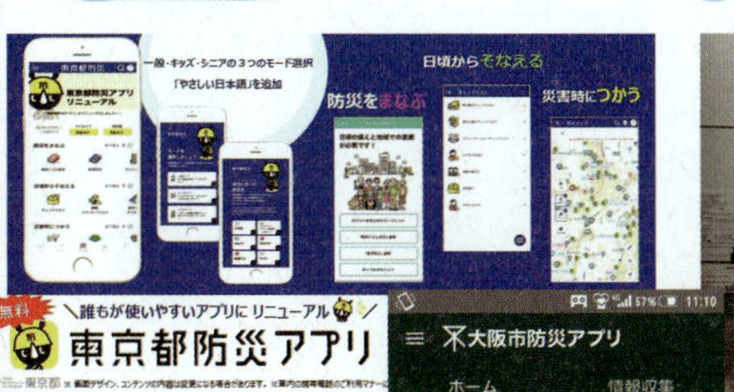

방재 용품에는 무엇이 있을까요?

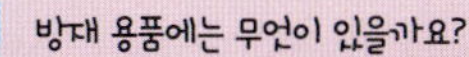

무슨 의미인지 알아봅시다.

최근 한국의 지진 발생 지역과 상황을 알아보고 일본과 비교해 봅시다.

일본 문화 アップ

다양한 대피 장소 표지판

일본에서는 자연재해의 종류에 따라 대피 장소를 다르게 지정하여 운영하고 있습니다. 일본에서 생활할 때에는 주변의 대피 장소와 안내 표시를 미리 확인해 두는 것이 좋습니다.

대규모 화대 시의 광역 대피 당소 표지판

지진・쓰나미 대피 표지판

대해 발생 시의 대피노 표지판

Quiz
① 지진으로 발생하는 해일을 つなみ라고 한다. ○ | ×
② 일본은 한국과 마찬가지로 사계절의 특징이 있다. ○ | ×

문화 TIP

☆ **재해 알림 앱 서비스**

지자체에서는 스마트폰의 위치 정보를 활용하여 실시간 피난 권고와 경보를 알려 주고 있으며, 가족의 위치, 피난 장소 등을 알려 주는 다양한 기능을 담고 있다.

☆ **방재 용품**

재난 상황에 대비하여 필수적으로 필요한 물품을 말한다. 주로 음료수, 간편식, 핸드폰 배터리, 간이 화장실, 방한용품, 휴대용 라디오, 운동화, 슬리퍼, 접착 테이프, 장갑, 손전등, 구급상자 등으로 구성되어 있다.

☆ **대피 장소**

재해의 종류에 따라 대피 장소를 달리 운영하고 있다. 예를 들어 '화산 분출'에 따른 피해가 예상되는 지역이라면 산에서 멀리 떨어진 넓은 공간을, '쓰나미' 경보가 자주 울리는 지역이라면 바다에서 멀리 떨어진 높은 장소를 지정하고 있다.

Quiz 정답 & 해설

❶ ○
→ 지진과 함께 일어나는 해일을 'つなみ'라고 하는데, 지진해일을 가리키는 세계 공통어로 사용되고 있다.

❷ ×
→ 일본은 위도와 경도가 우리나라와 비슷하기에 사계절의 특징이 있다.

과제 활동 예시 답안

최근 한국과 일본의 대규모 지진

한국	일본
경주	동일본 대지진
2016년 9월 12일 경북 경주시 남남서쪽 8km 지역에서 발생한 규모 5.9 지진으로 1978년 지진 관측 이래 가장 강력한 지진이었다. 여진으로 부산, 울산을 포함한 경상도 지역과 수도권에서도 지진을 감지할 수 있었다.	2011년 3월 11일 일본 미야기현 오시카반도 동남쪽의 동쪽 해역 130km 지점에서 일어난 지진으로, 일본 관측 사상 최대 규모로 M 9.1을 기록했다. 이로 인해 초대형 쓰나미가 도호쿠 연안 지역을 강타했으며, 후쿠시마 원자력 발전소 사고가 발생하였다.

재난 대비 가방 물품 리스트 만들기

교과서 **110**쪽

활동 방법

1 물품 리스트 체크표에 우선순위를 적어 봅시다.

   * 내가 1번으로 선택한 것은? ___________________

2 선택한 이유를 적어 봅시다.

   * 선택한 이유는? ___________________

3 붙임딱지를 가방에 붙여 봅시다.

4 친구와 비교하며 재난 상황에서 필요한 물품에 대해 이야기를 나눠 봅시다.

물품 체크 리스트

- 통장
- 물
- 라이터
- 비상 식량
- 핸드폰
- 손전등
- 라디오

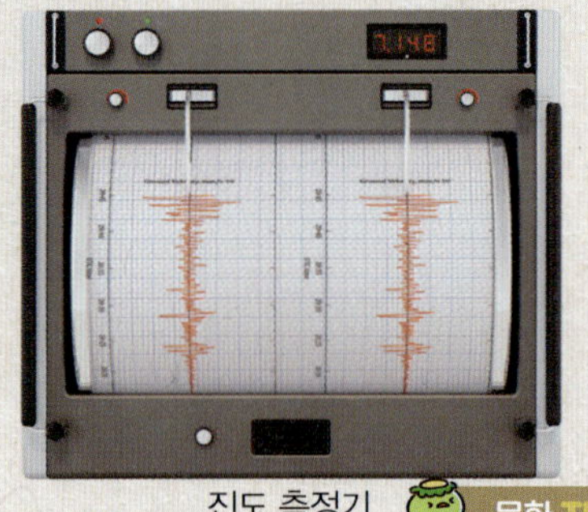

진도 측정기   문화 TIP

진도 vs 매그니튜드

일본의 언론 매체에서는 진도와 매그니튜드를 구별하여 보도합니다. 진도는 지진의 흔들림 크기를 말하고, 매그니튜드는 지진 에너지(힘)의 크기를 나타냅니다. 서로 다른 크기를 나타내므로 구별해서 이해할 필요가 있습니다.

✿ 지진이나 해일 등 자연재해가 많은 일본에서는 비상 상황에 대비한 '재난 대비 가방'을 구성하여 판매하고 있다. 초, 중, 고 학교에서는 주기적인 대피 연습과 재난 상황에 대비한 다양한 활동을 진행한다.

✿ 일상생활에서 신용카드나 모바일 결제가 증가하고 있지만, 재난 상황 시 금융, 통신이 마비되는 것을 우려하여 현금을 보유하고 사용하는 사람도 있다.

확인하기

교과서 **111**쪽

1 잘 듣고 내용이 맞으면 ○ 표, 틀리면 × 표를 해 봅시다. 🎧 6-10

 ❶
 ❷
 ❸

2 자연스러운 대화를 완성하고 말해 봅시다.

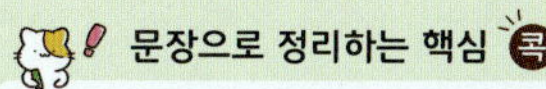 ❶

A こんどの しゅうまつ、＿＿＿＿＿＿か。
B ともだちと かいものに いく よていです。

 ❷

A しんじゅくは ＿＿＿＿＿＿ いくのかな。
B えきから バスが あるよ。

3 다음 빈칸을 채워 봅시다.

いく	❶	いきましょう
たべる	たべます	❷
する	❸	しましょう

🐾 📝 문장으로 정리하는 핵심 🗝

じしんの ときは つくえや テーブルの したに はいります.
ひを けします. ドアや まどを あけます.

🐾 🔎 6과를 공부하고 이건 꼭

☐ 주말 계획을 묻고 답할 수 있다. ☐ 목적지에 가는 방법을 물을 수 있다. ☐ 지진에 대한 대처법을 설명할 수 있다.

스스로 확인하기

🔎 문제 도 우 미

듣기 대본 & 해석 ❶

❶ ドアや まどを あけます。
　문이랑 창문을 엽니다.
❷ ひを けします。
　불을 끕니다.
❸ ぼうさいセンターに いきます。
　방재 센터에 갑니다.

해석 ❷

❶ A こんどの しゅうまつ、なにを しますか。
　　이번 주말, 무엇을 합니까?
　B ともだちと かいものに いく よていです。
　　친구와 쇼핑을 하러 갈 예정입니다.
❷ A しんじゅくは どうやって いくのかな。
　　신주쿠는 어떻게 해서 가는 걸까?
　B えきから バスが あるよ。
　　역에서 (가는) 버스가 있어.

해석 ❸

가다	갑니다	갑시다
먹다	먹습니다	먹읍시다
하다	합니다	합시다

🐾 📝 문장으로 정리하는 핵심 🗝

지진이 발생했을 때는 책상이나 탁자 아래에 들어갑니다.
불을 끕니다.
문이랑 창문을 엽니다.

정답
1 ① × ② ○ ③ ×
2 ① なにを します ② どうやって
3 ① いきます ② たべましょう ③ します

문장을 따라 쓰고 해석해 봅시다.

❶ こんどの しゅうまつ なに する?

쓰기

해석

❷ ともだちと アニメを みる よていだよ。

쓰기

해석

❸ もう すぐ ぼうさいの ひだから。

쓰기

해석

❹ ぼうさいセンターは どうやって いくのかな?

쓰기

해석

❺ おおきい こえで たすけを よびます。

쓰기

해석

❻ まず、あたまと からだを まもりましょう。

쓰기

해석

❼ あぶない! きを つけて!

쓰기

해석

나만의 정리 노트

1 마인드맵으로 정리하기

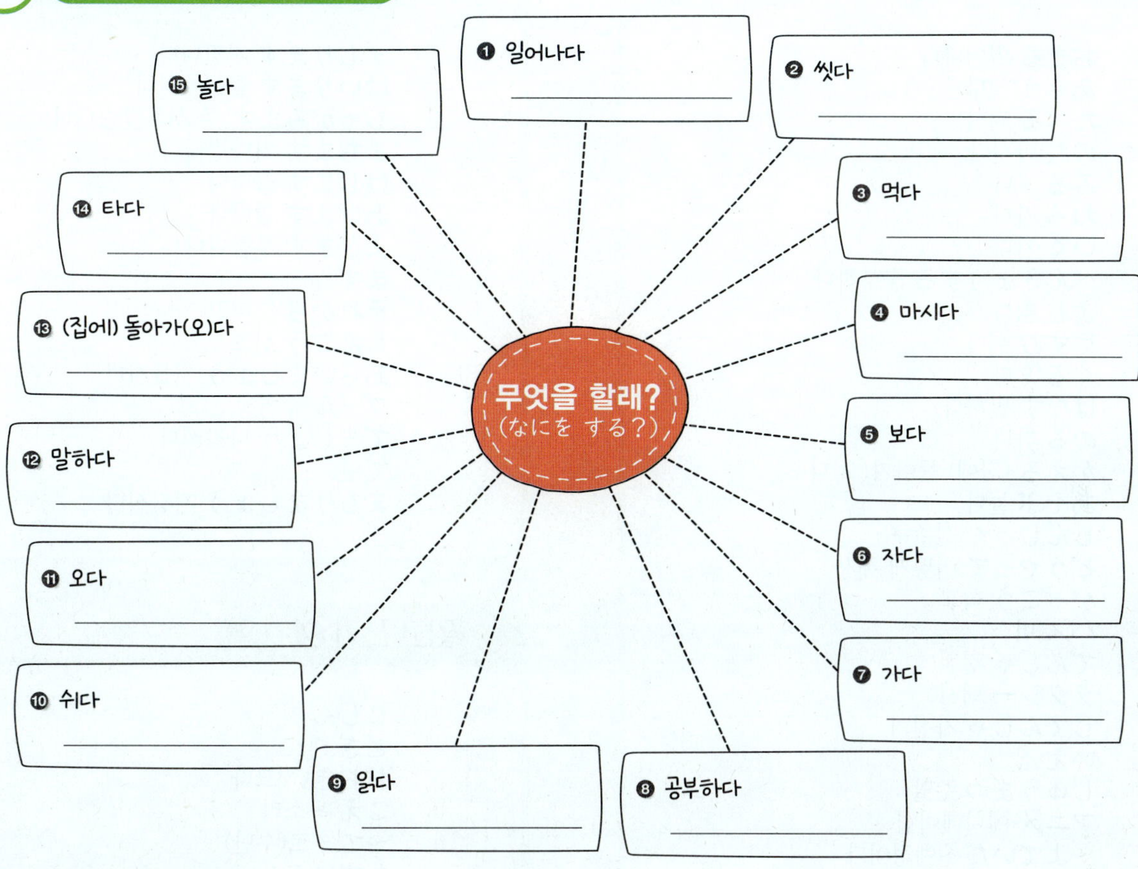

2 십자말풀이

가로 열쇠

❶ 기다립니다
❷ 권하다
❸ 들어갑니다

세로 열쇠

ⓐ 지킵시다(보호합시다)
ⓑ 위험해
ⓒ 주말

듣고 말하기 ❶

- おきる 일어나다
- あらう 씻다
- たべる 먹다
- のむ 마시다
- みる 보다
- ねる 자다
- いく 가다
- べんきょうする 공부하다
- よむ 읽다
- やすむ 쉬다
- くる 오다
- はなす 말하다
- のる 타다
- かえる (집에) 돌아가(오)다
- あそぶ 놀다
- しんじゅく 신주쿠
- どうやって 어떻게 해서
- がっこう 학교
- バス 버스
- でんしゃ 전철
- タクシー 택시
- じてんしゃ 자전거
- いえ 집
- しゅうまつ 주말
- アニメ 애니메이션
- 〜よていだ 〜예정이다
- かいもの 쇼핑, 장
- うんどう 운동
- うみ 바다
- 〜で 〜에서

듣고 말하기 ❷

- まもります 지킵니다
- はいります 들어갑니다
- しゃがみます 쭈그려 앉습니다
- まちます 기다립니다
- けします 끕니다
- あけます 엽니다
- よびます 부릅니다
- まず 우선
- それから 그리고
- しんごう 신호
- あらいましょう 씻읍시다
- プール 수영장
- でましょう 나갑시다
- て 손
- まもりましょう 지킵시다

읽고 쓰기 ❷

- じしん 지진
- とき 때
- おおきい 크다
- こえ 목소리
- 〜で 〜로(수단)
- たすけ 도움
- ちがいます 틀립니다
- あたま 머리
- からだ 몸
- それから 그리고
- ドア 문
- 〜や 〜(이)랑
- あぶない 위험하다
- きをつけて 조심해
- はやく 빨리

읽고 쓰기 ❶

- こんど 이번, 이다음
- とくに 특히, 특별히
- 〜けど 〜지만
- どこか 어디인가
- ぼうさいセンター 방재 센터
- もうすぐ 이제 곧
- ぼうさいのひ 방재의 날
- 〜だから 〜(이)므로, (이)니까
- さそう 권하다
- 〜かなあ 〜일까?

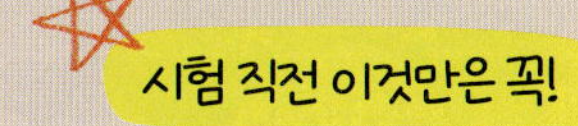

*미흡한 부분은 ✓체크하고 더 복습합시다!

① 동사 3분류

1류 동사	· 어미가 'る'로 끝나지 않는 동사	예 いく, はなす
	· 어미가 'る'로 끝나고 'る' 앞의 글자가 あ단, う단, お단인 동사	예 のる
	· 예외동사: 2류 동사의 조건을 가지고 있으나 1류로 분류하는 동사	예 かえる
2류 동사	· 어미가 'る'로 끝나고 'る' 앞의 글자가 い단이나 え단인 동사	예 みる, たべる
3류 동사	· くる, する(2개만 있다.)	예 くる, する

② 동사 ~ます 표현(~습니다)

1류 동사	어미를 い단으로 바꾸고 + ます	예 のむ(마시다) → のみます(마십니다) 예 いく(가다) → いきます(갑니다) * 예외 동사 예 かえる((집에) 돌아가다) → かえります((집에) 돌아갑니다)
2류 동사	어미의 'る'를 없애고 + ます	예 たべる(먹다) → たべます(먹습니다)
3류 동사	くる, する	예 くる(오다) → きます(옵니다) 예 する(하다) → します(합니다)

③ 동사 ~ましょう 표현(~합시다)

※ '～ましょう'는 보통 '권유' 또는 부드러운 '지시'의 의미가 있다.

권유	예 いっしょに かえりましょう。(함께 돌아갑시다.)
지시	예 てを あらいましょう。(손을 씻읍시다.)

④ 예정 표현

※ ～よていだ는 '～할 예정이다'라는 의미로 계획된 행위를 뜻한다. 비슷한 표현으로는 '～つもりだ(～할 생각이다)'가 있다.
※ ～よていだ vs ～つもりだ의 차이

동사 기본형 + よていだ – 계획된 사항/변경 어려움	예 しゅうまつは うみで あそぶ よていです。 주말에는 바다에서 놀 예정입니다.
동사 기본형 + つもりだ – 개인적인 생각/변경 가능	예 ほうかご、 えいがかんに いく つもりです。 방과 후, 영화관에 갈 생각입니다.

6과 단원 평가

01 빈칸에 들어갈 말로 <u>어색한</u> 것은?

> **A** こんどの しゅうまつ、なに する?
> **B** ＿＿＿＿＿＿＿＿ よていだよ。

① あぶない   ② アニメを みる   ③ うみで あそぶ
④ うんどうを する   ⑤ かいものに いく

02 그림과 단어가 <u>잘못</u> 짝지어진 것은?

①  ②  ③ ④  ⑤  

① のむ   ② あらう   ③ かえる   ④ たべる   ⑤ はなす

03 빈칸에 들어갈 말은?

> **A** がっこうに ＿＿＿＿＿＿ くる?
> **B** じてんしゃで くるよ。

① どう   ② なに   ③ まず
④ それから   ⑤ どうやって

04 빈칸에 들어갈 말을 〈보기〉에서 찾아 순서대로 나열한 것은?

> **A** じしんの ときは まず ＿＿＿＿＿＿か。
> **B** つくえや テーブルの したに ＿＿＿＿＿＿。
> **A** そうです。まず、あたまと からだを ＿＿＿＿＿＿。

> ┤ 보기 ├
> ⓐ はいります   ⓑ どう します   ⓒ まもりましょう

① ⓐ－ⓑ－ⓒ   ② ⓑ－ⓐ－ⓒ   ③ ⓑ－ⓒ－ⓐ
④ ⓒ－ⓐ－ⓑ   ⑤ ⓒ－ⓑ－ⓐ

05 단어들 중 나머지와 성격이 <u>다른</u> 것은?

① えき   ② バス   ③ タクシー
④ でんしゃ   ⑤ じてんしゃ

06 빈칸에 공통으로 들어갈 말은?

> ・プール________ でましょう。
> ・えき________ バスが あるよ。

① が   ② は   ③ に   ④ を   ⑤ から

[07~08] 대화를 읽고 물음에 답하시오.

> ハナ　なみちゃん、こんどの しゅうまつ、なに する？
> なみ　とくに よていは ないけど……。
> ハナ　いっしょに ㉠________ いく？
> なみ　うん！㉡________ いい？
> ハナ　うーん、ぼうさいセンターは どう？
> 　　　もう すぐ ぼうさいの ひだから。
> なみ　うん、いいよ。ひなたくんも さそう？
> ハナ　そうだね。

07 ㉠, ㉡에 들어갈 말이 옳게 짝지어진 것은?

	㉠	㉡		㉠	㉡
①	どう	どこか	②	どう	どこが
③	どこか	どう	④	どこか	どこが
⑤	どこが	どこか			

08 대화 내용과 일치하지 <u>않는</u> 것은?

① 이제 곧 방재의 날이다.
② 히나타에게도 권하기로 했다.
③ 방재 센터에 가기로 했다.
④ 나미는 주말에 선약이 있다.
⑤ 주말 일정에 대해 이야기하고 있다.

일본 여행 계획서 만들기

교토 관광지와 먹거리를 소개한 포스터

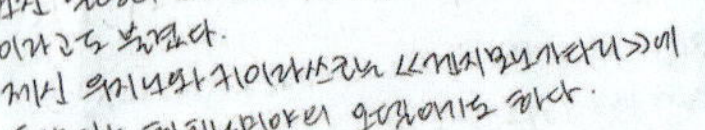

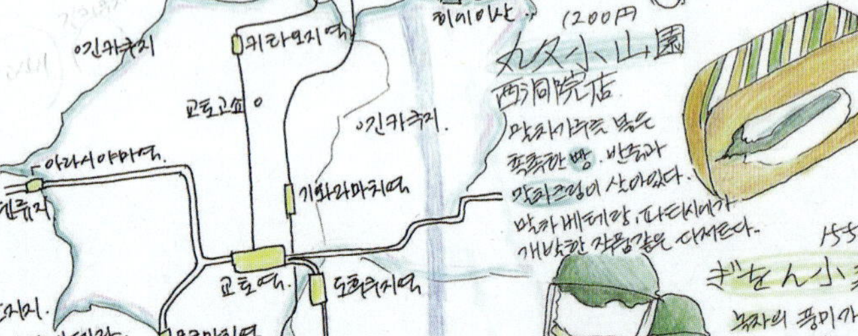

목표

- 일본의 교통 문화와 교통수단을 이해할 수 있다.
- 일본의 관광 명소를 이해할 수 있다.
- 일본 여행 계획을 세워 다양한 테마로 일본을 여행할 수 있다.

과정

- 스텝 1: 일본의 교통 문화 이해하기
- 스텝 2: 일본의 관광 명소 알아보기
- 스텝 3: 일본 여행 계획서 만들기

수학여행 가이드 미니북

후지산 그림이 그려진 신칸센

IC 카드 터치기와 여러 가지 IC 카드 종류

키티가 그려진 신간센 앞부분

❋ 사진을 보면서 가고 싶은 여행지를 생각해 봅시다.

도쿄 스카이트리
일본 도쿄도 스미다구에 있는 전파 송출용 탑이자 일본
에서 가장 높은 인공 구조물로, 도쿄의 랜드마크이다.

교토 금각사
정식 명칭은 로쿠온지이며 금박으로 덮힌 사리전이 특
히 유명하여 금각사라고 많이 불린다. 교토의 대표적인
관광지 중 한 곳이다.

고베 히메지성
히메지성은 백로성이라고도 불리며 일본의 국보이자 세
계문화유산이기도 하다. 일본에 있는 기존 모습을 유지
한 12개 성 중 하나이다.

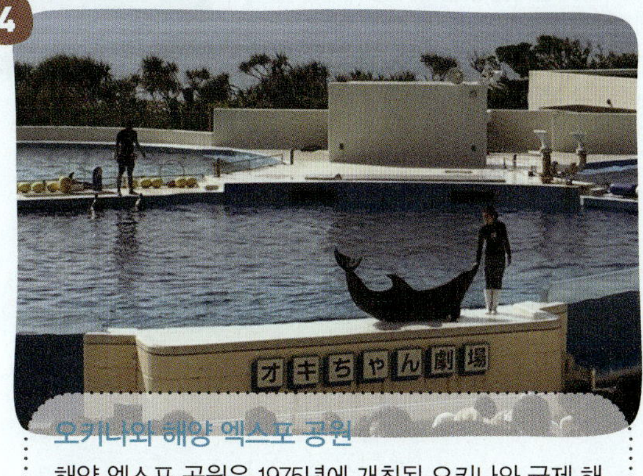

오키나와 해양 엑스포 공원
해양 엑스포 공원은 1975년에 개최된 오키나와 국제 해
양 박람회 부지에 만들어진 국영 공원이다. '주라우미 수
족관'을 비롯하여 '오키나와 향토 마을'등 오키나와를 대
표하는 관광지이다.

교과서 단어

- [ ] じてんしゃ 자전거
- [ ] バス 버스
- [ ] タクシー 택시
- [ ] しんかんせん 신칸센
- [ ] でんしゃ 전철
- [ ] ちかてつ 지하철

문화 TIP

⭐ **일본의 자전거 문화**

한국에서 자전거는 레져용이라는 인식이 많지만, 일본의 자전거는 생활 속의 교통수단으로 자리 잡고 있기 때문에 일본에서 흔하게 볼 수 있는 자전거는 MTB나 싸이클이 아닌 실용적인 생활 자전거가 대부분이다. 자전거등록제는 자전거마다 고유번호를 정해 주고 등록한 뒤 관리함으로써 도난, 분실, 무단 방치를 줄이려는 제도이다.

⭐ **버스 이용 방법**

노선버스를 타는 방법은 각 노선마다 다르지만, 주된 이용 방법은 2가지이다. 첫 번째는 앞문으로 승차한 뒤, 뒷문으로 내린다. 이 경우, 어디에서 하차하든 요금이 같으므로 승차 시에 요금을 지불한다. 두 번째는 뒷문으로 승차한 뒤, 앞문으로 내린다. 승차 시 문 근처에 있는 기계에서 번호가 인쇄된 정리권이 나온다. 내리는 장소에 따라 요금이 달라지므로 받은 정리권과 차내 디스플레이 화면에 표시되는 번호를 확인한 후 지정된 요금을 지불하면 된다. 내릴 때 운전석 곁에 설치된 운임함에 정리권과 요금을 넣는다.

⭐ **신칸센 개통**

2016년 3월 26일 홋카이도 신칸센이 개통되면서 일본은 홋카이도에서 규슈까지 신칸센으로 이동이 가능해졌다. 신아오모리역에서 신하코다테호쿠토역 구간까지 약 149킬로미터에 달하는 구간이 개통되기까지는 계획에서부터 43년이 걸렸다고 한다. 다만 신칸센으로 홋카이도의 신하코다테호쿠토역에서 규슈의 가고시마추오역까지는 최소 2회 이상 갈아타야 하며 최소 11시간 정도가 걸린다.

일본의 교통 문화 이해하기

일본은 우리나라와는 반대로 차량이 좌측 주행을 하고 자동차의 운전석이 오른쪽에 있습니다.

자전거 じてんしゃ

자전거는 등하교, 출퇴근 등 일상생활에서 많은 사람들이 이용하는 교통수단입니다. 자전거를 일반 도로나 인도에 불법 주차하면 견인해 갑니다. 견인된 자전거를 되찾으려면 벌금을 지불해야 합니다.

일본은 자전거 도난 방지를 위해 자전거 등록제를 시행하고 있습니다.

버스 バス

긴 노선의 버스는 대부분 뒷문으로 타고 앞문으로 내리며, 거리에 비례하여 요금을 정산합니다. 한국의 교통카드와 비슷한 IC 카드의 이용률이 높아지고 있습니다.

택시 タクシー

택시는 운전기사가 자동으로 왼쪽 뒷문을 열어 줍니다. 택시 기사와 손님 사이에 투명 차단막이 설치되어 있는 경우가 많습니다.

전철 でんしゃ   **지하철** ちかてつ

전철과 지하철은 노선이 다양합니다. 티켓을 구입할 때는 노선도를 보고 도착지의 요금과 인원수를 선택한 후, 제시된 요금을 넣습니다.

신칸센 しんかんせん

신칸센은 세계 최초의 고속 철도입니다.
홋카이도에서 규슈까지 신칸센으로 갈 수 있습니다.

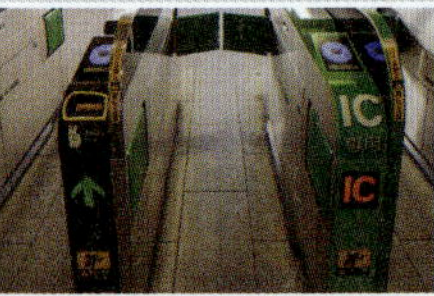

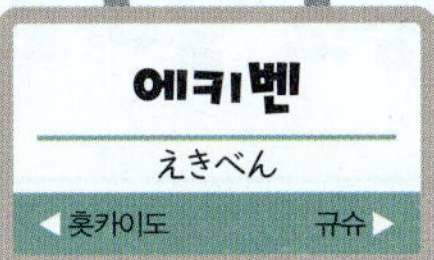

에키벤
えきべん
◀ 홋카이도　　　규슈 ▶

에키벤(えきべん)은 역에서 파는 도시락으로 여러 가지 종류가 있습니다.
그 지방의 특산물을 활용하여 만들며 역사와 풍습을 담고 있습니다.

인기 있는 에키벤을 찾아 발표해 봅시다.

일본의 교통 패스

일본의 교통 패스는 종류가 다양하므로 자신의 목적에 맞는 교통 패스를 구입해야 합니다.
교통수단을 운영하는 회사가 같으면 무료로 환승할 수 있지만 회사가 다르면 환승할 수 없으니 주의해야 합니다.

❶ 도쿠나이 패스	❷ 도쿄 서브웨이 티켓	❸ 오사카 주유 패스	❹ 재팬 레일 패스
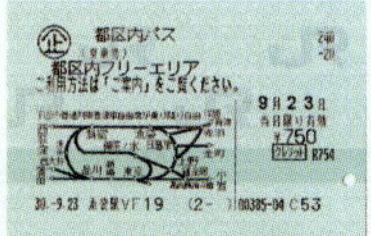			
도쿄 23구 내의 JR선을 1일간 무제한 이용	도쿄 메트로와 도쿄 도영 지하철 13개 노선 무제한 이용 가능	1일권, 2일권이 있으며, JR을 제외한 오사카 내 지하철, 버스 등 이용 가능	일본을 관광 목적으로 방문한 외국인만 구입할 수 있는 특별 기획 승차권

모둠별로 일본의 다양한 교통 패스를 검색해 보고 한국의 교통 패스와 비교해 봅시다.

교과서 단어

☐ えきべん 에키벤

문화 TIP

⭐ **100년이 넘도록 사랑받고 있는 에키벤**

- **전갱이누른초밥(오후나역)** : 초밥 위에 생선을 올려 가볍게 눌러 만든 초밥 도시락으로 1913년 판매된 이래 현재까지도 전통 방식 그대로 하나하나 수작업으로 만든다고 알려져 있다. 전갱이 1마리로 대략 20개 정도를 만들 수 있다고 한다.

- **송어초밥(도야마역)** : 1912년 판매된 이래 오랫동안 사랑받아 온 에키벤으로 서일본의 에키벤 챔피언이라고 할 수 있다. 직사각형의 두툼한 연어를 빈틈없이 둥글게 올려 조릿대 잎으로 감싼 형태로 마치 케이크처럼 한 조각씩 잘라서 먹게 되어 있다.

- **도미밥(오다와라역)** : 삶아 으깨어 독자적인 조미료로 맛을 낸 마치 빵가루 같은 형태의 도미살을 찻물로 지은 밥 위에 듬뿍 올려 만든 에키벤이다. 곁들임으로 유자무장아찌, 고추냉이, 매실장아찌가 들어 있다. 1907년부터 판매되어 오고 있다.

⭐ **특이한 모양의 에키벤 용기**

- **다루마 도시락(다카사키역)** : 붉은 다루마는 길한 물건으로 다카사키 역에서는 다루마 모양으로 된 에키벤을 판매하고 있다. 이 도시락통은 입 부분이 열려 있어 다 먹고 나면 저금통으로 쓰임새 변신! 차메시(간장 국물로 지은 밥), 닭고기, 나물과 버섯 등으로 이루어져 있다.

- **신칸센 E7계 도시락(도쿄역)** : 도쿄와 가나자와 구간을 달리는 호쿠리쿠 신칸센 모양으로 된 도시락통은 남녀노소를 불문하고 인기가 높다. 주먹밥, 닭고기튀김, 새우튀김, 미트볼, 소시지, 감자튀김, 마카로니샐러드, 단무지 등으로 구성되어 있으며 주먹밥 속 재료는 참치와 연어이다.

⭐ **다양한 교통 패스**

- 가장 인기 있는 교통 패스 중 하나는 재팬 레일 패스이다. 이 패스는 7, 14 또는 21일 동안 일본 전역의 정부 운영 철도(JR) 노선 무제한 이용권을 제공한다. 일정이 여유 있고 먼 거리를 여행할 예정인 사람들에게 이상적이다. 특정 지역에 집중하고자 하는 경우 지역 패스를 이용하는 것도 방법이다. 도시 내 이동에 집중할 경우 도시형 패스가 있다. 도쿄 메트로 하루권은 도쿄 지하철 네트워크 24시간 무제한 이용권을 제공하고, 오사카 어메이징 패스는 오사카 도시 교통편과 관광 명소 입장권을 제공한다.

일본의 관광 명소 알아보기

교과서 **116~117**쪽

일본 주요 관광 명소에 대해 QR코드로 관련 내용을 살펴보며 테마별 여행을 생각해 봅시다.

마쓰리 순례

예시

1 홋카이도 유키 마쓰리
2 아오모리 네부타 마쓰리
4 미야기 센다이 다나바타 마쓰리
13 도쿄 간다 마쓰리
26 교토 기온 마쓰리
27 오사카 덴진 마쓰리
36 도쿠시마 아와 오도리

조선 통신사의 발자취를 찾아서

대마도
→ 야마구치 · 히로시마
→ 오사카
→ 교토
→ 도쿄

일본의 성 탐방

나가노 마쓰모토성
아이치 나고야성
오사카 오사카성
효고 히메지성
구마모토 구마모토성

36 도쿠시마 아와 오도리

홋카이도 지방

1 홋카이도

도호쿠 지방

2 아오모리현
3 이와테현
4 미야기현
5 아키타현
6 야마가타현
7 후쿠시마현

간토 지방

8 이바라키현
9 도치기현
10 군마현
11 사이타마현
12 지바현
13 도쿄도
14 가나가와현

주부 지방

15 니가타현
16 도야마현
17 이시카와현
18 후쿠이현
19 야마나시현
20 나가노현
21 기후현
22 시즈오카현
23 아이치현

긴키 지방

24 미에현
25 시가현
26 교토부
27 오사카부
28 효고현
29 나라현
30 와카야마현

주고쿠 지방

31 돗토리현
32 시마네현
33 오카야마현
34 히로시마현
35 야마구치현

시코쿠 지방

36 도쿠시마현
37 가가와현
38 에히메현
39 고치현

규슈 지방

40 후쿠오카현
41 사가현
42 나가사키현
43 구마모토현
44 오이타현
45 미야자키현
46 가고시마현
47 오키나와현

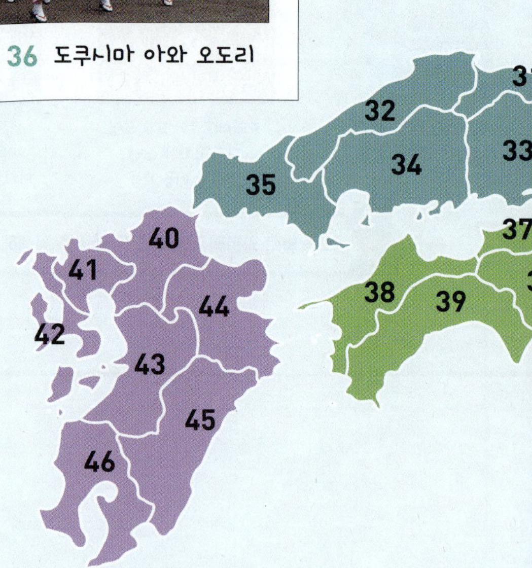

2 아오모리 네부타 마쓰리

1 홋카이도 유키 마쓰리

4 미야기 센다이 다나바타 마쓰리

26 교토 기온 마쓰리

13 도쿄 간다 마쓰리

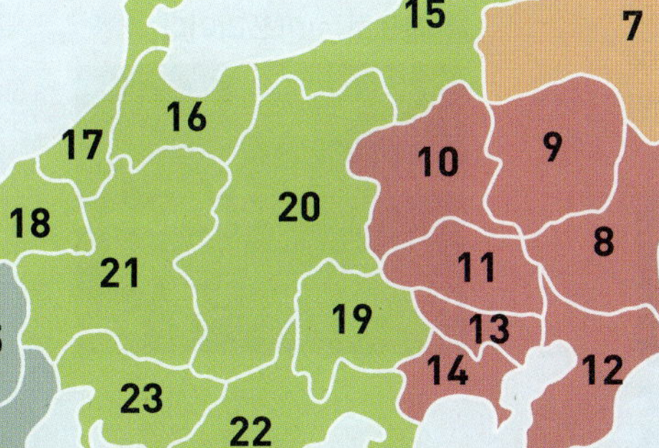

27 오사카 덴진 마쓰리

온천 여행

홋카이도 노보리베쓰 온천
군마 구사쓰 온천
기후 게로 온천
효고 아리마 온천
에히메 도고 온천
오이타 벳푸 온천

애니메이션 성지 순례

도쿄 신주쿠, 아키하바라
가나가와 가마쿠라, 에노시마
기후 다카야마, 시라카와고
교토 교토, 우지
가고시마 야쿠시마

테마파크 들기기

지바 디즈니랜드
도쿄 산리오퓨로랜드
야마나시 후지큐 하이랜드
아이치 지브리 파크
오사카 유니버설 스튜디오 재팬

✿ 마쓰리

홋카이도
유키 마쓰리

홋카이도 삿포로시에서 매년 2월 초에 열리는 겨울 축제이다.

아오모리
네부타 마쓰리

아오모리현 아오모리시에서 열리는 여름 축제이며, 여러 가지 형상의 크고 작은 등을 수레에 싣고 행진하는 것으로 유명하다.

미야기
센다이 다나바타 마쓰리

매년 8월 6일부터 8일까지 3일간 미야기현 센다이시에서 개최되는 일본에서 가장 유명한 칠석 축제이다.

도쿄
간다 마쓰리

도쿄도 지요다구의 간다 신사에서 열리는 축제로 일본의 3대 축제 중 하나이다. 매년 5월 15일 직전 주말에 시작된다.

교토
기온 마쓰리

교토부에서 열리는 축제이며, 일본의 무형민속문화재이다. 전염병을 퇴치하기 위해 기원제를 열었던 것이 유래가 되어 오늘날의 마쓰리로 자리 잡게 되었다. 매년 7월 1일부터 31일까지 한 달 동안 진행된다.

오사카
덴진 마쓰리

일본 3대 마쓰리이자 일본 3대 선상 마쓰리이다. 매년 7월 24~25일에서 열리며. 오사카를 대표하는 마쓰리이다.

도쿠시마
아와 오도리

도쿠시마현에서 8월 12일부터 15일까지 열리는 축제이다. 노래를 부르며 춤추는 행사가 나흘간 이어진다.

☆ 조선 통신사

조선 통신사는 일본 정부의 요청으로 조선 왕실에서 일본에 보낸 외교 사절단이다. 조선 통신사는 임진왜란 이전에는 6차례 파견되었고, 임진왜란 이후에는 1607년부터 1811년에 이르기까지 12차례에 걸쳐 파견되었다. 통신사 일행이 한양에서 에도(江戶, 현재의 도쿄)까지 왕복하는 데는 6개월에서 1년 정도가 소요되었는데, 배로 부산 → 대마도 → 시모노세키 → 오사카를 경유한 후 오사카에서부터는 다시 육로를 따라 교토, 나고야, 시즈오카를 거쳐 에도에 도착하였다. 편도 5,735리(2,294㎞)에 달하는 거리이다. 통신사가 지나는 각 번은 통신사를 국빈으로 대우하며 대접하였고, 일본 유학자 및 문인과의 교류, 그 외에도 일본 민중 문화에 끼치는 영향 또한 존재한 것으로 보인다. 조선 통신사가 일본에 남긴 유산으로는 당인의 춤(唐人踊), 조선 가마, 필담창화(筆談唱和)의 시문(詩文) 등을 들 수 있다. 아울러 일본으로부터 고구마, 고추, 토마토, 구리, 접부채, 양산, 벼루, 미농지(美濃紙) 등이 조선에 전래되었다.

☆ 일본의 성

나가노
마쓰모토성

나가노현의 마쓰모토시에 있는 제곽식 형식과 윤곽식 형식을 띤 평성이다. 16세기 말에 건축한 5층 6단의 천수각은 초기 그대로 보존된 천수각 중 가장 오래된 형태로 일본 국보이다. 까마귀성이라고도 불린다.

아이치
나고야성

아이치현 나고야시에 위치한 성으로 용마루의 금박 물고기 장식물이 빛나는 천수각이 유명하다. 금성(金城)이라는 별명을 가지고 있다. 태평양 전쟁 당시 미군의 공습으로 거의 모든 건물이 소실되어 전후에 복원되었지만 문화재에서는 제외되었다.

오사카
오사카성

도요토미 히데요시가 1583년 축성을 시작한 성이다. 역사 속 여러 전투의 배경이 되어 왔으며, 불에 타 무너지고 복원되기를 수차례 반복해 왔다. 현재의 성곽은 1931년에 재건된 것이다.

효고
히메지성

효고현 히메지시에 있는 성으로 일본 성곽 건축 최전성기의 양식과 구조를 가장 잘 보존하고 있다. 천수각의 우아한 모습으로 일명 백로성으로도 유명하다. 천수각은 일본의 국보이다. 1993년에는 히메지성 전체가 세계문화유산으로 지정되었다.

구마모토
구마모토성

1607년에 가토 기요마사가 완성한 성으로, 당시 난공불락의 요새로 명성이 높았다. 2016년에 발생한 구마모토 지진으로 피해를 입어 복구를 진행 중이다.

홋카이도
노보리베쓰

노보리베쓰는 홋카이도에서 가장 유명한 온천이다. '지옥 계곡'이 특히 유명한데, 땅속 깊은 곳에서 올라오는 뜨거운 물이 지표면으로 솟구치는 모습이 장관이다. 지옥이라는 테마에 걸맞게 시내 곳곳에서 색색의 도깨비 조각상을 볼 수 있다.

군마
구사쓰온천

군마현 구사쓰마치에 있는 일본에서 자연 용출량이 가장 많은 온천이다. 일본 3대 온천 중 하나로 꼽힌다. 높은 온도(약 섭씨 55도)와 산도로 살균력이 높아 치유 효과가 있으며 피부에 특히 좋다고 한다.

기후
게로온천

아리마, 구사쓰 온천과 함께 일본의 3대 온천이라 불리는 곳으로, 84도의 고온으로 솟아나는 순도 100%의 천연 온천수로 유명하다. 이곳의 온천수는 알칼리성의 단순 온천으로, 무색 투명하고 약간의 점성이 있어 촉감이 부드러우며 미백 효과까지 있어 미인 온천으로 불린다.

효고
아리마온천

일본에서 가장 오래된 온천 중 하나이다. 지면에서 분출하는 자연 온천으로, 일본 환경청이 요양 온천으로 정한 7가지 성분을 포함하고 있다. 철분을 많이 함유한 적갈색의 '금천'과 무색의 라듐천인 '은천'이라는 두 종류의 온천을 즐기는 것이 묘미이다.

에히메
도고온천

일본에서 가장 오래된 3대 온천 중 하나로, 일본 고서인 『일본서기』에 언급되어 있을 정도로 유서 깊은 온천이다. 본관 건물은 1894년에 지어졌는데 일본 공중목욕탕으로는 처음으로 1994년 국가 중요 문화재로 지정되었다.

오이타
벳푸온천

벳푸온천은 벳푸시 중심부에 위치한 온천가의 명칭으로, 시내에 있는 수백 개의 온천을 통틀어 '벳푸 팔탕'이라고도 부른다. 지옥이라 칭할 정도로 기이한 경관을 자아내며 자연 용출되는 원천을 관광 명소화한 지옥 온천 순례가 인기가 높다.

도쿄
신주쿠, 아키하바라

신주쿠 교엔은 애니메이션 〈언어의 정원〉의 배경지이다. 또한 애니메이션 〈너의 이름은.〉의 배경 장소로 신주쿠가 많이 등장한다. 아키하바라는 〈러브라이브〉와 〈슈타인즈 게이트〉 등 많은 애니메이션의 배경지로 관광객의 관심을 받고 있다.

가나가와
가마쿠라, 에노시마

고등학교 농구부들의 경쟁과 성장을 다룬 〈슬램덩크〉에는 가마쿠라와 에노시마의 풍경이 작품 속에 그대로 녹아 들어가 있다.

기후
다카야마, 시라카와고

애니메이션 〈빙과〉는 기후현 다카야마시를 배경으로 하는 작품이고 〈너의 이름은.〉은 다카야마의 히다 후루카와가 유명하다. 애니메이션 〈쓰르라미 울적에〉는 시라카와고가 주무대로 나온다.

교토

교토, 우지

관광지로 유명한 교토는 애니메이션의 성지로도 이름난 곳이 많다. 학원물에서 교토로 수학여행을 온다는 설정이 많기 때문이다. 애니메이션 〈케이온〉, 〈명탐정 코난〉, 〈주술회전〉, 〈울려라! 유포니엄〉 등이 교토 지역을 배경으로 한 작품으로 유명하다.

가고시마

야쿠시마

〈원령공주(모노노케 히메)〉의 배경이 된 야쿠시마는 문명이 닿지 않은 자연 그대로의 모습을 담고 있다. 풍부한 강수량으로 울창한 숲을 조성해 신비로운 분위기를 자아낸다. 원령공주의 숲이라고 불리는 〈시라타니운 수이쿄〉를 보기 위해 많은 사람들이 찾고 있으며, 숲의 아름다움을 인정받아 일본 최초로 세계자연유산에 등록되었다.

☆ 테마파크 즐기기

지바

디즈니랜드

도쿄 디즈니랜드는 디즈니랜드와 디즈니 씨로 구성되어 있으며, 각자 다른 테마와 어트랙션을 즐길 수 있다.

도쿄

산리오퓨로랜드

도쿄 교외에 있는 다마시에 위치한 산리오퓨로랜드는 헬로키티, 시나모롤과 폼폼푸린 등의 인기 캐릭터를 만날 수 있는 테마파크이다.

야마나시

후지큐 하이랜드

야마나시현 후지요시다시에 있는 놀이공원으로, 이름에 걸맞게 후지산 근방에 위치하고 있어 롤러코스터를 타고 올라갈 때, 후지산의 절경이 한눈에 들어온다.

아이치

지브리 파크

아이치 엑스포 기념 공원에 세워진 스튜디오 지브리 유일의 테마파크이다. 스튜디오 지브리의 작품 속 등장인물과 배경이 실물 크기 모형으로 전시되어 있다.

오사카

유니버셜 스튜디오 재팬

일본 오사카시에 위치한 테마파크이자 오사카 광역권의 대표적 관광지 중 하나로 약칭은 USJ이다.

스텝 03 일본 여행 계획서 만들기

✈ 활동 방법 — BOARDING PASS

1. 여행 기간은 2박 3일, 예산은 100만 원입니다.
2. 여행의 목적을 잘 생각하여 가고 싶은 곳을 정합니다.
3. 여행의 목적에 맞게 일정을 정합니다.
4. 예산을 잘 배분하여 이동 방법, 교통 요금, 주변 관광지, 맛집 등을 조사합니다.
5. 조사한 자료를 이용하여 일본 여행 계획서를 작성해 봅시다.

예시

여행 기간	2박 3일		예산	100만 원
지역(1점)	교토, 오사카			
목적(1점)	츠구미 보기, 유니버설 스튜디오 방문			
비행기(1점)	편명: 제주7C1304 (0.4)		시간: 7:10 (0.3)	금액: 143,600 (0.3)
숙박지(1점)	이름: 츠구미집 (0.5)		금액: 0 (0.5)	

	1일차 (1점)	2일차 (1점)	3일차 (1점)
장소 (3점)	장소명: 기요미즈데라 니시키 시장 (0.5) 설명: 교토의 대표 관광지로 곱히는 사찰, 청수사라고도 불리며 물이 맑은 절이라는 뜻. 경치가 예쁨. 교토의 부엌이라고 불리는 니시키시장은 400년 역사를 가진 재래시장이다. (0.5)	장소명: 후시미이나리신사 교토타워 (0.5) 설명: 교토 남쪽의 이나리산을 모시는 신사로 일본 전국의 크고 작은 이나리 신사의 총본궁이다. 천 개 도리가 유명하다. 교토의 기요미즈데라, 오지, 치온인 등 세계 유산을 100m 높이에서 내려다 볼수 있다. (0.5)	장소명: 유니버설 스튜디오 (USJ) (0.5) 설명: 와카에 위치한 테마파크. 올랜도 리조트와 비슷하여 인가가 많다. 최근에 슈퍼 마리오 구역을 오픈하여 더욱 큰 관심을 받고 있다. (0.5)
이동 수단 (3점)	지하철 (신뉴시미치 → 고죠사카) 지하철 (기요미즈미치 → 시조카와라마에) (0.5)	지하철 (도후쿠지 → 이나리) 지하철 (이나리 → 교토) (0.5)	지하철 (도후쿠지 → 교토) 점버스 (교토 → 유니버설) (0.5)
	금액: 4600원 (0.5)	금액: 3000원 (0.5)	금액: 10500원 (0.5)
음식 (4점) (9*0.5)	조식 공항에서 먹기 (0.5) 중식 규카츠 (0.5) 석식 니시키 시장에서 여러가지 먹기 (0.5)	조식 일본식 가정식 (0.5) 중식 라멘 (0.5) 석식 스키야키 (0.5)	조식 편의점 샌드위치 (0.5) 중식 유니버설에서 중간중간 간식으로 끼니해결 (0.5) 석식 공항에서 먹기 (0.5)
쇼핑 (특산품 포함) (3점)	야츠하시 (교토의 화과자) (0.5)	오마오리 (0.5)	(0.5)
	금액: 6만 원 (0.5)	금액: 4000원 (0.5)	금액: 5만 원 (0.5)
비용 합계 (95~100만 원) (1점)	왕복 비행기 290,300원 교통비 54,400원 각종 티켓(입장)비 213,000 유니버설 BIG5 PASS 220,000	밥값 108,000원 쇼핑 114,000원	

〈보충 설명〉

– 2박 3일 일정으로 100만 원의 예산으로 가고 싶은 일본의 도시를 결정한다.

– 여행 목적을 생각하면서 항공권과 숙박할 곳을 정하고 구체적인 세부 일정을 짠다.

– 관광 명소나 가고 싶은 곳을 정하고 이동 수단을 결정하고, 맛집이나 먹고 싶은 음식을 검색한 뒤 작성한다.

참고 사이트

재팬트래블 https://www.japan.travel/ko/kr/
도쿄 관광 공식 사이트GO TOKYO https://www.gotokyo.org/kr/index.html
재팬트래블 나비타임 https://japantravel.navitime.com/ko/

일본 여행 계획서 만들기

여행기간	2박 3일		예산		300만원
지역	도쿄, 가마쿠라				
목적	[illegible]				
비행기	[illegible]				
숙박지	[illegible]				

	1일차	2일차	3일차
장소	[illegible]	[illegible]	[illegible]
이동수단	[illegible]	[illegible]	[illegible]
음식	[illegible]	[illegible]	[illegible]
쇼핑 (특산품 포함)	[illegible]	[illegible]	[illegible]
비용합계	[illegible]		

일본 여행 계획서 만들기

여행기간	2박 3일		예산		180만원
지역	오사카 · 교토 · 나라				
목적	[illegible]				
비행기	[illegible]				
숙박지	[illegible]				

	1일차	2일차	3일차
장소	[illegible]	[illegible]	[illegible]
이동수단	[illegible]	[illegible]	[illegible]
음식	[illegible]	[illegible]	[illegible]
쇼핑 (특산품 포함)	[illegible]	[illegible]	[illegible]
비용합계	[illegible]		

일본 여행 계획서 만들기

여행기간	2박 3일		예산		100만원
지역	교토				
목적	[illegible]				
비행기	[illegible]				
숙박지	[illegible]				

	1일차	2일차	3일차
장소	[illegible]	[illegible]	[illegible]
이동수단	[illegible]	[illegible]	[illegible]
음식	[illegible]	[illegible]	[illegible]
쇼핑 (특산품 포함)	[illegible]	[illegible]	[illegible]
비용합계	[illegible]		

01 다음 중 탁음이 될 수 <u>없는</u> 행은?

① か행   ② さ행   ③ は행
④ た행   ⑤ ら행

02 히라가나를 이용하여 그린 얼굴 그림이다. 그림에 들어가 있는 문자의 발음이 <u>아닌</u> 것은?

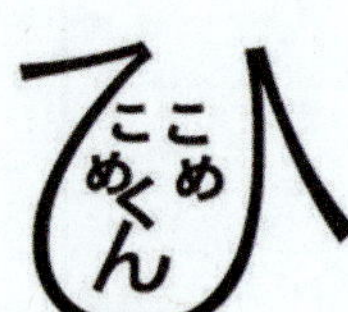

① 누
② 메
③ 코
④ 쿠
⑤ 히

03 발음이 같은 글자끼리 짝지어진 것만을 〈보기〉에서 있는 대로 고른 것은?

보기
ⓐ あ － を   ⓑ じ － ぢ   ⓒ ず － づ   ⓓ ざ － じゃ

① ⓐ, ⓒ   ② ⓑ, ⓒ   ③ ⓐ, ⓑ, ⓓ
④ ⓑ, ⓒ, ⓓ   ⑤ ⓐ, ⓑ, ⓒ, ⓓ

04 う단 글자를 모두 찾아 선으로 연결했을 때 나타나는 모양은?

ち	み	ゆ	よ	も
さ	む	え	く	そ
る	て	ろ	め	す
こ	ふ	れ	ぬ	ほ
ら	と	う	お	あ

① ＋
② ×
③ □
④ ◇
⑤ ▷

05 화살표 방향으로 단어를 채웠을 때 ㉠에 들어가는 문자의 행은?

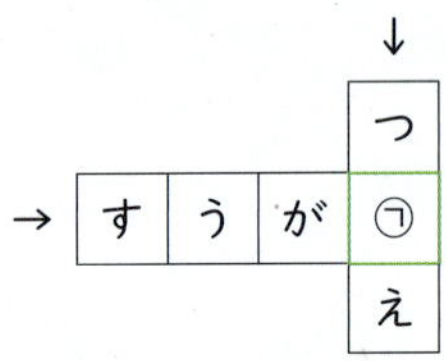

【가로 화살표】 수학
【세로 화살표】 책상

① あ행   ② か행   ③ た행   ④ は행   ⑤ や행

06 같은 단의 글자로만 이루어진 단어는?

① おに   ② はな   ③ ねこ   ④ とり   ⑤ そら

07 밑줄 친 부분과 발음이 같은 것만을 〈보기〉에서 있는 대로 고른 것은?

せんせい、こんにちは。

┤ 보기 ├
ⓐ えいが   ⓑ おおい   ⓒ おにいさん   ⓓ れいぞうこ

① ⓐ, ⓓ   ② ⓑ, ⓒ   ③ ⓒ, ⓓ
④ ⓐ, ⓒ, ⓓ   ⑤ ⓐ, ⓑ, ⓓ

08 〈보기〉의 단어를 히라가나로 표기했을 때 요음을 포함하고 있는 것만을 모두 고른 것은?

┤ 보기 ├
ⓐ 백   ⓑ 가수   ⓒ 지도   ⓓ 식사   ⓔ 우표   ⓕ 튀김

① ⓐ, ⓑ, ⓓ   ② ⓑ, ⓒ, ⓓ   ③ ⓒ, ⓓ, ⓔ
④ ⓓ, ⓔ, ⓕ   ⑤ ⓐ, ⓒ, ⓔ

09 ㉠에 해당하는 일본어 단어의 의미를 한국어로 옮겼을 때 해당하지 <u>않는</u> 것은?

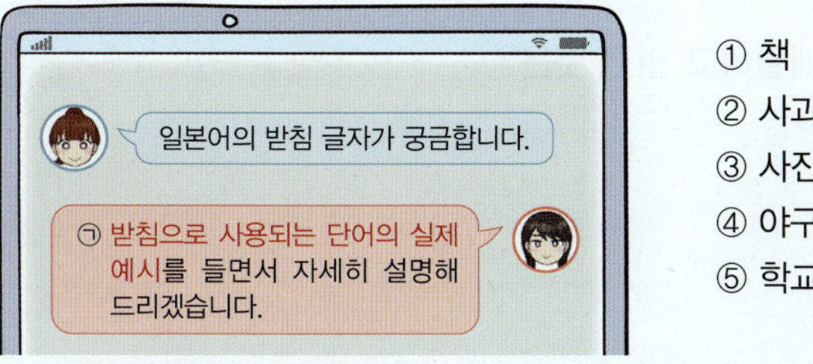

① 책
② 사과
③ 사진
④ 야구
⑤ 학교

10 빈칸에 들어갈 글자로 만들 수 있는 낱말에 해당하는 그림은?

か	き	□	け	こ
□	み	む	め	も
ら	り	□	れ	ろ

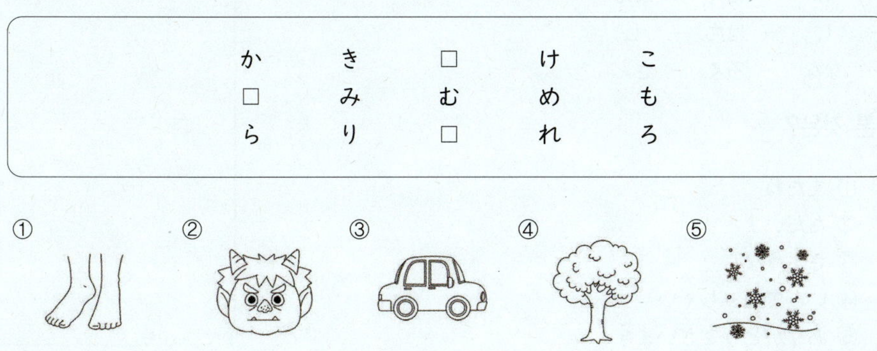

① ② ③ ④ ⑤

11 그림에 해당하는 일본어를 순서대로 끝말잇기 했을 때 ㉠에 들어갈 말은?

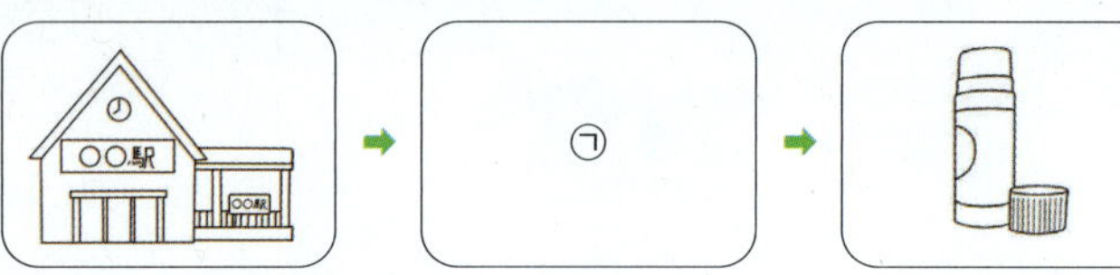

① うしろ　　② きっぷ　　③ きもの　　④ はなび　　⑤ ひとつ

12 빈칸에 들어갈 말로 알맞은 것은?

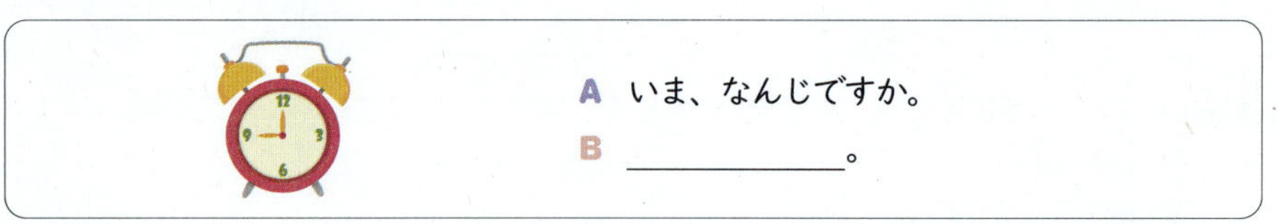

① くじ　　　　　　② よじ　　　　　　③ いちじ
④ しちじ　　　　　⑤ はちじ

13 밑줄 친 부분과 같은 발음이 들어 있는 것을 보기에서 있는 대로 고른 것은?

> わたしは たなか りえです。

보기
ⓐ わたし　　ⓑ おはよう　　ⓒ こんにちは　　ⓓ こんばんは

① ⓐ　　　　　　　② ⓐ, ⓑ　　　　　　③ ⓑ, ⓒ
④ ⓒ, ⓓ　　　　　⑤ ⓐ, ⓒ, ⓓ

14 다음 인사말 표현에 맞게 글자에 해당하는 숫자를 올바르게 배열하고 읽은 것은?

다녀오겠습니다								
1	2	3	4	5	6	7	8	9
い	き	し	す	っ	つ	て	ま	ら

① ご － いち － しち － きゅう － ろく － し
② ご － ろく － なな － に － はち － よん
③ いち － ご － なな － に － はち － よん
④ いち － ろく － なな － に － はち － し
⑤ いち － ご － きゅう － なな － ろく － さん

15 빈칸에 들어갈 인사말로 올바른 것은?

① またね
② ただいま
③ さようなら
④ いってらっしゃい
⑤ ありがとうございます

16 제시된 단어의 박을 모두 더한 숫자를 일본어로 올바르게 나타낸 것은?

○ ざっし ○ うどん ○ えんぴつ ○ りょうり

① きゅう   ② じゅう   ③ じゅういち   ④ じゅうに   ⑤ じゅうさん

17 두 사람을 소개하는 그림 속 여학생의 말로 어울리는 표현은?

① すみません。
② はじめまして。
③ こちらこそ よろしく。
④ わたしは なかむらです。
⑤ こちらは さとうさんです。

18 제시된 문장에 대한 설명으로 옳은 것만을 〈보기〉에서 있는 대로 고른 것은?

㉠ こんにちは。　　㉡ ごめんなさい。

| 보기 |
ⓐ ㉠은 5박의 발음 길이를 가지고 있다.
ⓑ ㉡은 외출하기 전에 하는 인사말이다.
ⓒ ㉠과 ㉡ 모두 한국어의 받침처럼 발음하는 글자가 있다.
ⓓ ㉠과 ㉡은 모두 상대에 따른 높임과 낮춤의 구분이 없다.

① ⓐ, ⓒ   ② ⓐ, ⓓ   ③ ⓑ, ⓓ   ④ ⓒ, ⓓ   ⑤ ⓑ, ⓒ, ⓓ

[19~20] 대화를 읽고 물음에 답하시오.

ハナ　　はじめまして。イ・ハナです。どうぞ よろしく おねがいします。
りえ　　はじめまして。たなか りえです。どうぞ よろしく。
トム　　はじめまして。トム・スミスです。
　　　　アメリカ㉠_____ きました。しゅみは サッカーです。
　　　　ハナさんと りえさんの しゅみは なんですか。
ハナ　　どくしょです。りえさんは？
りえ　　わたしは りょこうです。

19 ㉠에 들어갈 말로 알맞은 것은?

① と   ② の   ③ は   ④ を   ⑤ から

20 대화의 내용과 일치하지 <u>않는</u> 것은?

① 세 사람은 처음 만났다.　　　　　　　② 톰 스미스의 취미는 축구이다.
③ 세 사람 모두 자기소개를 하고 있다.　④ 하나와 리에는 같은 취미를 갖고 있다.
⑤ 취미를 먼저 물어본 사람은 톰 스미스이다.

01 낱말 카드의 가타카나 표기가 옳은 것만을 고른 것은?

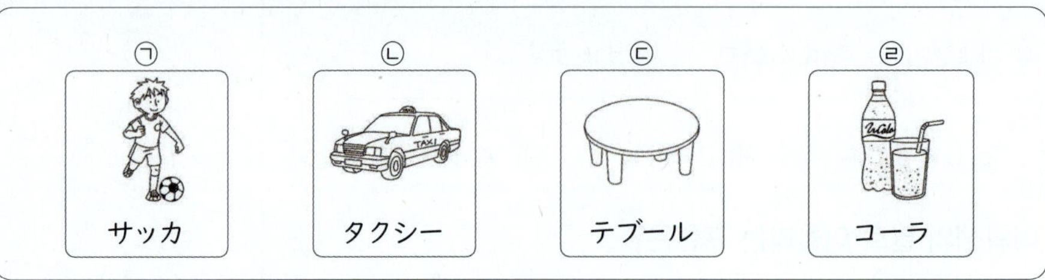

① ㉠, ㉡ 　② ㉠, ㉢ 　③ ㉡, ㉢
④ ㉡, ㉣ 　⑤ ㉢, ㉣

02 그림에 따라 일본어 끝말잇기를 할 때, ㉠에 들어갈 말은?

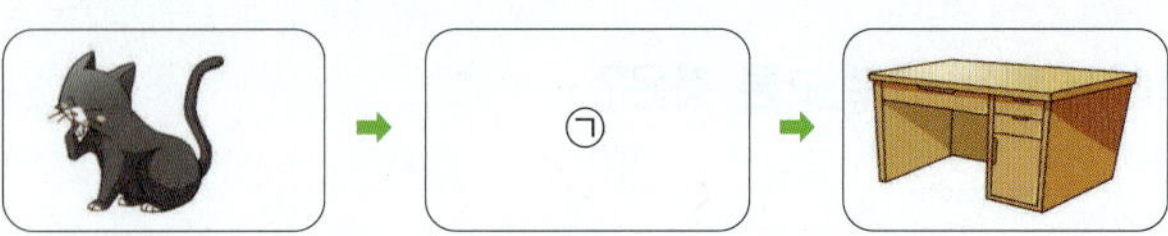

① これ 　② この 　③ こたつ
④ こちら 　⑤ たたみ

03 그림에 해당하는 단어를 히라가나로 바르게 표기한 것은?

① ゆびんこく
② ゆうびんごく
③ ゆびんきょく
④ ゆうびんきょく
⑤ ゆうびんぎょく

04 말풍선에 들어갈 말로 알맞은 것은?

① ただいま。
② いらっしゃい。
③ ごちそうさま。
④ いってきます。
⑤ いってらっしゃい。

05 다음 중 그림 속의 물건을 나타내는 단어가 <u>아닌</u> 것은?

① たび
② うちわ
③ はっぴ
④ ゆかた
⑤ はちまき

06 다음 단어들의 의미를 모두 포괄하는 말을 ㉠에 넣고자 한다. ㉠에 들어갈 말로 알맞은 것은?

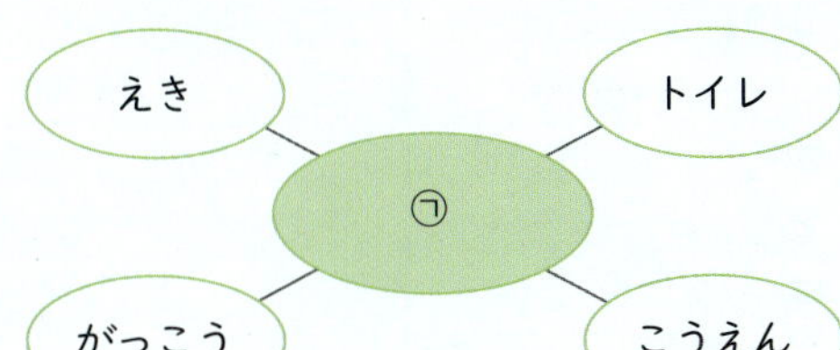

① ばしょ
② かぞく
③ わしつ
④ ようび
⑤ きもの

07 빈칸에 들어갈 말로 알맞은 것은?

A　はるとさんの おかあさんですか。
B　いいえ、わたしの ＿＿＿＿＿じゃないです。

① はは　　　　　　② あね　　　　　　③ あに
④ いもうと　　　　⑤ おとうと

08 빈칸에 공통으로 들어갈 말로 알맞은 것은?

・＿＿＿＿＿、あがって。
・おちゃ、＿＿＿＿＿。

① どう　　　　　　② どこ　　　　　　③ どちら
④ どうぞ　　　　　⑤ どうも

09 일본의 주거 문화에 대한 설명으로 옳은 것은?

① 전통적인 일본식 방을 たたみ라고 한다.
② 종이나 화선지를 바른 미닫이문을 わしつ라고 한다.
③ 족자나 꽃꽂이를 장식하는 공간을 とこのま라고 한다.
④ 일본에서 사용되는 전통식 바닥재를 しょうじ라고 한다.
⑤ 수납공간으로 일본식 붙박이장을 ふすま라고 한다.

10 빈칸 ㉠, ㉡에 들어갈 말로 알맞은 것은?

A　いっしょに どこ＿㉠＿ いく？
B　うん。
A　どこ＿㉡＿ いい？
B　ぼうさいセンターは どう？

	㉠	㉡
①	か	が
②	か	は
③	が	が
④	は	が
⑤	が	か

11 밑줄 친 ㉠~㉣에 들어갈 말로 알맞은 것은?

> じしん ㉠___ とき ㉡___ あたま ㉢___ からだ ㉣___ もりましょう。

	㉠	㉡	㉢	㉣		㉠	㉡	㉢	㉣
①	の	は	と	を	②	の	と	は	を
③	と	は	の	を	④	と	を	の	は
⑤	は	を	と	の					

12 단어와 표기가 바르게 짝지어진 것은?

① 4월 – よんがつ
② 9월 – きゅうがつ
③ 14일 – じゅうしにち
④ 20일 – にじゅうにち
⑤ 24일 – にじゅうよっか

13 문장에서 나타내는 표현으로 올바른 것은?

> たこやき、どうですか。

① 거절 표현
② 칭찬 표현
③ 권유 표현
④ 겸손 표현
⑤ 방문 표현

14 빈칸에 공통으로 들어갈 말로 알맞은 것은?

> • かいもの＿＿＿ いきます。
> • なに＿＿＿ しますか。

① で
② に
③ が
④ は
⑤ の

15 빈칸에 해당하는 도시를 지도에서 고른 것은?

> 일본의 3대 마쓰리 중 하나인 ＿＿＿＿＿의 간다 마쓰리는 매년 5월 중순에 수십 개의 미코시 행렬 등 다양한 행사를 볼 수 있다.

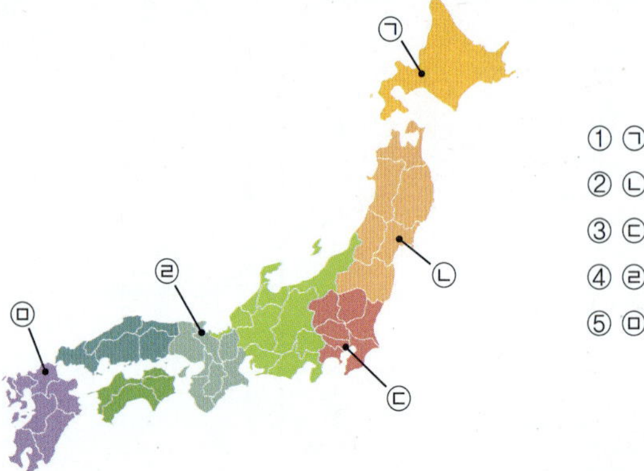

① ㉠
② ㉡
③ ㉢
④ ㉣
⑤ ㉤

16 그림과 단어가 알맞지 <u>않은</u> 것은?

① 
おきる

② 
やすむ

③ 
よむ

④ 
あらう

⑤ 
のる

17 그림에 대한 설명이 알맞지 <u>않은</u> 것은?

① 
ひを けします

② 
まどを あけます

③ 
うみで あそびます

④ 
えいがを みます

⑤ 
あたまを まもります

18 빈칸에 공통으로 들어갈 말로 알맞은 것은?

- いえに かえ______ます。
- しんごうを まも______ましょう。
- つくえの したに はい______ます。

① き　　② し　　③ に　　④ み　　⑤ り

19 빈칸에 들어갈 말로 알맞은 것은?

______은/는 사람이나 동식물, 생활 속에서 볼 수 있는 물건을 종이로 접어 만드는 일본 전통놀이입니다. 다른 나라에도 있는 놀이지만 이것을 뜻하는 일본어가 다른 나라에서도 사용될 만큼 일본에서 특별히 발달하였습니다.

① まつり　　② ゆかた　　③ おしいれ　　④ とこのま　　⑤ おりがみ

20 빈칸에 들어갈 말로 알맞은 것은?

일본은 국토의 70% 정도가 산지에 속하며, 높고 험한 산이 많습니다. 또한, 화산이 많아 예부터 전국적으로 온천이 발달했습니다. 환태평양 조산대에 속해 있어서 지진이 자주 일어나며, 지진에 의해 ______이/라는 해일이 발생하기도 합니다.

① かじ　　② ゆき　　③ つなみ　　④ じしん　　⑤ ぼうさい

정답 및 해설

정답 및 해설

 **문자와 발음**

단원 평가 32~33쪽

01 ②	02 ④	03 ②	04 ⑤
05 ④	06 ①	07 ③	08 ⑤

01

あ	㉠い	う	え	お
な	に	㉡ぬ	㉢ね	の
ま	み	む	㉣め	も

히라가나 오십음도 중 あ행, な행, ま행의 글자에 대한 문제이다. '행'은 자음이 같은 5개 글자를 모은 것으로 각각에 들어갈 글자는 ㉠い, ㉡ぬ, ㉢ね, ㉣め이다.

02

ⓐ 초밥	ⓑ 고양이	ⓒ 배	ⓓ 벚꽃	ⓔ 나, 저

さ행의 글자는 'さ, し, す, せ, そ'이다.
〈보기〉의 단어 중 さ행의 문자가 들어 있는 것은 ⓐすし, ⓓさくら, ⓔわたし이다.

03

㉠ 얼굴	㉡ 가게	㉢ 눈	㉣ 책

사전은 어휘를 오십음도 순으로 배열하므로 제시된 단어를 사전에 나오는 순서대로 배열하면
㉠ かお(얼굴) → ㉣ ほん(책) → ㉡ みせ(가게) → ㉢ ゆき(눈)
순이므로 가장 앞에 나오는 것은 ㉠ かお, 가장 뒤에 나오는 것은 ㉢ ゆき이다.

04 1개는 'ひとつ', '연필'은 'えんぴつ'이다. 끝말잇기를 했을 때, 'つ'로 시작하면서 'え'로 끝나는 말은 'つくえ(책상)'이다.

05 'は행'은 청음, 탁음, 반탁음이 모두 존재한다.
청음: はひふへほ
탁음: ばびぶべぼ
반탁음: ぱぴぷぺぽ

06 ② 지도 – ちず
③ 안경 – めがね
④ 과일 – くだもの
⑤ 불꽃놀이 – はなび

07 '단'은 같은 모음을 묶어 놓은 것으로 あ단, い단, う단, え단, お단이 있다.
① る – ろ (う단 – お단)
② さ – ち (あ단 – い단)
③ た – や (あ단 – あ단)
④ せ – そ (え단 – お단)
⑤ ほ – ふ (お단 – う단)

08 ① ん은 청음에 포함되지 않는다.
② 'い'는 'i', 'り'는 'ri'로 표기가 다르다.
③ 현재 사용되고 있는 히라가나는 46개이다.
④ 일본어 표기에 사용되는 문자는 히라가나, 가타카나, 한자이다.

 **おはよう**

나만의 정리 노트 47쪽

1 ① いち ② に ③ さん ④ よん・よ・し ⑤ ご ⑥ ろく ⑦ しち ⑧ はち ⑨ きゅう・く ⑩ ゼロ・れい・まる

2

단원 평가 52~53쪽

01 ⑤	02 ②	03 ⑤	
04 (가) ありがとう (나) すみません			
05 ②	06 ①	07 ④	08 ③

01

A _____________ 。

B 잘 다녀오세요.

① ただいま(다녀왔습니다.)

② おかえり(잘 다녀왔니?)

③ おはよう(안녕.)(아침 인사)

④ こんにちは(안녕, 안녕하세요.)(낮 인사)

⑤ いってきます(다녀오겠습니다.)

02

きっぷ 3박

일본어는 요음(ゃ, ゅ, ょ)을 제외하고 모두 1박이며 촉음 'っ'도 1박으로 센다.

① かしゅ(가수) 2박

② かんじ(한자) 3박

③ かんこく(한국) 4박

④ がっこう(학교) 4박

⑤ すうがく(수학) 4박

03 장음은 글자를 길게 발음하는 것으로 'あ단+あ단, い단+い단, う단+う단, え단+え단, お단+お단'의 글자가 오는 경우와 예외적으로 'え단+い단, お단+う단'인 경우에 장음으로 발음한다.

ⓒ こうこう[お단+う단]

ⓔ えいが[え단+い단]

04 (가) ありがとう: 고마워.

(나) すみません: 죄송합니다.

05

A 지금, 몇 시야?

B _____________.

① にじ: 2시

② よじ: 4시

③ ごじ: 5시

④ くじ: 9시

⑤ よんじ: 4시를 말할 때는 'よんじ'라고 하지 않고 'よじ'라고 한다.

06

A 그럼 안녕. (헤어질 때 쓰는 인사말)

B _____________ 。

① またね(또 만나)

② こんばんは(안녕, 안녕하세요)(저녁 인사)

③ ごめんなさい(미안합니다)

④ おかえりなさい(잘 다녀오셨어요)

⑤ おはようございます(안녕하세요)(아침 인사)

07 전화번호를 읽을 때는 4는 よん, 7은 なな로 읽는다.

* 숫자 4의 다양한 읽기

　전화번호 등: よん

　시간, 인원 등: よ (4시: よじ, 4명: よにん)

　월 등: し (4월: しがつ)

* 숫자 7의 다양한 읽기

　전화번호 등: なな

　시간, 월 등: しち (7시: しちじ, 7월: しちがつ)

08 요음(ゃ, ゅ, ょ)은 い를 제외한 い단의 글자에 붙여 사용한다.

はじめまして

1 ① りょうり　② ダンス　③ やきゅう　④ ゲーム

　⑤ どくしょ　⑥ りょこう　⑦ ピアノ　⑧ サッカー

　⑨ しゃしん　⑩ すいえい

2

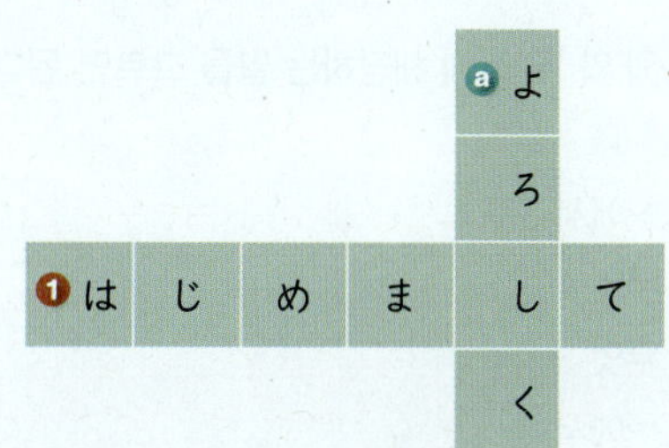
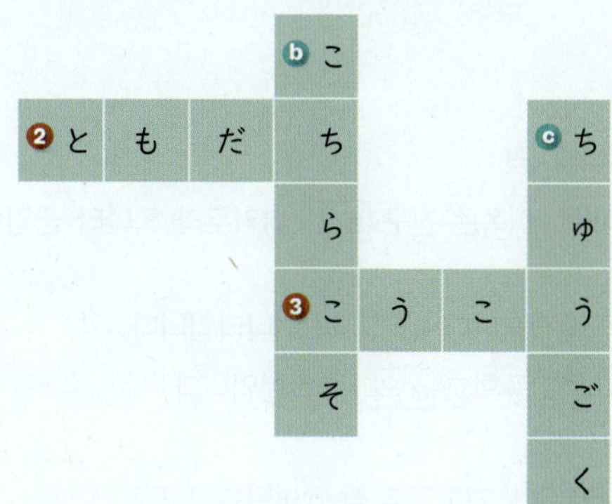

단원 평가 78~79쪽

| 01 ④ | 02 ④ | 03 ③ | 04 ② |
| 05 ① | 06 ② | 07 ① | 08 ⑤ |

01

> すいえい(수영), どくしょ(독서), やきゅう(야구)

① 나라
② 무엇
③ 이쪽
④ 취미
⑤ (권유할 때) 받으세요, 앉으세요, 드세요 등 다양하게 사용된다.

02

> ______에서 왔습니다.

자기소개할 때 자주 사용하는 표현으로 국가나 지역명을 넣는 것이 자연스럽다.
㉠ 일본 ㉡ 미국 ㉢ 한국 ㉣ 사진

03 ㉠ ゲーム(게임) ㉡ サッカー(축구)

04

> 왕리: 하나 씨 ㉠ 와 나미 씨의 취미는 ㉡ 무엇입니까?
> 하나: 요리입니다. 나미 씨는?
> 나미: 저는 여행입니다.

대화의 흐름 상 '~와'와 '무엇'에 해당하는 말을 고르면 된다.

	㉠	㉡
①	~와	~에서
②	~와	무엇
③	~는	무엇
④	~의	~에서
⑤	~의	무엇

05~07

> 나미   앗, 히나타 군!
> 　　　하나 씨, ㉠이쪽은 친구 [a 인] 나카무라 히나타 군입니다.
> 히나타 ㉡처음 뵙겠습니다. 나카무라 히나타입니다.
> 　　　히가시 ㉢고등학교 [a 의] ㉣1학년입니다.
> 　　　잘 부탁해요.
> 하나   이하나입니다. 저야말로 잘 ㉤부탁드립니다.

05 바른 표기는 다음과 같다.

㉡ はじめまして
㉢ こうこう
㉣ いちねんせい
㉤ おねがいします

06
① ~까
② ~인, ~의
③ ~은/는
④ ~도
⑤ ~에서

07 ① 나미는 히나타의 선배이다. → 나미는 히나타를 '친구(ともだち)'라고 소개하고 있다.

08 ㉠ 입학식은 3월에 실시한다. → 입학식은 4월에 실시한다.
㉡ 점심에는 모두 급식을 먹는다. → 일본 고등학교에서는 급식을 실시하는 곳이 적어 점심에는 주로 도시락을 먹거나 학교 식당이나 매점 등에서 사 먹는다.

4 おじゃまします

나만의 정리 노트 107쪽

01 ① ちち ② はは ③ あに ④ あね ⑤ おとうと
⑥ いもうと ⑦ おとうさん ⑧ おかあさん
⑨ おにいさん ⑩ おねえさん
⑪ おとうとさん ⑫ いもうとさん

02

う	ま	お	り	に	な	か	せ
ち	ぬ	こ	う	ば	ん	く	み
さ	ど	ぞ	と	な	り	で	ぎ
ほ	こ	や	え	い	が	か	ん
ひ	い	た	だ	き	ま	す	も

단원 평가 110~111쪽

| 01 ③ | 02 ① | 03 ④ | 04 ③ |
| 05 ① | 06 ③ | 07 ② | 08 ⑤ |

01 단어를 통해 유추할 수 있는 단어는 각각 'うち(집)', 'かぞく
(가족)', 'ゆうびんきょく(우체국)'로, 글자를 조합하면 'ちかく
(근처)'라는 단어를 만들 수 있다.

02

| A | 다나카 씨의 오빠입니까? |
| B | 아니요, 저의 오빠가 아닙니다. |

'오빠'를 의미하는 단어는 ①번과 ④번인데, ①번의 'あに'는 자
신의 오빠를 의미하고, ④번의 'おにいさん'은 남의 오빠를 의
미한다.

03

| A | 도서관은 어디입니까? |
| B | 도서관이요? 도서관은 빵집 ______ 에 있습니다. |

ⓐ なか(안, 속) ⓑ まえ(앞) ⓒ みぎ(오른쪽),
ⓓ となり(이웃, 옆) ⓔ ひだり(왼쪽)

그림 상황에서 대화에 넣어 자연스러운 단어는 ⓓ와 ⓔ이다.

04 음식을 먹기 전에 합장을 하고 인사를 하고 있다. 이러한 상황
에서는 'いただきます(잘 먹겠습니다)'가 어울린다. 음식을 다
먹고 난 뒤에는 'ごちそうさまでした(잘 먹었습니다)'라고 한
다.

[5~7]

하나, 나미	안녕하세요.
다쿠야	하나씨, 제 ㉠ 아빠와 ㉡ 엄마입니다.
다쿠야의 아빠	어서 와요. 자, 들어와요.
하나, 나미	㉢ 실례하겠습니다.
하나	저, 이거, 한국 과자입니다.
다쿠야의 엄마	어머, 고마워.

05 자신의 집을 방문한 하나에게 다쿠야가 아빠와 엄마를 소개하
고 있다. 이때 ㉠과 ㉡에 들어갈 자신의 가족을 소개하는 단어
로는 'ちち(아빠)'와 'はは(엄마)'가 적절하다.

06 남의 집을 방문하여 현관에서 집 안으로 들어갈 때 하는 인사
말로는 'おじゃまします(실례하겠습니다)'가 어울린다.
① おいしい(맛있다)
② どこですか(어디입니까)
③ なかに あります(안에 있습니다)
⑤ えきじゃないです(역이 아닙니다)

07 하나와 나미는 다쿠야의 집을 방문했다. 다쿠야는 하나에게 아
빠와 엄마를 소개했다. 그리고 하나는 다쿠야의 엄마에게 한국
과자를 선물했다. 글과 일치하는 내용은 ②번이다.

08 'わしつ'는 다다미가 깔린 일본의 전통적인 방을 뜻한다. 구성

요소로는 전통 바닥재인 'たたみ(다다미)'가 있으며, 방과 방
사이를 구분하는 문인 'ふすま(후스마)'와 안과 바깥을 구분하
며 채광 효과가 있는 문인 'しょうじ(쇼지)', 족자나 꽃꽂이를
장식하는 공간인 'とこのま(도코노마)' 등이 있다. ⑤번의 'こ
うばん'은 파출소를 뜻한다.

5 いっしょに どう？

1 ① げつようび ② かようび ③ すいようび
④ もくようび ⑤ きんようび ⑥ どようび
⑦ にちようび

2

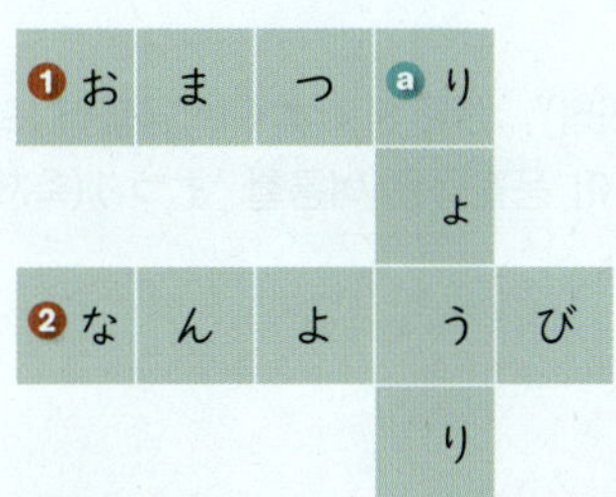

| 01 ④ | 02 ④ | 03 ① | 04 ③ |
| 05 ① | 06 ⑤ | 07 ① | 08 ③ |

01

| A | 영화 함께 어떻습니까? |
| B | __________。 |

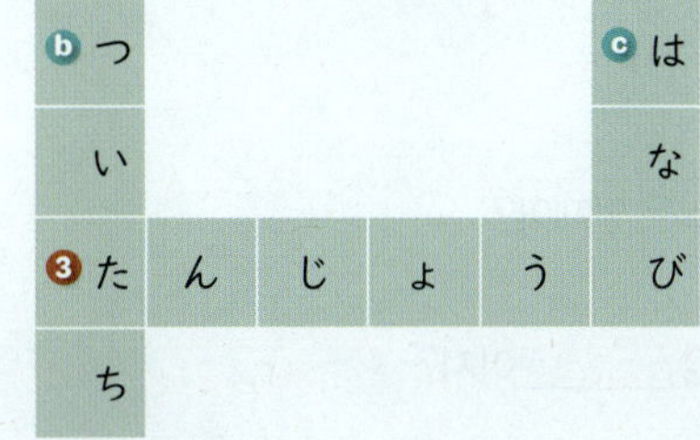

① する(하다)
② あるよ(있어)

③ よかった(좋았다)

④ いいですよ(좋아요)

⑤ ありがとう(고마워)

영화를 함께 보자고 제안하고 있으므로 **B**가 답할 표현으로는 ④번이 적절하다.

02

> **A** 일본어 잘하네요.
> **B** ＿＿＿＿＿＿。

A가 칭찬하는 말에 답하는 **B**의 답변이므로, 감사와 겸손의 의미를 가진 ⓑ와 ⓒ가 어울린다.

ⓐ すきですよ(좋아해요)

ⓑ ありがとうございます(감사합니다)

ⓒ いえいえ、そんな こと ないですよ(아니에요, 그렇지 않아요)

03 단어를 통해 유추할 수 있는 것은 각각 'たこやき(다코야키)'와, 'うどん(우동)'이다. 문자를 조합하면 'うた(노래)'라는 단어를 만들 수 있다.

04 그림은 각각 'ゆかた(유카타)', 'きんぎょすくい(금붕어 뜨기)', 'はなび(불꽃놀이)'이다. 이 풍물들은 여름철 'まつり(축제)'에서 접할 수 있는 것들이다.

① いくら(얼마)

② コーラ(콜라)

④ たのしみ(기대함)

⑤ りょうり(요리)

05~06

> 히나타: 나미의 생일은 언제야?
> 나미: ㉠＿＿＿＿＿＿。
> 히나타: 콘서트는 ㉡＿＿＿＿＿＿이지?
> 나미: 응, 맞아.

05 히나타가 나미의 생일을 묻고 있다. 주간 달력을 보았을 때 4월 3일 화요일이 '나미'의 생일인 것을 알 수 있다. 그러므로 ㉠에 들어갈 표현으로는 'しがつ みっか(4월 3일)'가 적절하다.

06 주간 달력에 콘서트는 4월 6일 금요일에 표시되어 있으므로, 히나타가 나미에게 확인하고 있는 콘서트의 요일은 'きんようび(금요일)'라는 것을 알 수 있다.

07

> **A** 무엇으로 ＿＿＿＿＿＿.
> **B** 저는 라면으로 ＿＿＿＿＿＿.

음식을 정하여 주문하는 대화로, 대화 속에 공통으로 들어가서 의미가 통하는 표현은 ①번 'します(합니다)'이다.

② あります(있습니다)

③ すきです(좋아합니다)

④ おいしいです(맛있습니다)

⑤ かわいいです(귀엽습니다)

08 일본의 축제와 관련하여 여름 축제의 풍물이라 하면 'はなび(불꽃놀이)'를 들 수 있으며, 특히 'ゆかた(유카타)'를 입고 참여하는 사람이 많다. 또한, 단체로 'はっぴ(핫피)'를 맞춰 입고 'みこし(미코시)'라고 불리는 신을 모신 가마를 짊어지고 퍼레이드를 펼친다. ③번은 'えいが(영화)'이다.

６ ハナちゃん、あぶない!

나만의 정리 노트 147쪽

1 ① おきる ② あらう ③ たべる ④ のむ ⑤ みる
⑥ ねる ⑦ いく ⑧ べんきょうする ⑨ よむ ⑩ やすむ
⑪ くる ⑫ はなす ⑬ かえる ⑭ のる ⑮ あそぶ

2

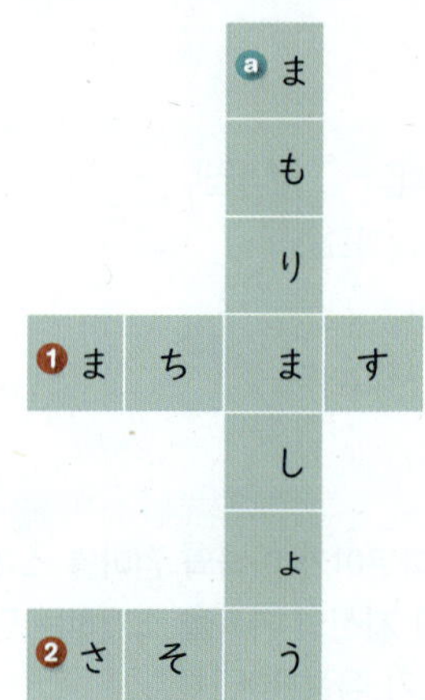

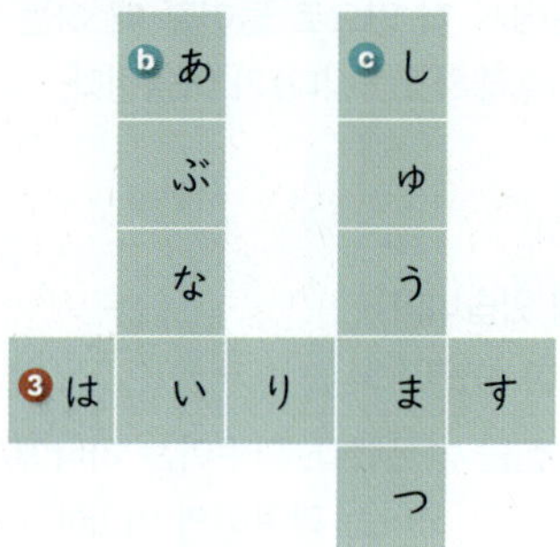

01 ①	**02** ③	**03** ⑤	**04** ②
05 ①	**06** ⑤	**07** ④	**08** ④

01

> **A** 이번 주말, 뭐 해?
> **B** ___________ 예정이야.

① あぶない(위험하다)
② アニメを みる(애니메이션을 보다)
③ うみで あそぶ(바다에서 놀다)
④ うんどうを する(운동을 하다)
⑤ かいものに いく(쇼핑하러 가다)

밑줄 친 부분에 넣어 어색한 표현은 ①번 'あぶない(위험하다)'이다.

02 ③번 그림은 잠에서 깨어 기지개를 켜고 있는 상황이므로 'おきる(일어나다)'가 적절하다.

① のむ(마시다)
② あらう(씻다)
③ かえる((집에) 돌아가(오)다)
④ たべる(먹다)
⑤ はなす(이야기하다)

03

> **A** 학교에 ___________ 와?
> **B** 자전거로 와.

대화에 어울리는 말은 ⑤번 'どうやって(어떻게 해서)'이다.
① どう(어때)
② なに(무엇)
③ まず(우선)
④ それから(그리고)

04

> **A** 지진이 발생했을 때 우선 ___________ 까?
> **B** 책상이나 탁자 아래에 ___________.
> **A** 그렇습니다. 우선, 머리와 몸을 ___________.

> ⓐ はいります(들어갑니다)
> ⓑ どうします(어떻게 합니다)
> ⓒ まもりましょう(지킵시다)

밑줄 친 부분에 넣어 대화가 자연스러운 것은 ⓑ-ⓐ-ⓒ 순이다.

05 ②~⑤번은 대중교통 수단이며, ①번 'えき(역)'는 건물을 나타내므로 성격이 다르다.

① えき(역)
② バス(버스)
③ タクシー(택시)
④ でんしゃ(전철)
⑤ じてんしゃ(자전거)

06

> 수영장______ 나옵시다.
> 역______ 버스가 있어.

빈칸에 공통으로 들어갈 조사는 ⑤의 'から(~에서)'가 적절하다.
① が(이/가) ② は(~은/는) ③ に(~에) ④ を(을/를)
⑤ から(~에서: 출발/기점)

07~08

> 하나 나미야, 이번 주말, 뭐 해?
> 나미 특별히 예정은 없는데…….
> 하나 함께 ㉠________ 갈래?
> 나미 응! ㉡________ 좋아?
> 하나 응~, 방재 센터는 어때? 이제 곧 방재의 날이니까.
> 나미 응, 좋아. 히나타도 권해 볼까?
> 하나 그러자.

07 'どう'는 '어때', 'どこか'는 '어디인가', 'どこが'는 '어디가'라는 의미이다. 대화의 흐름으로 보았을 때 ㉠과 ㉡에는 각각 'どこか(어디인가)'와 'どこが(어디가)'가 어울린다.

08 하나의 약속 제안에, 주말에 특별히 예정이 없는 나미가 수락하는 내용의 대화이다. 그러므로 ④번은 일치하지 않는다.

총괄 평가 ① 1~3과

164~167쪽

01 ⑤	02 ①	03 ②	04 ④	05 ②
06 ②	07 ①	08 ①	09 ④	10 ③
11 ③	12 ①	13 ⑤	14 ③	15 ②
16 ⑤	17 ⑤	18 ①	19 ⑤	20 ④

01 탁음이 될 수 있는 행은 か행, さ행, た행, は행이다.

02 

'こ'는 '코', 'め'는 '메', 'く'는 '쿠', 'ん'은 '응', 'ひ'은 '히'이다. '누(ぬ)'는 사용되지 않았다.

03 히라가나에서 표기는 다르지만 발음이 같은 글자가 있다. 'お'와 'を'는 [o]로, 'じ'와 'ぢ'는 [ji]로, 'ず'와 'づ'는 [zu]로 발음된다. 'ざ'는 [za]로, 'じゃ'는 [ja]로 발음된다.

04 오십음도에서 う단 글자는 う, く, す, つ, ぬ, ふ, む, ゆ, る이다.

ち	み	ゆ	よ	も
さ	む	え	く	そ
る	て	ろ	め	す
こ	ふ	れ	ぬ	ほ
ら	と	う	お	あ

05 수학은 'すうがく', 책상은 'つくえ'로 ㉠에 들어가는 글자는 'く'이다. 'く'는 'か행'이다.

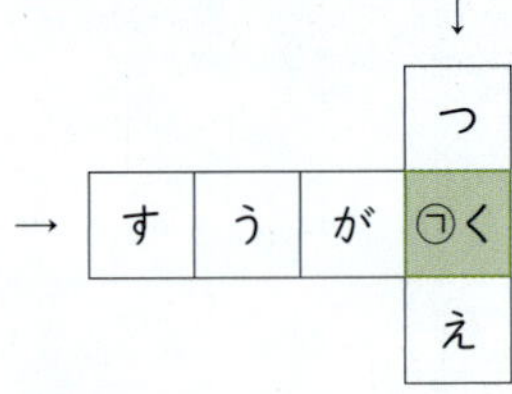

06 모음이 같은 글자들을 '단'이라고 한다.
① 'おに'는 'oni', ② 'はな'는 'hana', ③ 'ねこ'는 'neko',
④ 'とり'는 'tori', ⑤ 'そら'는 'sora'로 발음한다.
② 'はな'는 모음이 모두 'a'단이다.

07

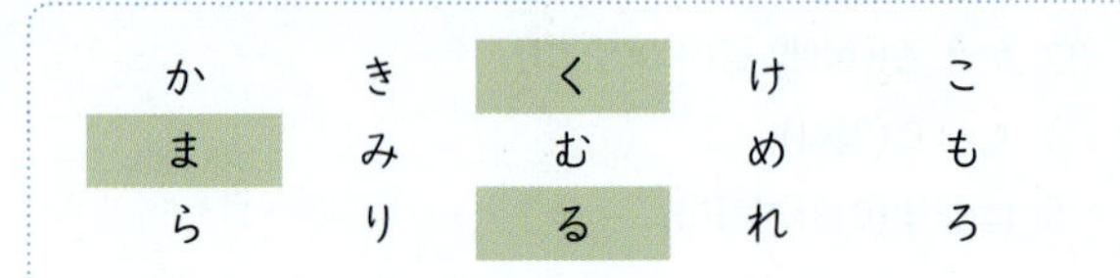

え단 뒤에 い가 오면 장음으로 발음된다. 대표적으로 せんせい, えいが, れいぞうこ 등이 있다.
ⓐ 영화 ⓑ 많다 ⓒ 오빠, 형 ⓓ 냉장고

08

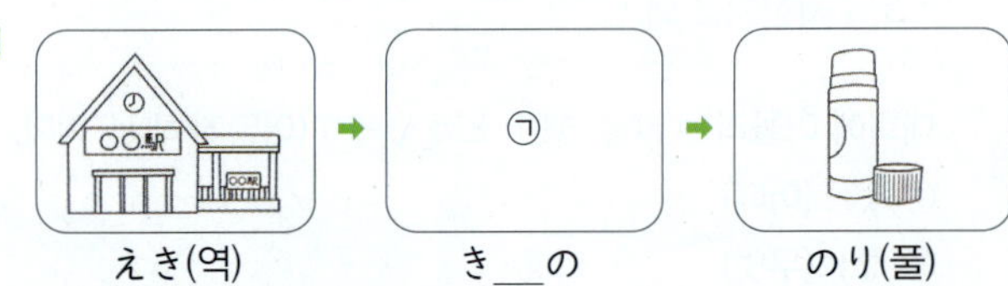

요음을 포함한 단어는 ⓐ 백 – ひゃく, ⓑ 가수 – かしゅ, ⓓ 식사 – しょくじ이다.

09 ㉠ 받침으로 사용되는 단어는 촉음(っ)과 발음(ん)이 들어간 단어이다.
① 책 – ほん
② 사과 – りんご
③ 사진 – しゃしん
④ 야구 – やきゅう
⑤ 학교 – がっこう
④ 야구 – やきゅう는 요음이 들어간 단어이다.

10

か	き	く	け	こ
ま	み	む	め	も
ら	り	る	れ	ろ

く·ま·る로 만들 수 있는 단어는 'くるま(자동차)'이다.

11

えき(역)　→　き__の　→　のり(풀)

① うしろ – 뒤
② きっぷ – 우표
③ きもの – 기모노
④ はなび – 불꽃놀이
⑤ ひとつ – 하나

12

A 지금, 몇 시입니까?
B __________입니다.

시계가 가리키고 있는 시간은 9시로 'くじ'라고 읽는다. 참고로 4시는 'よじ', 7시는 'しちじ'라고 읽는다. 발음에 주의하자.
① 9시 ② 4시 ③ 1시 ④ 7시 ⑤ 8시

13

'は'가 조사 '은/는'으로 쓰일 때는 [ha]가 아니라, [wa]로 읽는다.

ⓐ わたし 나, 저
  [wa]

ⓑ おはよう 안녕(아침 인사)
   [ha]

ⓒ こんにちは 안녕, 안녕하세요(낮 인사)
        [wa]

ⓓ こんばんは 안녕, 안녕하세요(저녁 인사)
        [wa]

14 '다녀오겠습니다'는 'いってきます'로, 해당하는 글자의 숫자를 바르게 배열하면 1→5→7→2→8→4 순이므로 답은 ③번이 된다.

15 'おかえり(なさい)'라고 인사하고 있는 것으로 보아 '다녀왔습니다'라고 말하고 있는 것에 대한 반응임을 알 수 있다. '다녀왔습니다'는 'ただいま'이다.
① 또 보자 ② 다녀왔습니다 ③ 안녕히 가세요(안녕히 계세요)
④ 다녀오세요 ⑤ 감사합니다

16

모두 더하면 13박이다. 13은 'じゅうさん'이다.
① 9 ② 10 ③ 11 ④ 12 ⑤ 13

17 두 사람을 소개하는 표현은 'こちらは ○○さんです。'로 '이쪽은 ○○ 씨입니다'이다.
① 미안합니다.
② 처음 뵙겠습니다.
③ 이쪽이야말로 잘 부탁드립니다.
④ 나는 나카무라입니다.
⑤ 이쪽은 사토 씨입니다.

18

㉠ 'こんにちは'는 5박의 발음 길이를 가지고 있고, '안녕하세요(낮 인사)'라는 뜻이다.
㉡ 'ごめんなさい'는 6박의 발음 길이를 가지고 있고, '미안합니다'라는 뜻으로 'ごめん'보다 높임말이다.
㉠, ㉡ 두 단어 모두 한국어의 받침 역할을 하는 'ん'이 들어 있다.

19~20

하나   처음 뵙겠습니다. 이하나입니다. 잘 부탁드리겠습니다.

리에   처음 뵙겠습니다. 다나카 리에입니다. 잘 부탁드려요.

톰   처음 뵙겠습니다. 톰 스미스입니다.
       미국㉠______ 왔습니다. 취미는 축구입니다.
       하나 씨와 리에 씨의 취미는 무엇입니까?

하나   독서입니다. 리에 씨는?

리에   저는 여행입니다.

19 ① ~와 ② ~의 ③ ~은/는 ④ ~을/를
⑤ ~에서부터

20 하나의 취미는 독서(どくしょ)이고 리에의 취미는 여행(りょこう)으로 두 사람은 다른 취미를 갖고 있다.

168~171쪽

01 ④	02 ③	03 ④	04 ②	05 ④
06 ①	07 ①	08 ④	09 ③	10 ①
11 ①	12 ⑤	13 ③	14 ②	15 ③
16 ②	17 ⑤	18 ③	19 ⑤	20 ③

01 축구는 'サッカー', 택시는 'タクシー', 탁자는 'テーブル', 콜라는 'コーラ'로 쓴다.

02

'고양이'는 'ねこ', '책상'은 'つくえ'로 'こ'로 시작하고 'つ'로 끝나는 단어를 찾으면 된다.
① 이것 ② 이 ③ 고타쓰 ④ 이쪽 ⑤ 다다미

03 우체국은 'ゆうびんきょく'이다.

04 '실례하겠습니다'는 'おじゃまします'이고, '어서 오세요'는 'いらっしゃい'이다.
① ただいま。(다녀왔습니다.)
② いらっしゃい。(어서 오세요.)
③ ごちそうさま。(잘 먹었습니다.)
④ いってきます。(다녀오겠습니다.)
⑤ いってらっしゃい。(다녀오세요.)

05 

① たび(버선)
② うちわ(부채)
③ はっぴ(핫피)
④ ゆかた(유카타)
⑤ はちまき(머리띠)

마쓰리 때 입는 복장으로 머리띠(はちまき)를 두르고, 버선(たび)과 조리(ぞうり)를 신고 핫피(はっぴ)라는 겉옷을 입는다. 둥근 부채인 'うちわ'를 손에 쥔다. 유카타(ゆかた)는 남녀가 입는 홑겹의 옷이다.

06

역 · 화장실 · ㉠ · 학교 · 공원

① ばしょ(장소)
② かぞく(가족)
③ わしつ(일본의 전통적인 방)
④ ようび(요일)
⑤ きもの(기모노)

07

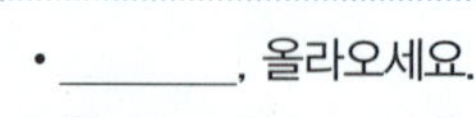

A 하루토 씨의 어머니입니까?
B 아니요, 저의 _____가 아닙니다.

'〜じゃないです'는 '〜가 아닙니다'라는 뜻이다.
① 어머니 ② 언니/ 누나 ③ 오빠/ 형 ④ 여동생 ⑤ 남동생

08

• ________, 올라오세요.
• 차, ________.

① 어떻게 ② 어디 ③ 어느 쪽 ④ 부디/어서(권유 표현)
⑤ 정말로/매우
'どうぞ'는 안내할 때나 음식을 권유하거나 물건을 건네줄 때 외에도 다양하게 사용된다.

09 ① 전통적인 일본식 방을 わしつ라고 한다.
② 종이나 화선지를 바른 미닫이문을 しょうじ라고 한다.
④ 일본에서 사용되는 전통식 바닥재를 たたみ라고 한다.
⑤ 수납공간으로 일본식 붙박이장을 おしいれ라고 한다.

10

A 함께 어디인㉠가 갈래?
B 응.
A 어디㉡가 좋아?
B 방재 센터는 어때?

'か'는 확실하지 않은 대상을 어림잡아 말할 때 쓰이는 표현으로 한국어의 '〜인가'에 해당하고, 'が'는 '이/가'에 해당한다.

11

지진㉠이 일어났을 때㉡는 머리㉢와 몸㉣을 지킵시다.

'は'는 '은/는', 'と'는 '〜와/과', 'を'는 '을/를'이다. 'の'는 '〜의'라는 뜻으로 많이 쓰이는데 여기에서는 부분적인 주격으로 사용되어 '〜이'라는 뜻으로 해석하는 것이 자연스럽다.

12 ① 4월 – しがつ
② 9월 – くがつ
③ 14일 – じゅうよっか
④ 20일 – はつか

13

다코야키, 어떻습니까?

'どうですか'는 '어떻습니까?'로 권유할 때 사용하는 표현이다.

14

• 쇼핑_____ 갑니다.
• 무엇_____ 합니까?

'〜に いきます'는 '〜하러 갑니다'로 목적을 나타내고, '〜に します'는 '〜로 합니다'로 주문할 때 많이 쓰는 표현이다.

15

일본의 3대 마쓰리 중 하나인 도쿄의 간다 마쓰리는 매년 5월 중순에 수십 개의 미코시 행렬 등 다양한 행사를 볼 수 있다.

① 삿포로 ② 센다이 ③ 도쿄 ④ 교토 ⑤ 후쿠오카

16

① 
おきる
일어나다

② 
やすむ
쉬다

③ 
よむ
읽다

④ 
あらう
일어나다

⑤
のる
타다

②번 그림은 'たべる(먹다)'가 알맞다.

17

① 
ひを けします
불을 끕니다

② 
まどを あけます
창문을 엽니다

③ 
うみで あそびます
바다에서 놉니다

えいがを みます　あたまを まもります
영화를 봅니다　머리를 지킵니다

⑤번 그림은 'うんどうを します(운동을 합니다)'가 알맞다.

18

- 집에 돌아갑니다.
- 신호를 지킵시다.
- 책상 아래에 들어갑니다.

'かえります', 'まもりましょう', 'はいります'는 모두 'り'가
공통으로 들어간다.

19

종이접기는 사람이나 동식물, 생활 속에서 볼 수 있는 물건
을 종이로 접어 만드는 일본 전통놀이입니다. 다른 나라에
도 있는 놀이지만 종이접기를 뜻하는 일본어가 다른 나라
에서도 사용될 만큼 일본에서 특히 발달하였습니다.

종이접기는 일본어로 'おりがみ'이다.
① 축제(마쓰리)
② 유카타
③ 일본식 붙박이장
④ 도코노마

20

일본은 국토의 70% 정도가 산지에 속하며, 높고 험한 산이
많습니다. 또한, 화산이 많아 예부터 전국적으로 온천이 발달
했습니다. 환태평양 조산대에 속해 있어서 지진이 자주 일어
나며, 지진에 의해 쓰나미라는 해일이 발생하기도 합니다.

쓰나미는 '지진해일'을 뜻하는 세계 공용어로 사용되고 있으며
일본어 표기는 'つなみ'이다.
① 화재
② 눈
③ 쓰나미
④ 지진
⑤ 방재

히라가나
가타카나
쓰기 노트

あ행

あ [a]	あ	あ	あ	あ
い [i]	い	い	い	い
う [u]	う	う	う	う
え [e]	え	え	え	え
お [o]	お	お	お	お

か행
か [ka]
き [ki]
く [ku]
け [ke]
こ [ko]

히라가나 쓰기 노트

さ행

さ [sa]	さ	さ	さ	さ
し [shi]	し	し	し	し
す [su]	す	す	す	す
せ [se]	せ	せ	せ	せ
そ [so]	そ	そ	そ	そ

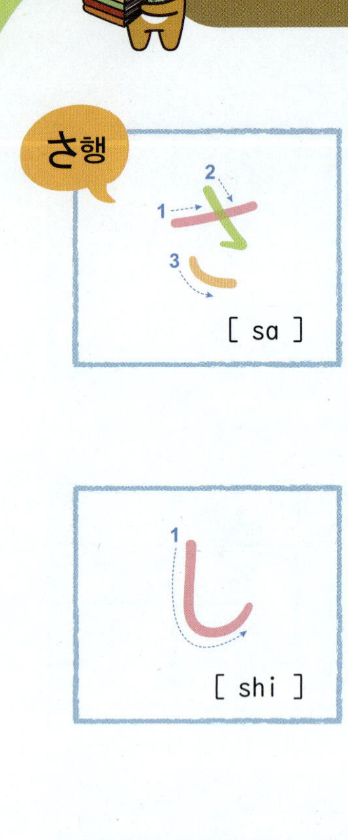

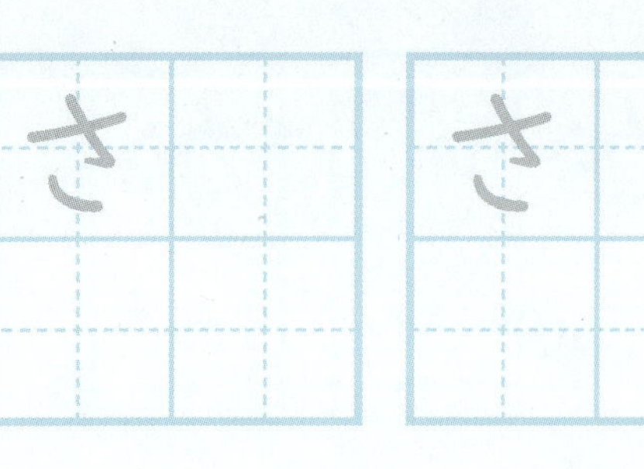

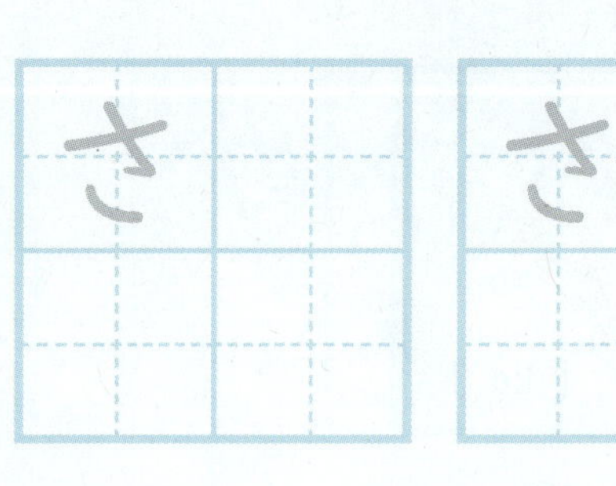

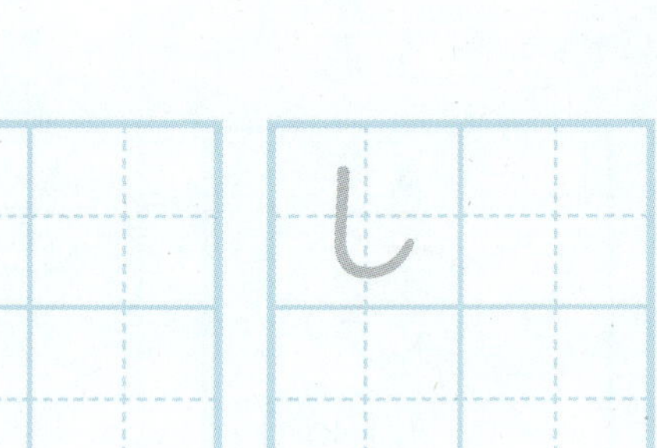

た
[ta]
ち
[chi]
つ
[tsu]
て
[te]
と
[to]

な행

[na]

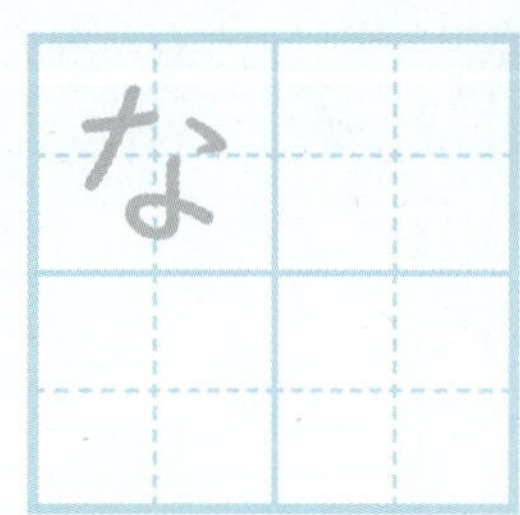 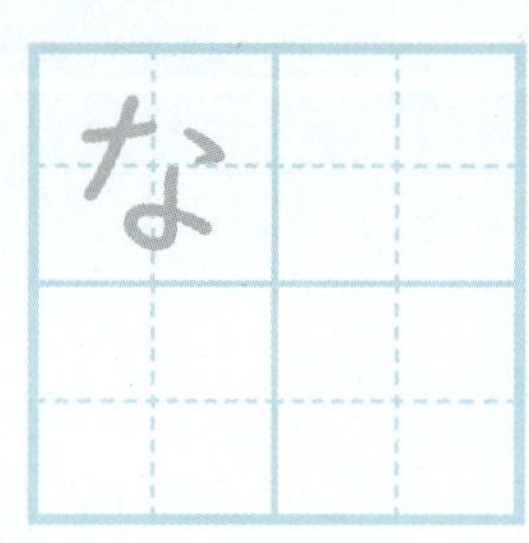 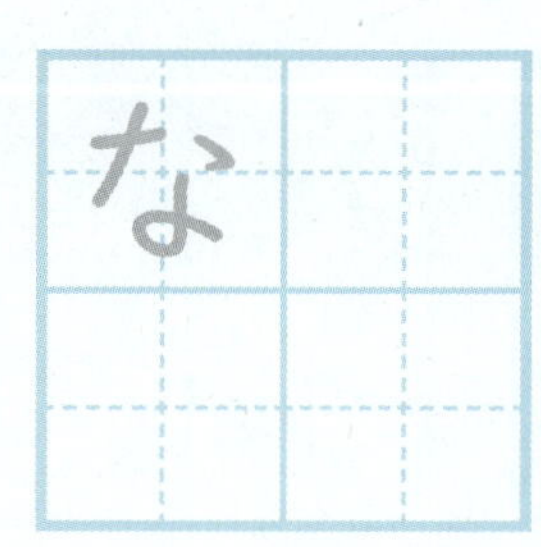 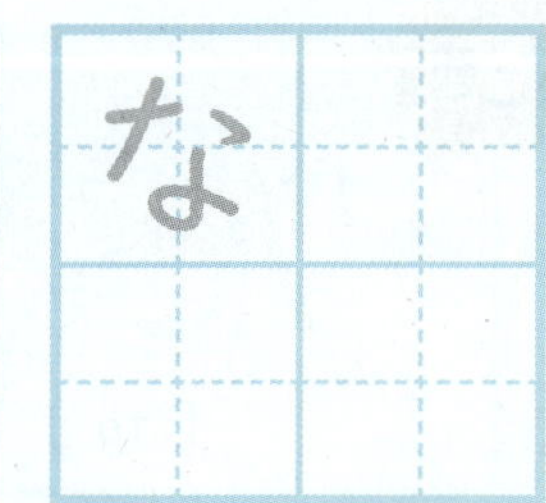

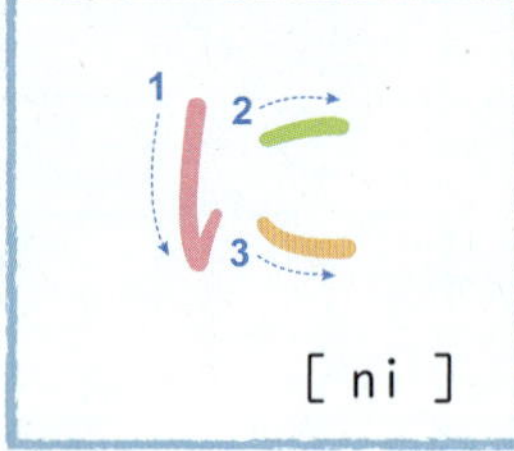

[ni]

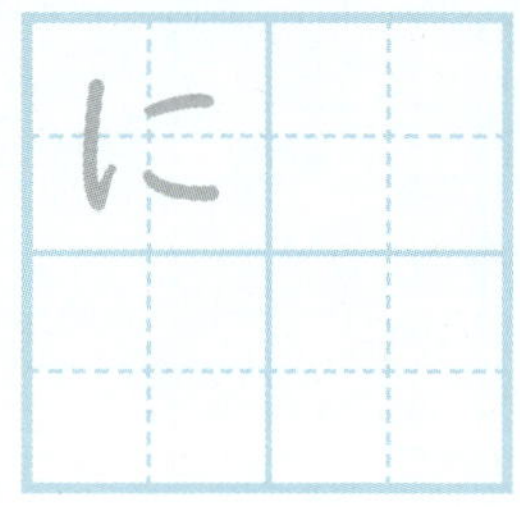  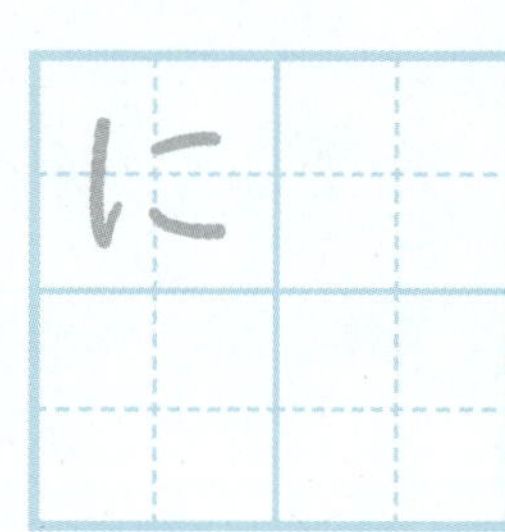 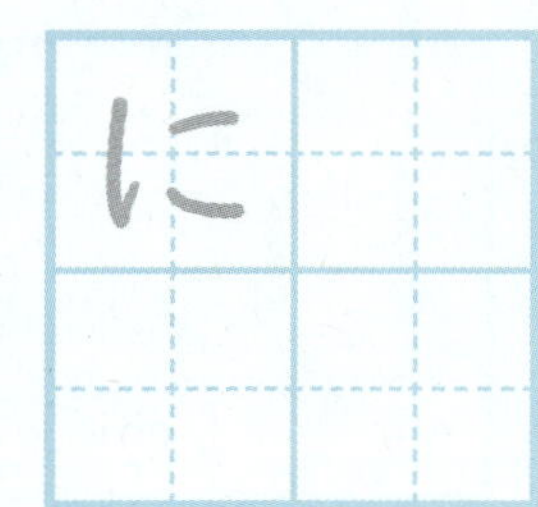

[nu]

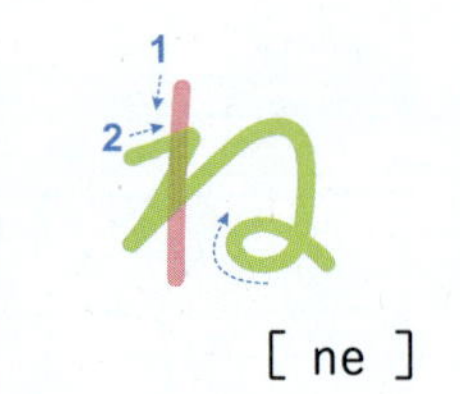

[ne]

  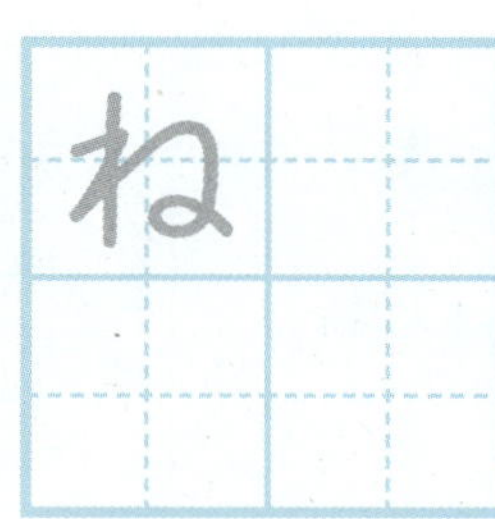 

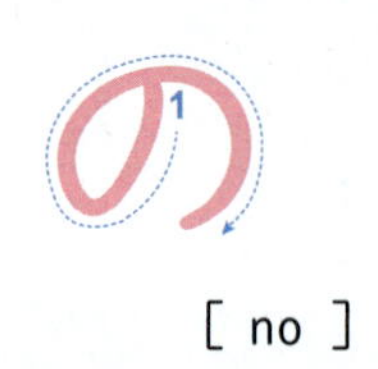

[no]

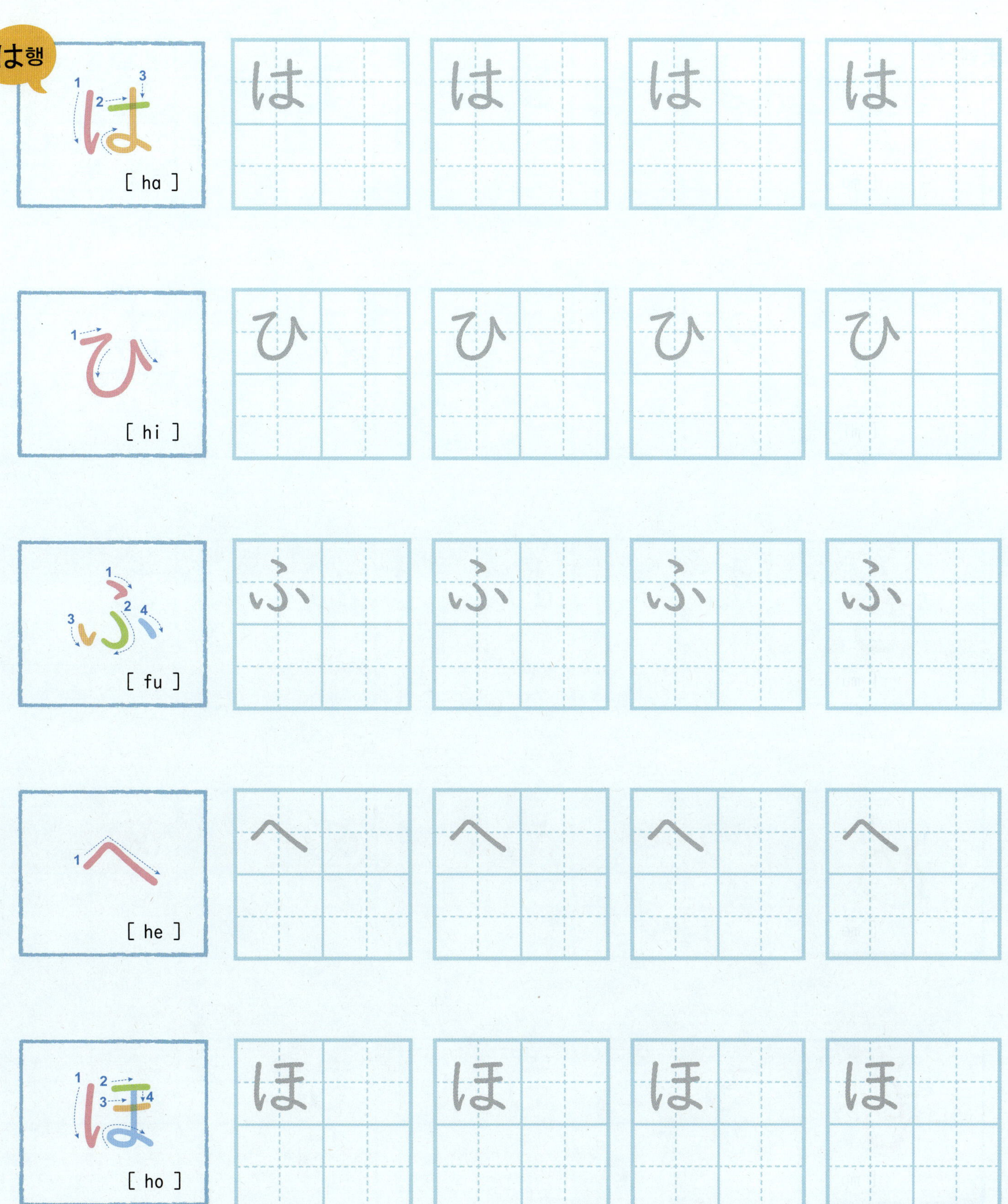

は
[ha]
ひ
[hi]
ふ
[fu]
へ
[he]
ほ
[ho]

ま행

ま [ma]

ま ま ま ま

み [mi]

み み み み

む [mu]

む む む む

め [me]

め め め め

も [mo]

も も も も

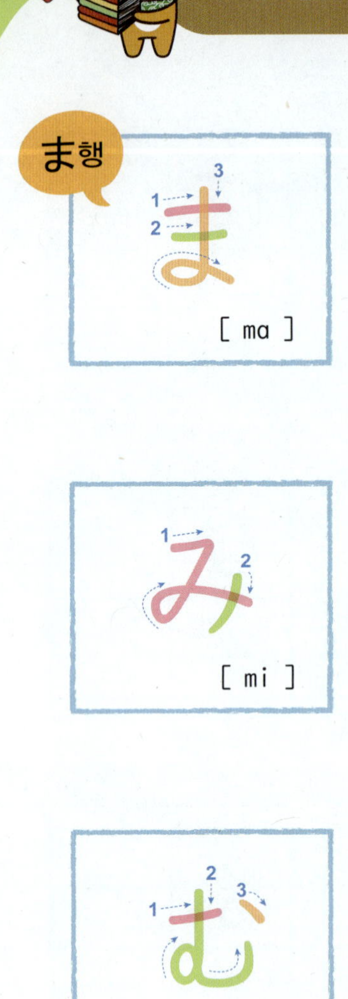

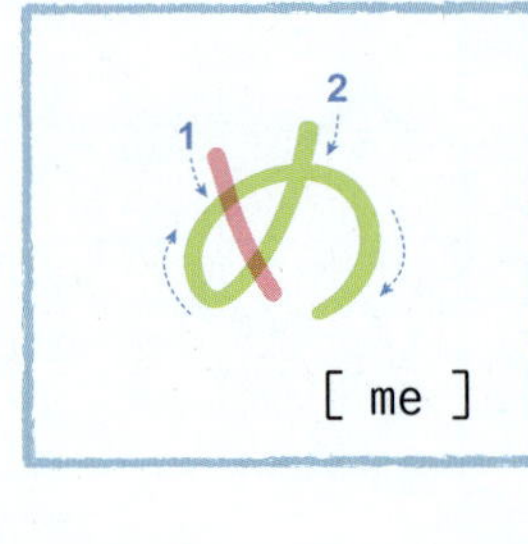

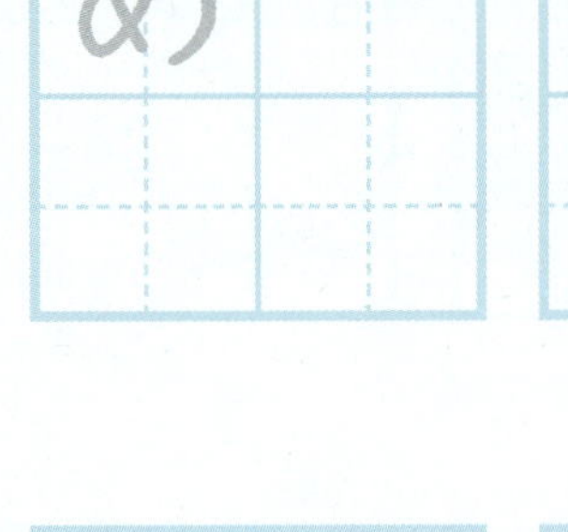

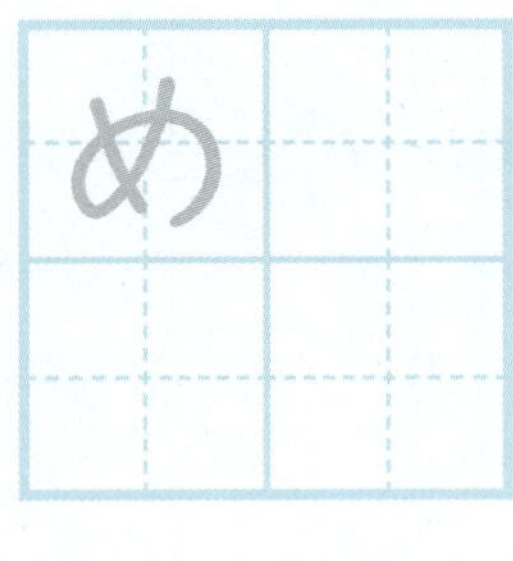

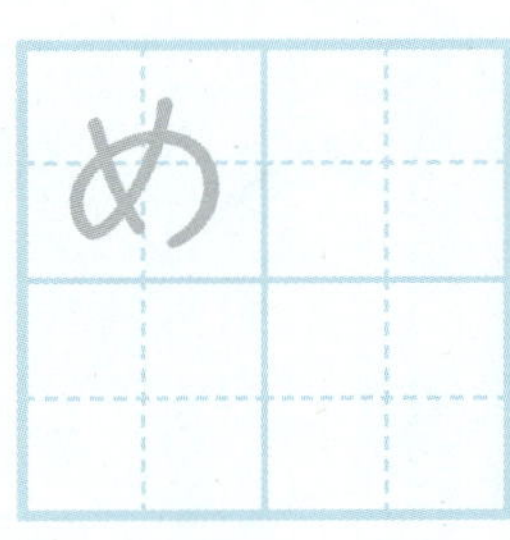

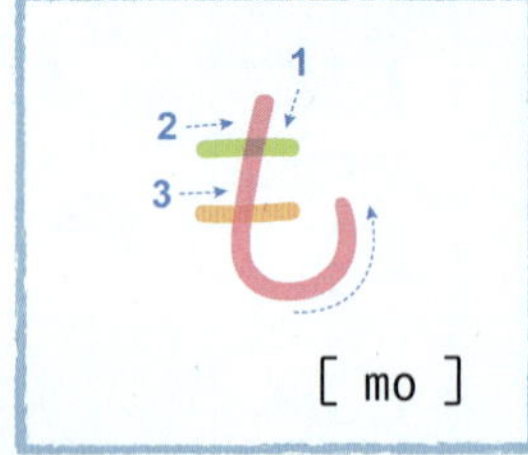

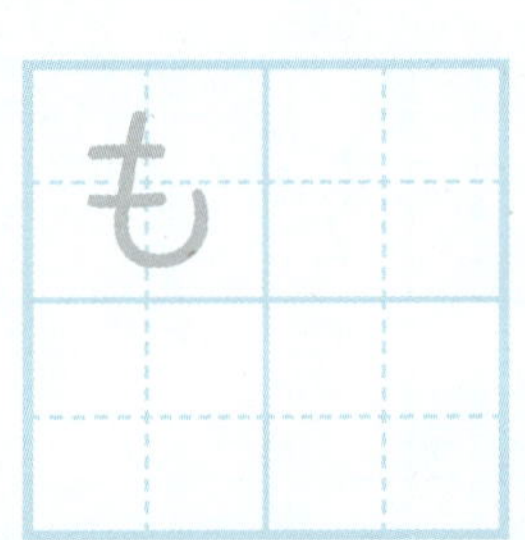

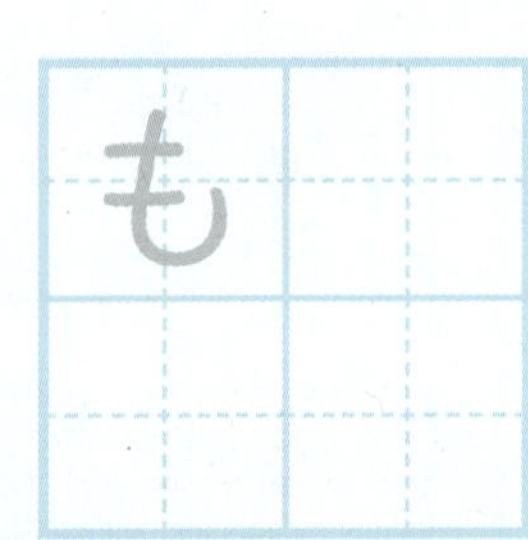

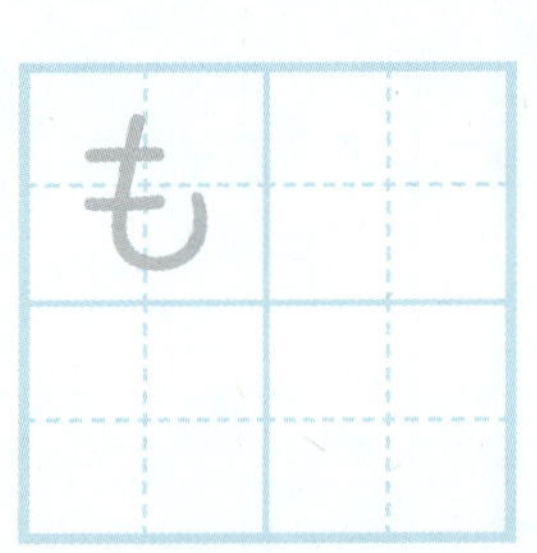

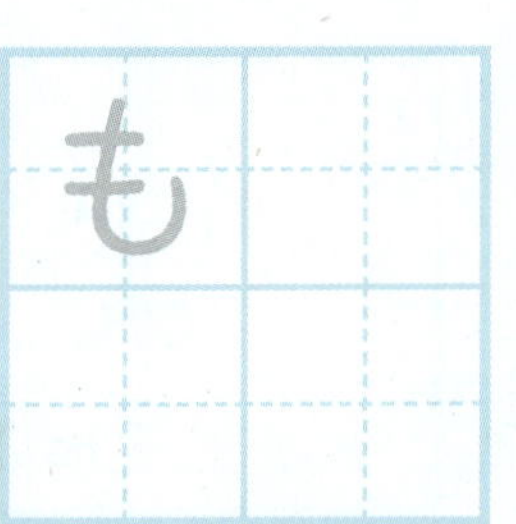

や행
[ya]

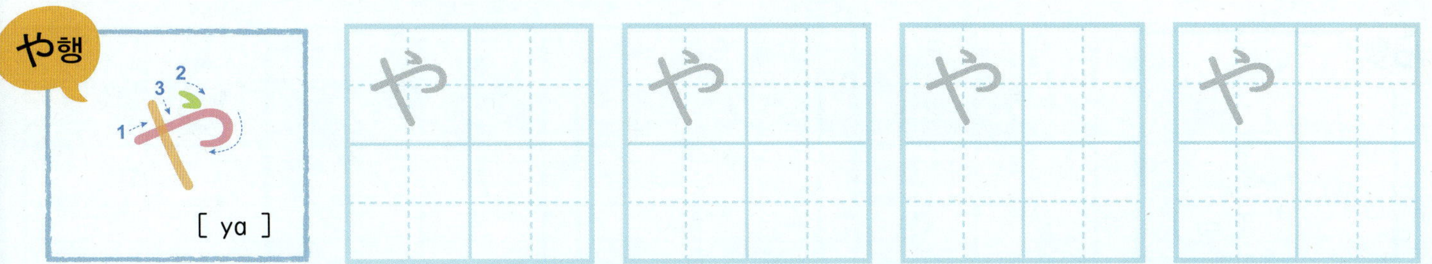

[yu]

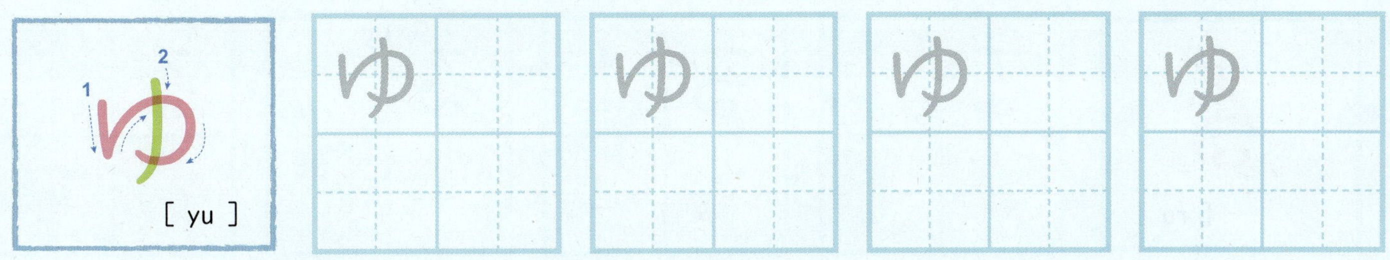

[yo]

ら행

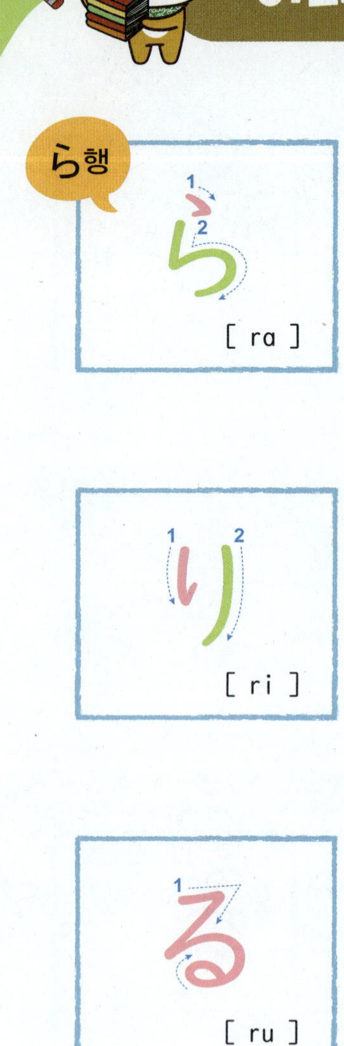

[ra]

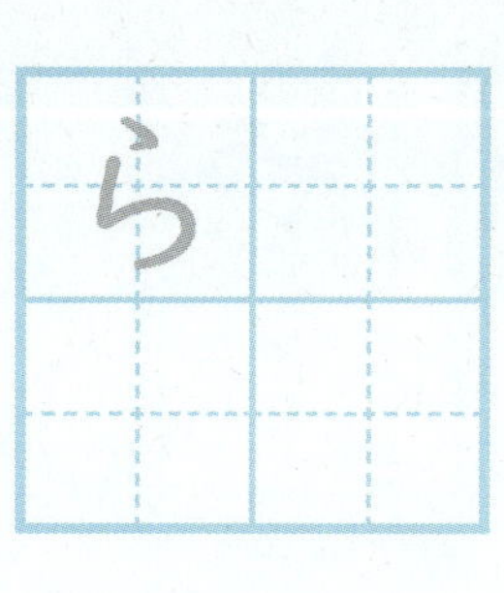 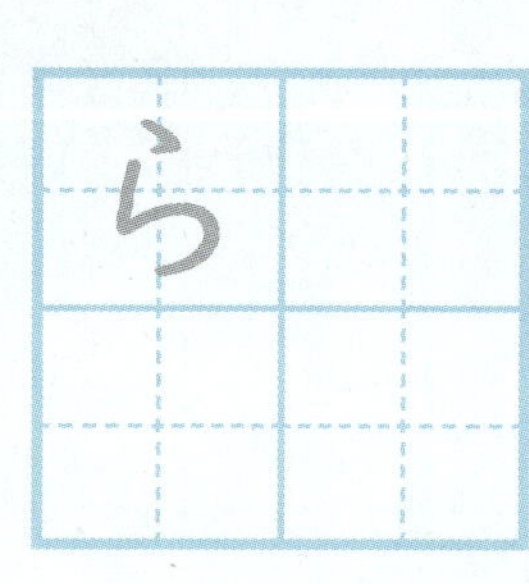  

[ri]

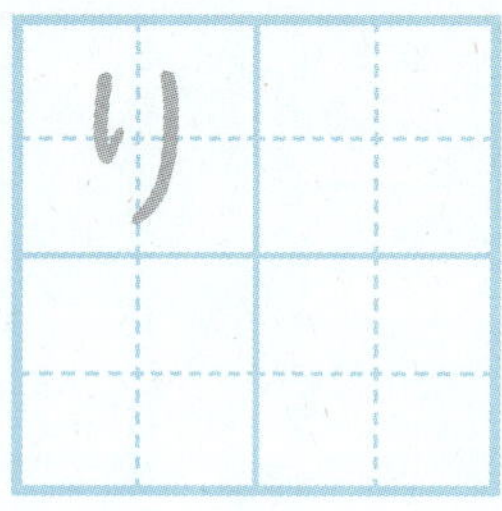 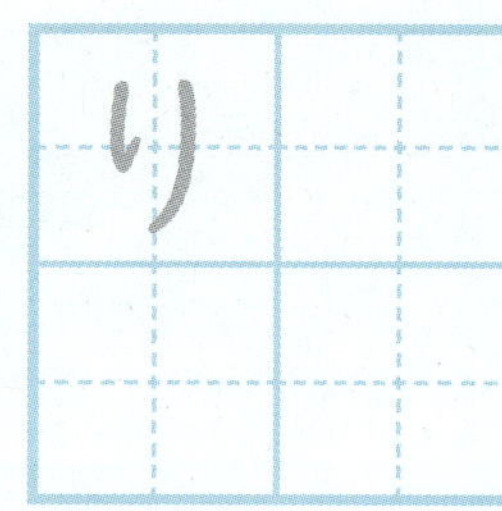  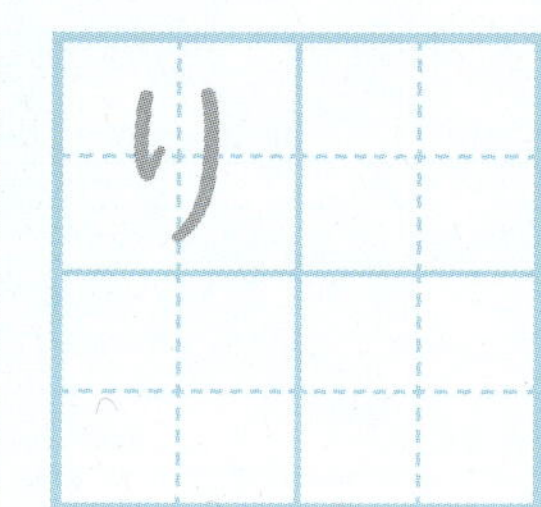

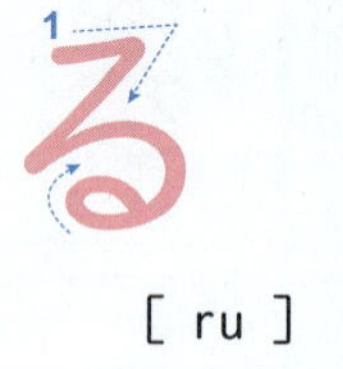

[ru]

 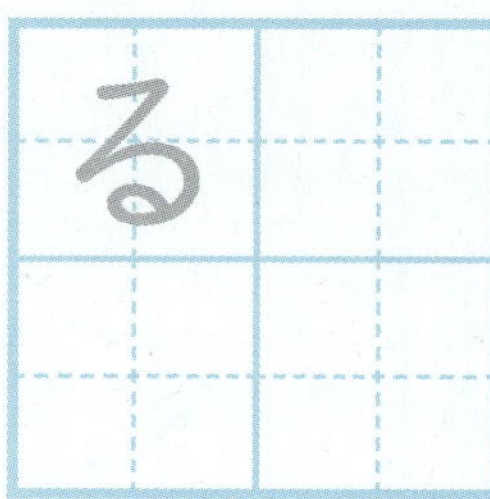 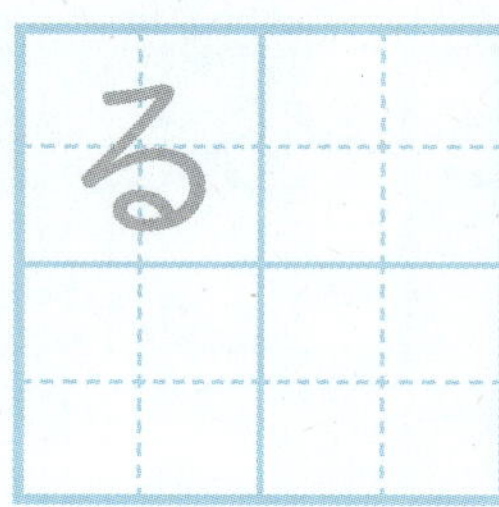 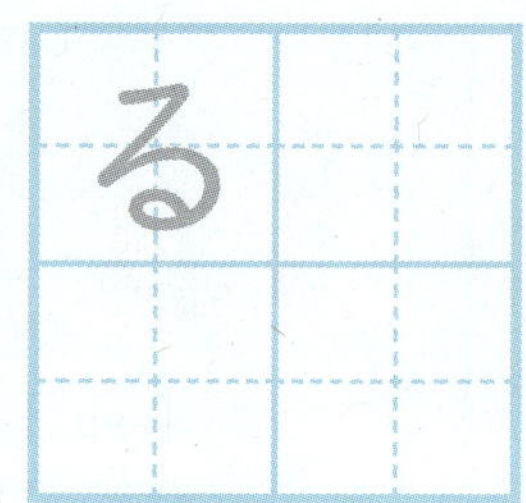

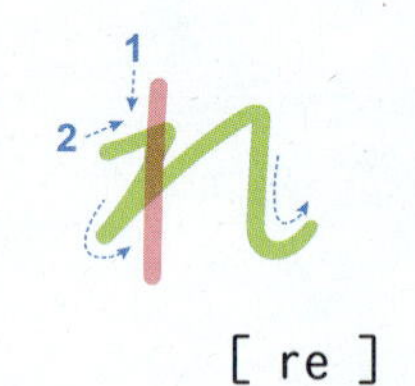

[re]

 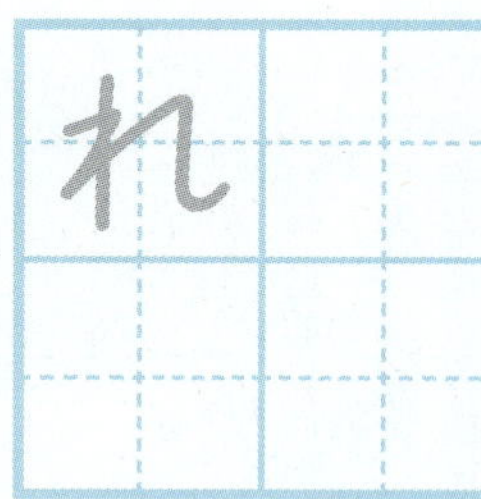 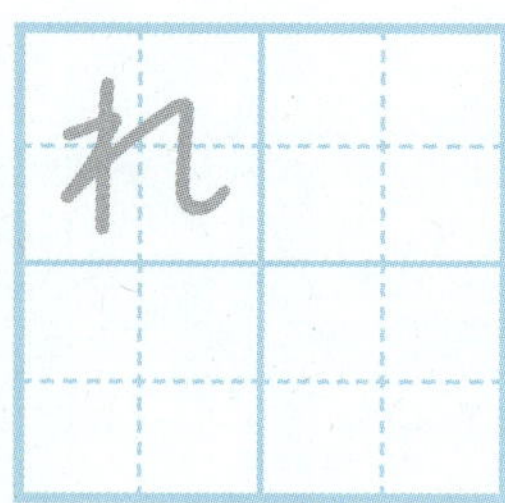 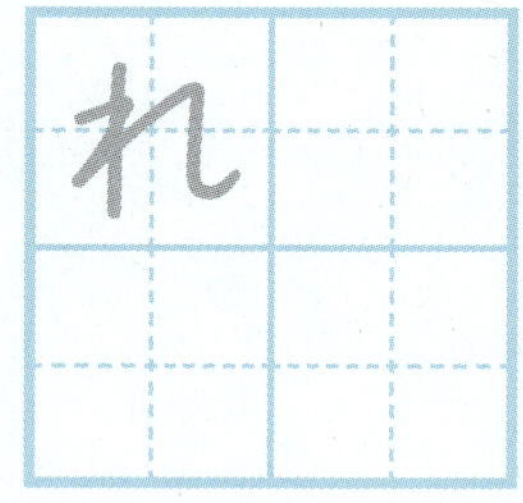

[ro]

わ행
[wa]

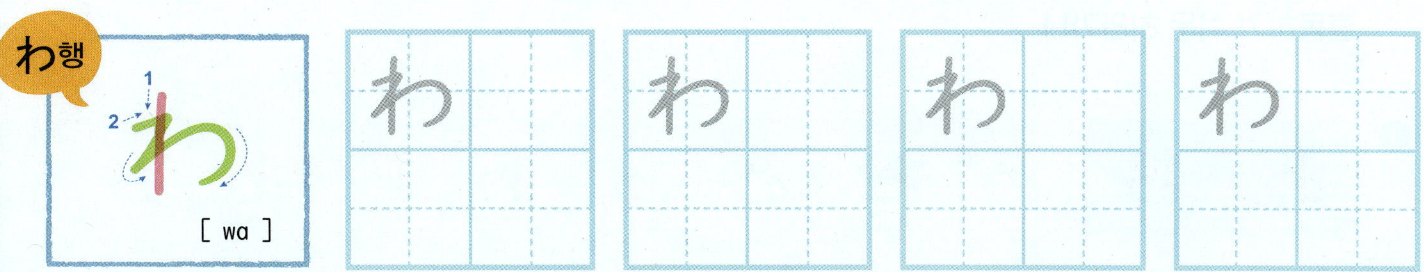

[o]

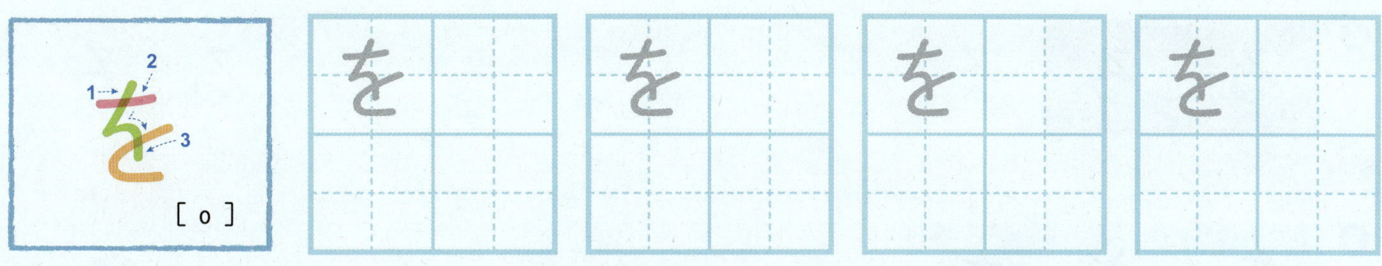

[n]

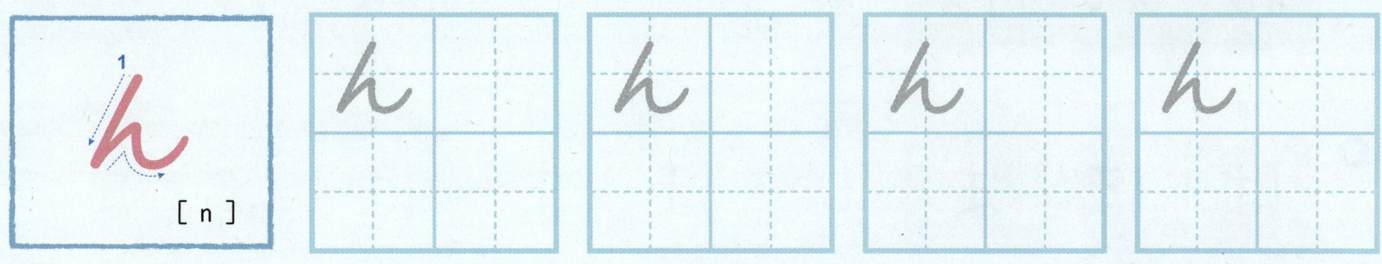

혼동하기 쉬운 히라가나

1. あ お　あ お あ お あ お あ お

2. い り　い り い り い り い り

3. う ら　う ら う ら う ら う ら

4. る ろ　る ろ る ろ る ろ る ろ

5. き さ ち　き さ ち き さ ち

6. ぬ の め　ぬ の め ぬ の め

7. ね れ わ　ね れ わ ね れ わ

8. は ほ ま　は ほ ま は ほ ま

가타카나 쓰기 노트

ア행

ア [a]

ア ア ア ア

イ [i]

イ イ イ イ

ウ [u]

ウ ウ ウ ウ

エ [e]

エ エ エ エ

オ [o]

オ オ オ オ

カ행

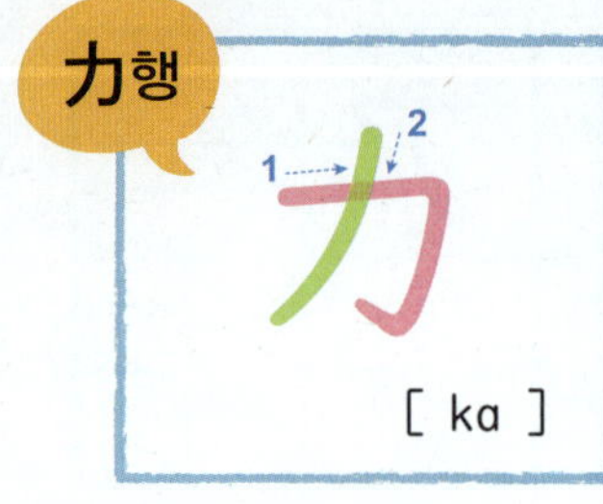
[ka]

  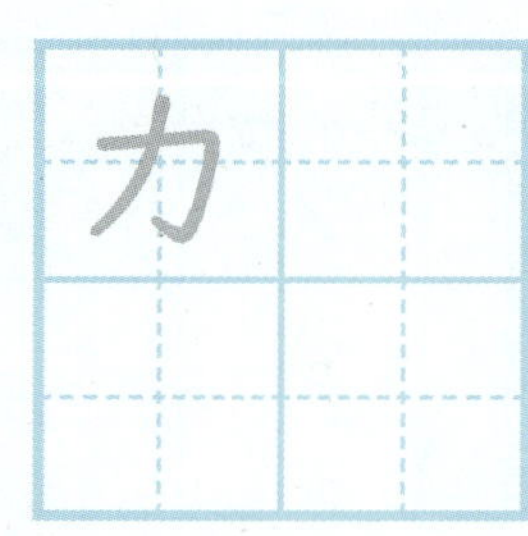 

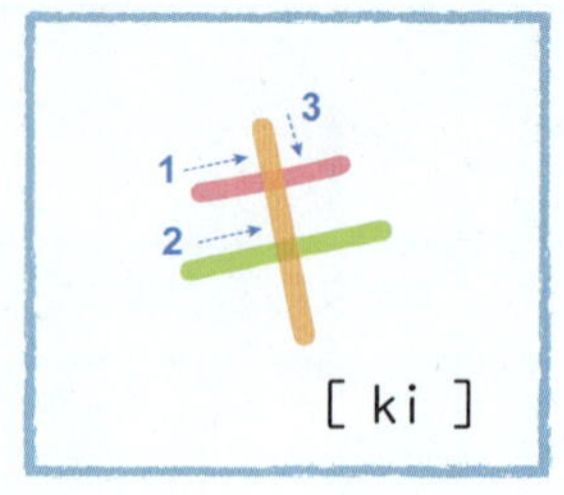
[ki]

  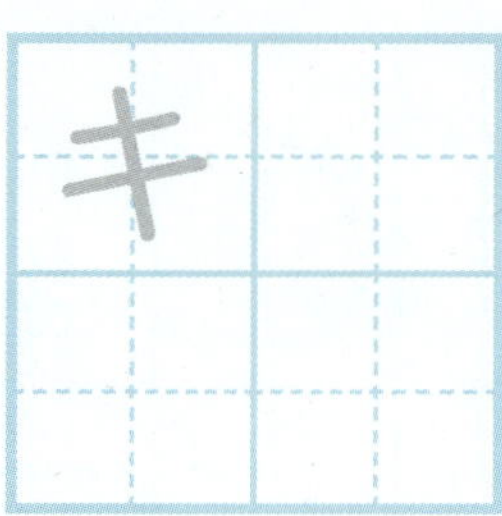 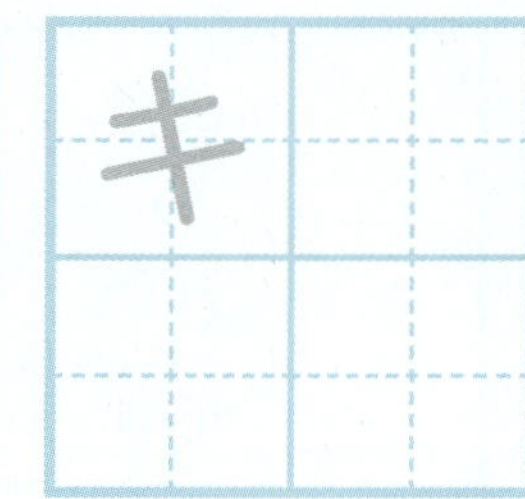

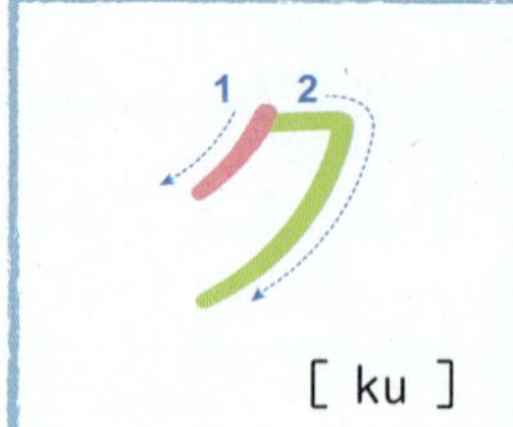
[ku]

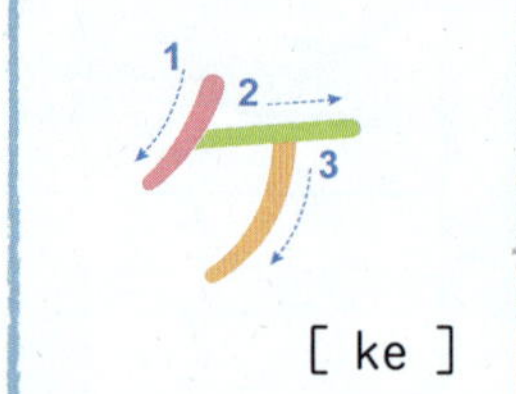
[ke]

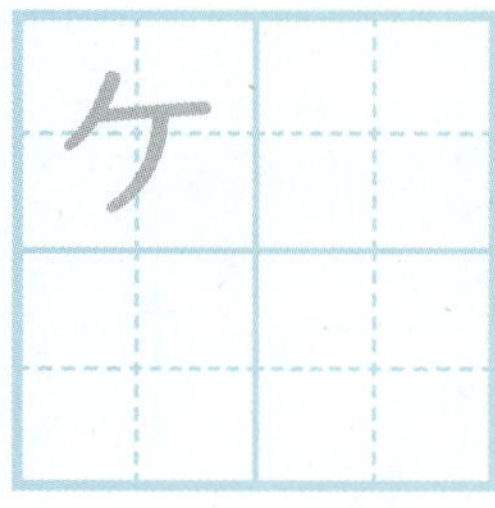  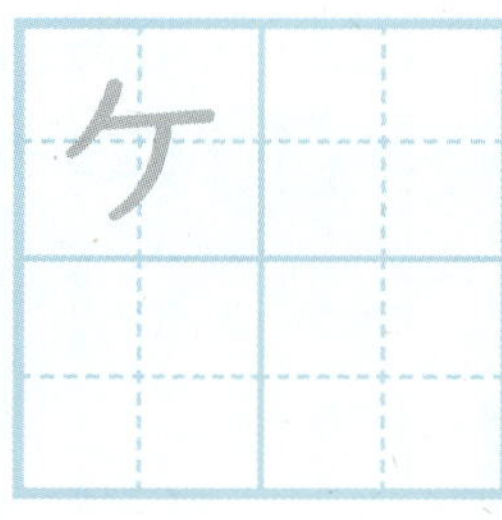 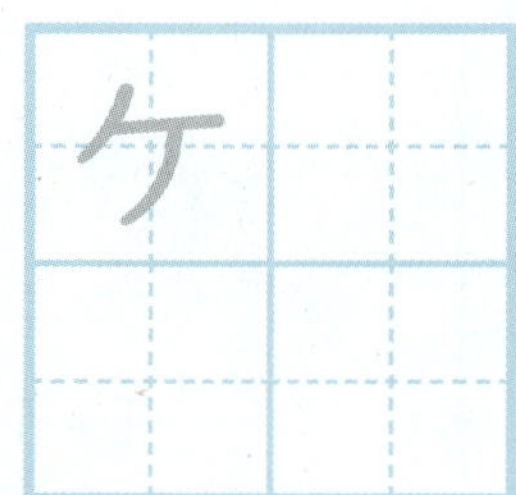

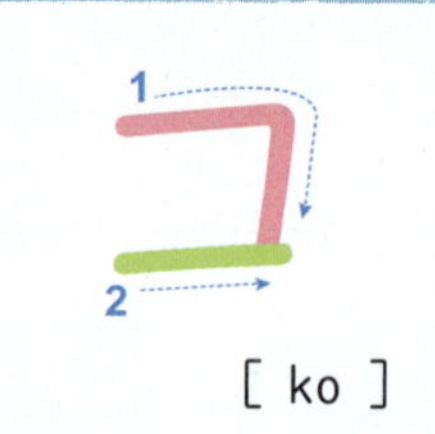
[ko]

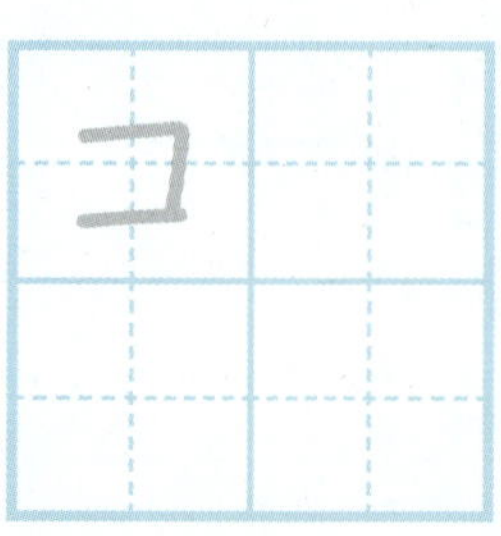 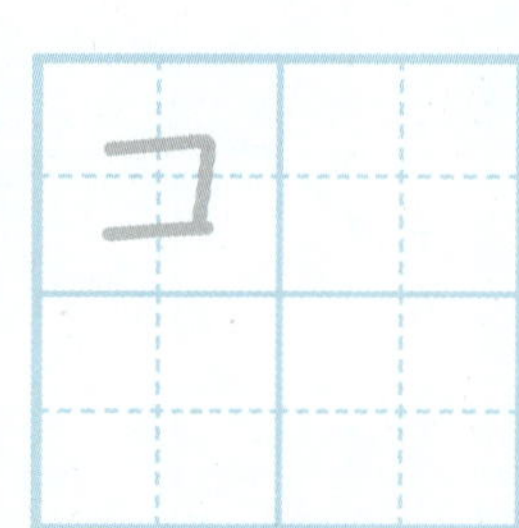 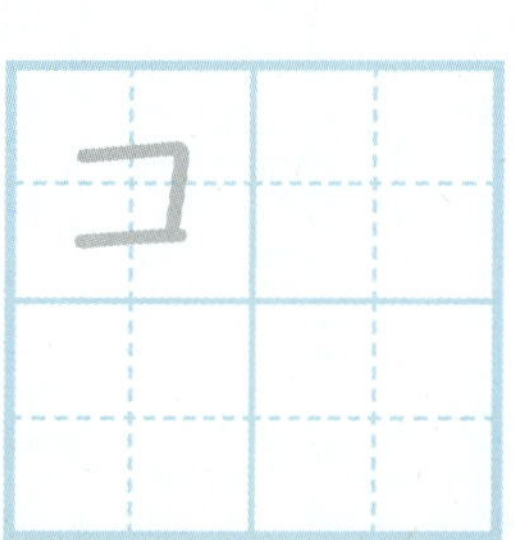

サ [sa]
シ [shi]
ス [su]
セ [se]
ソ [so]

タ행

タ [ta]

タ タ タ タ

チ [chi]

チ チ チ チ

ツ [tsu]

ツ ツ ツ ツ

テ [te]

テ テ テ テ

ト [to]

ト ト ト ト

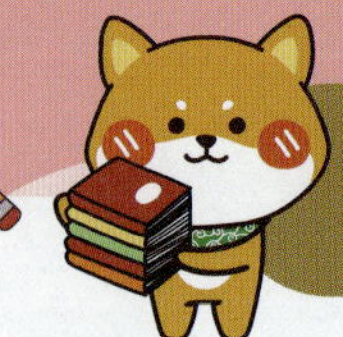

ナ행
[na]
[ni]
[nu]
[ne]
[no]

ハ행

ハ [ha]

ハ ハ ハ ハ

ヒ [hi]

ヒ ヒ ヒ ヒ

フ [fu]

フ フ フ フ

ヘ [he]

ヘ ヘ ヘ ヘ

ホ [ho]

ホ ホ ホ ホ

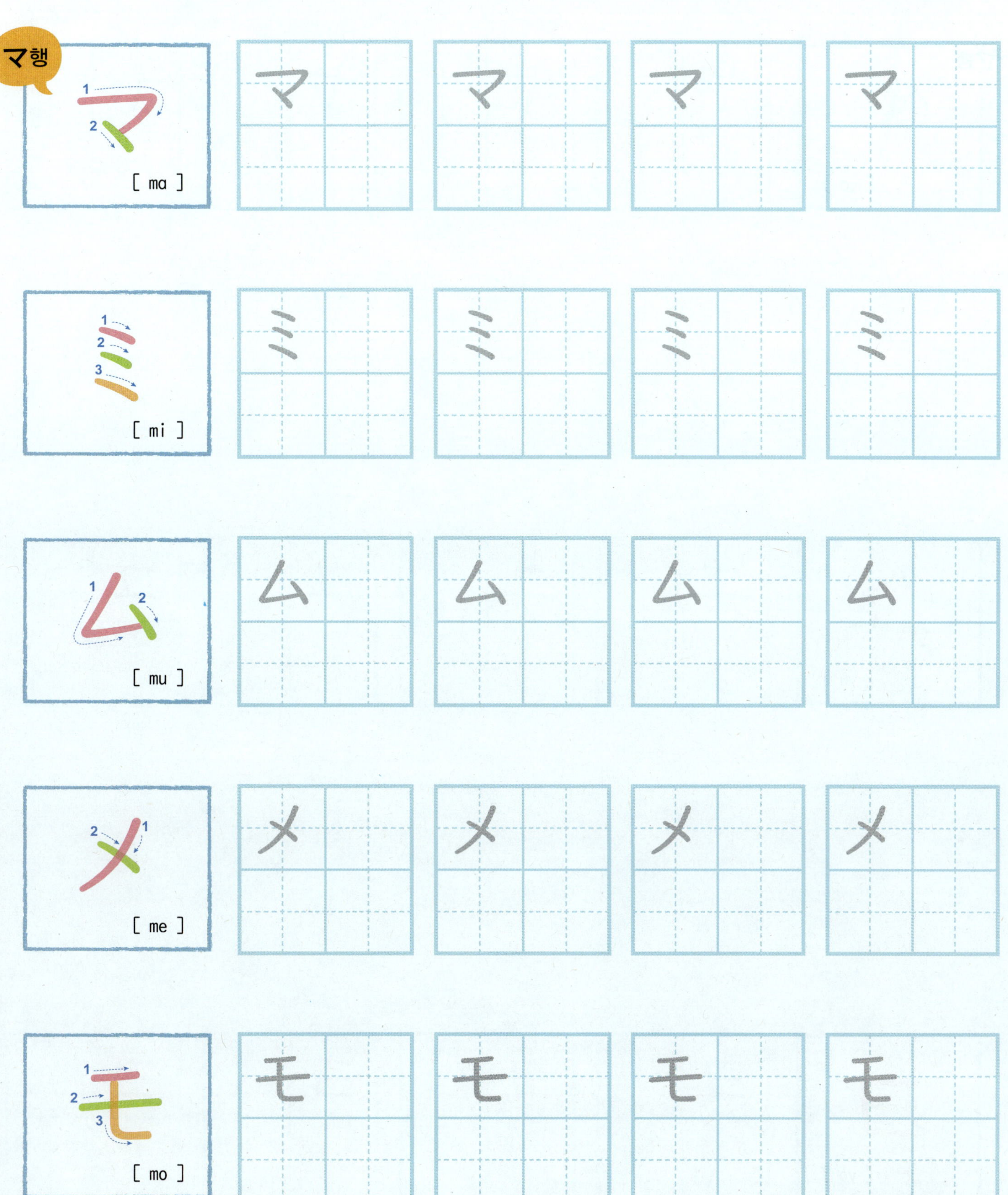
マ
[ma]
ミ
[mi]
ム
[mu]
メ
[me]
モ
[mo]

ヤ행

[ya]

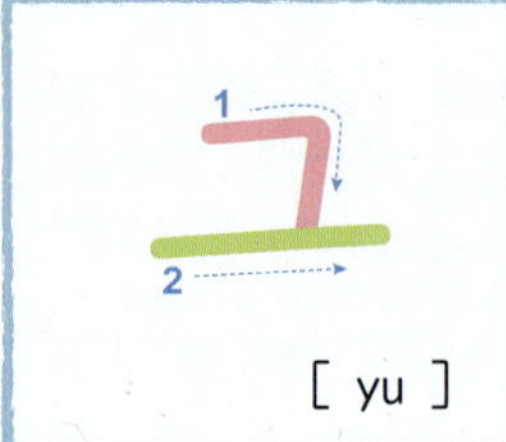
[yu]

  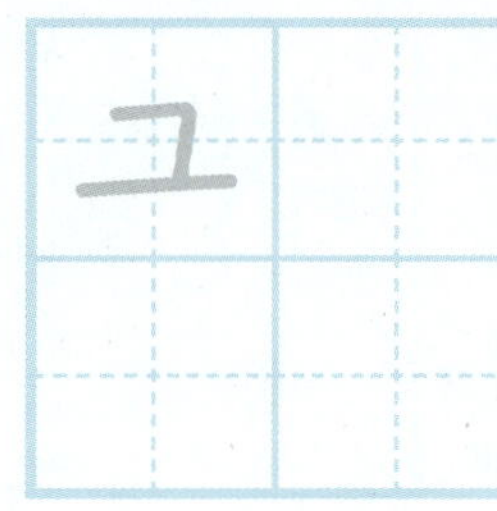 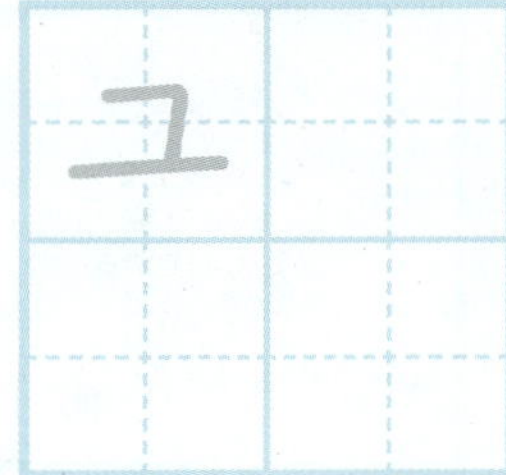

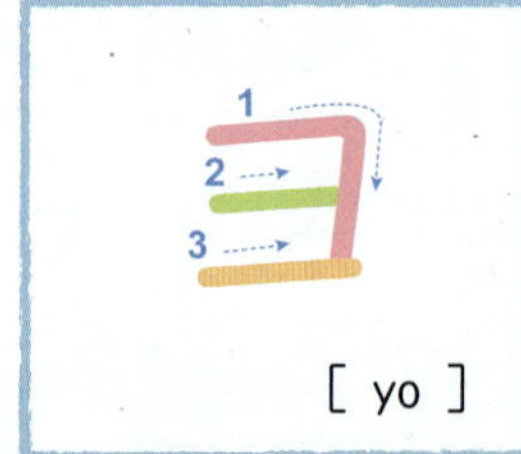
[yo]

[ra]
[ri]
[ru]
[re]
[ro]

ワ행

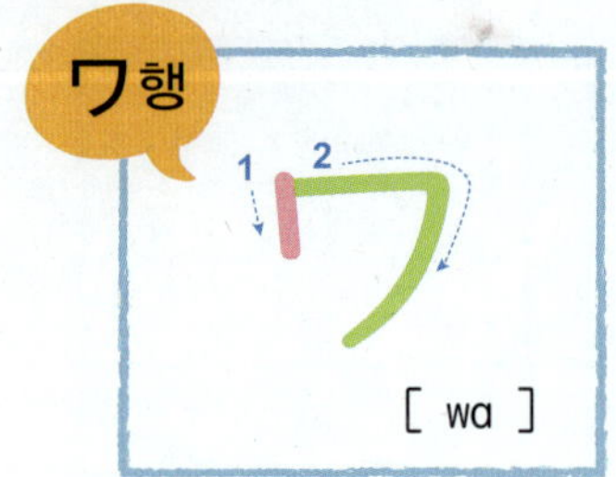
[wa]

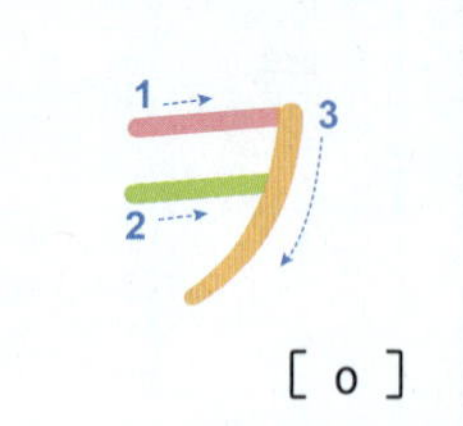
[o]

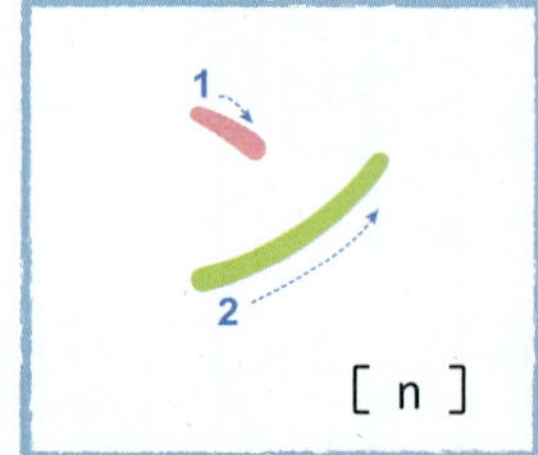
[n]

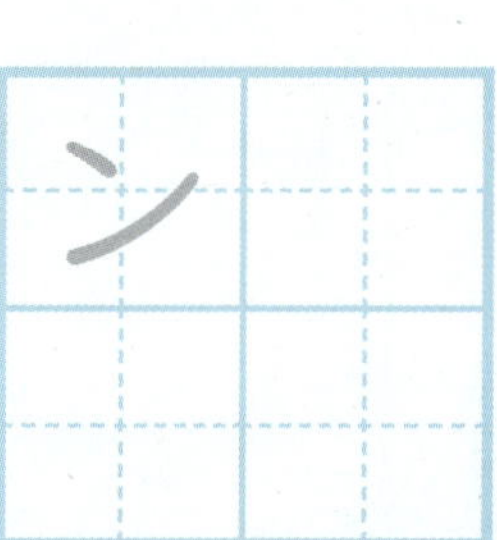
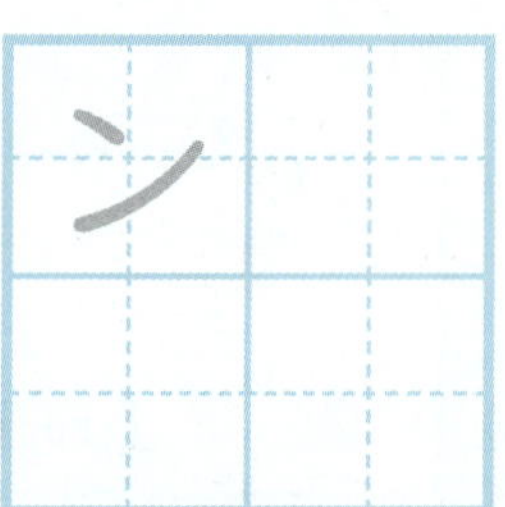

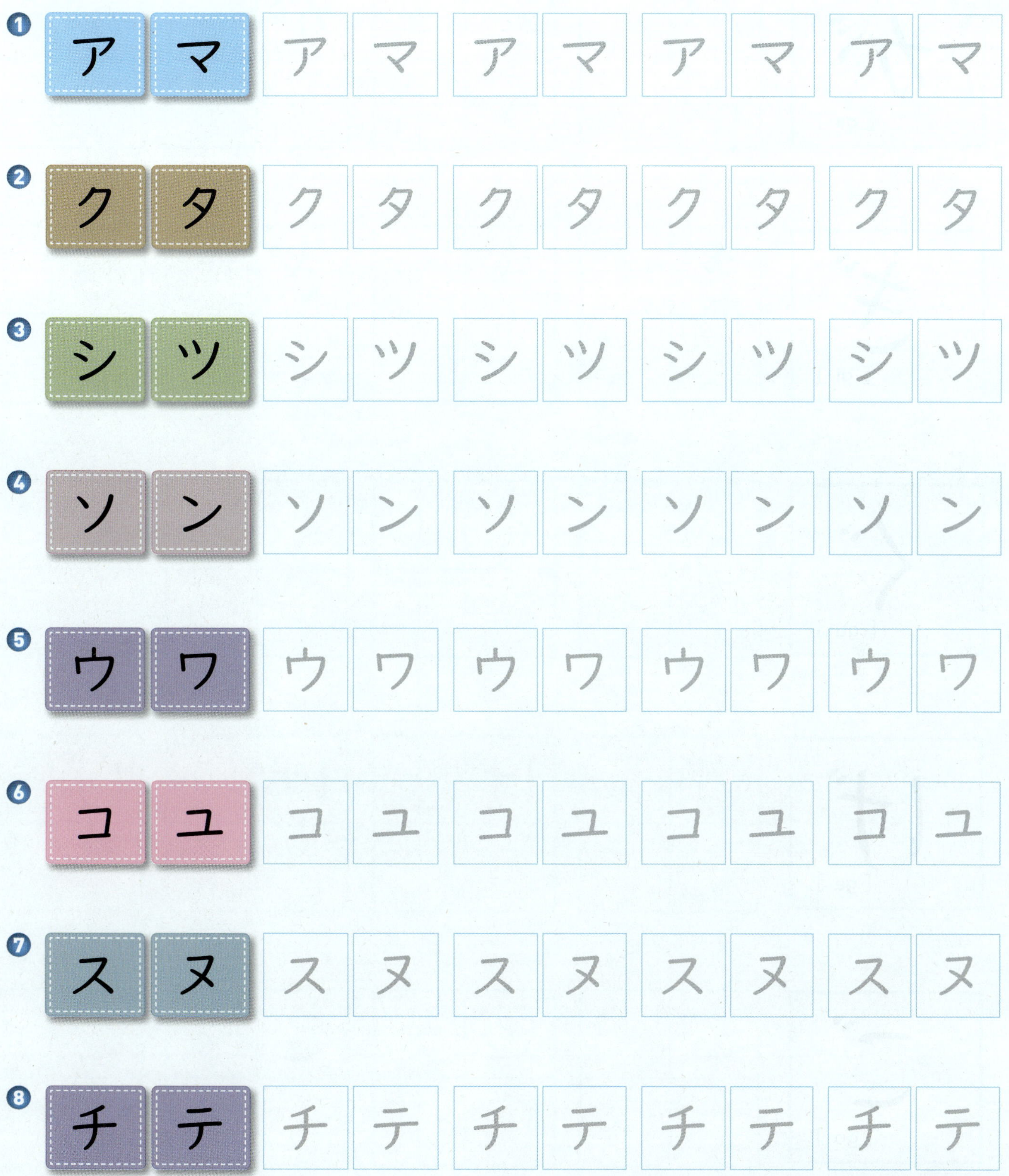

①	ア	マ
②	ク	タ
③	シ	ツ
④	ソ	ン
⑤	ウ	ワ
⑥	コ	ユ
⑦	ス	ヌ
⑧	チ	テ

탁음 쓰기 노트

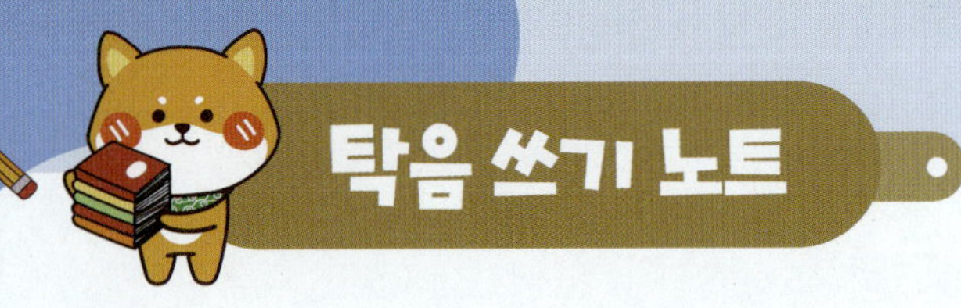

が행

が [ga]	が	が	が	が
ぎ [gi]	ぎ	ぎ	ぎ	ぎ
ぐ [gu]	ぐ	ぐ	ぐ	ぐ
げ [ge]	げ	げ	げ	げ
ご [go]	ご	ご	ご	ご

ざ
[za]
じ
[ji]
ず
[zu]
ぜ
[ze]
ぞ
[zo]

だ행

だ [da]	だ	だ	だ	だ
ぢ [ji]	ぢ	ぢ	ぢ	ぢ
づ [zu]	づ	づ	づ	づ
で [de]	で	で	で	で
ど [do]	ど	ど	ど	ど

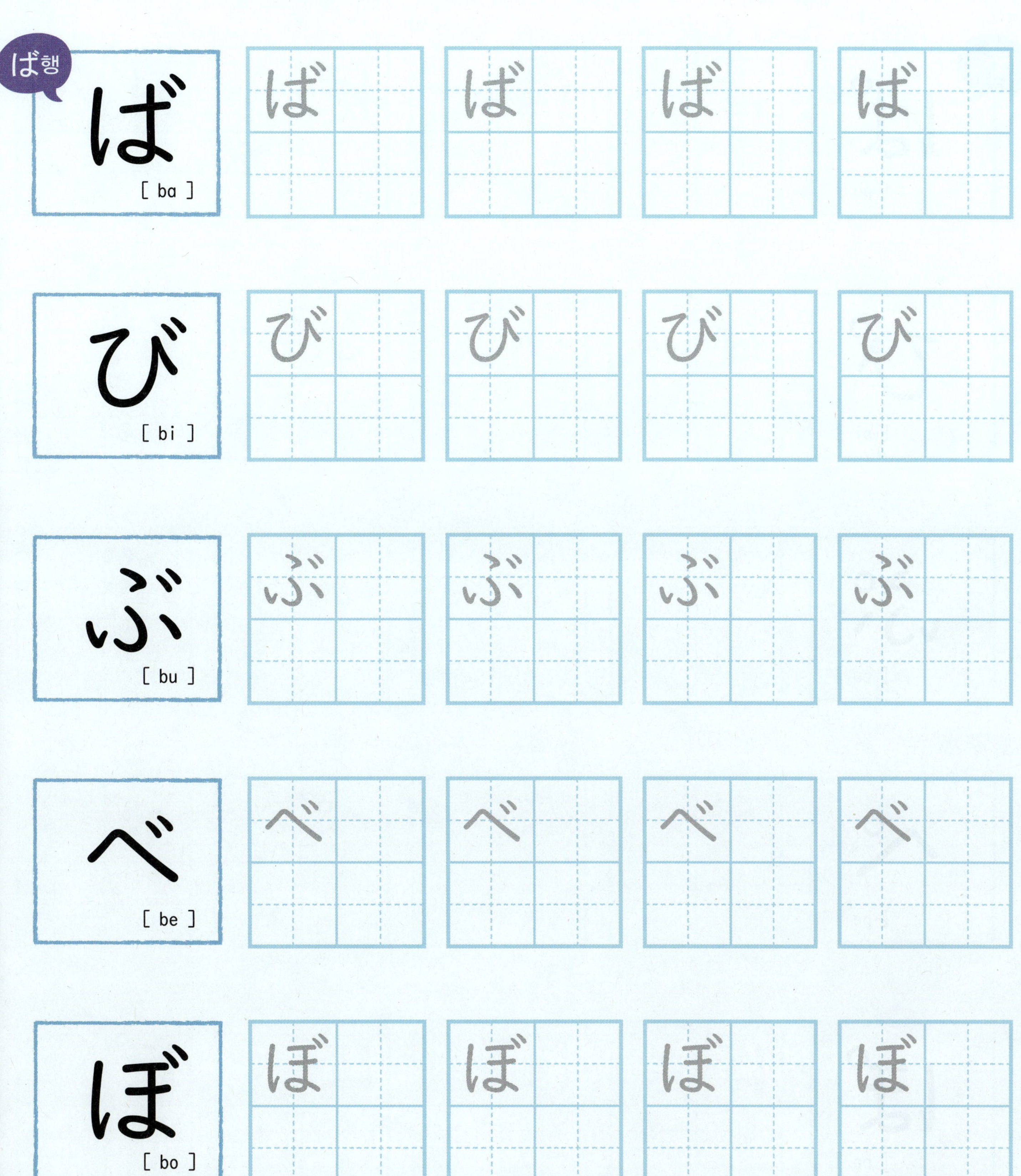

ば [ba]	ば	ば	ば	ば
び [bi]	び	び	び	び
ぶ [bu]	ぶ	ぶ	ぶ	ぶ
べ [be]	べ	べ	べ	べ
ぼ [bo]	ぼ	ぼ	ぼ	ぼ

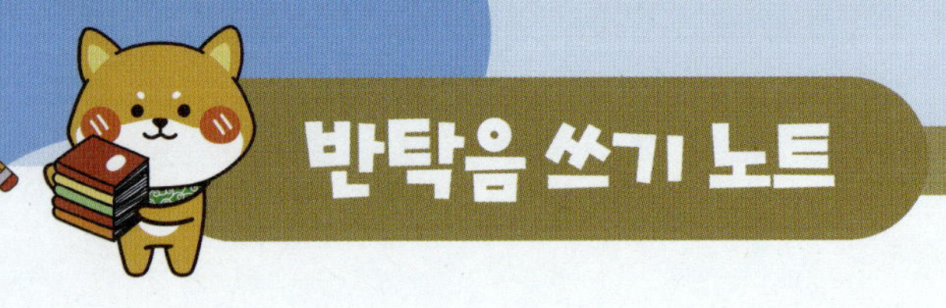

ぱ행

ぱ
[pa]

   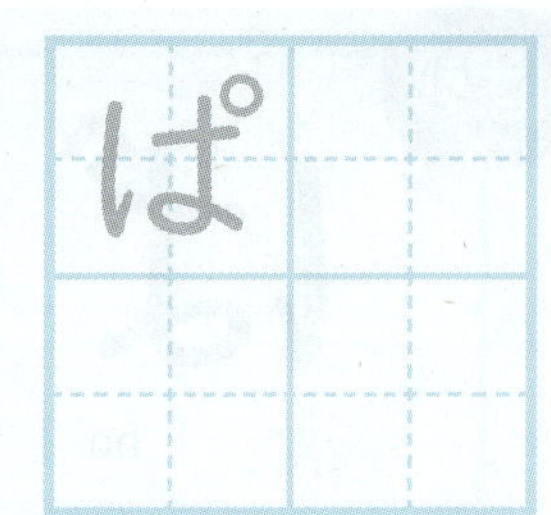

ぴ
[pi]

   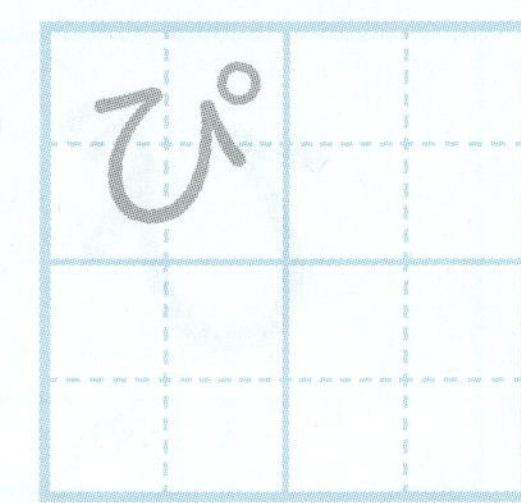

ぷ
[pu]

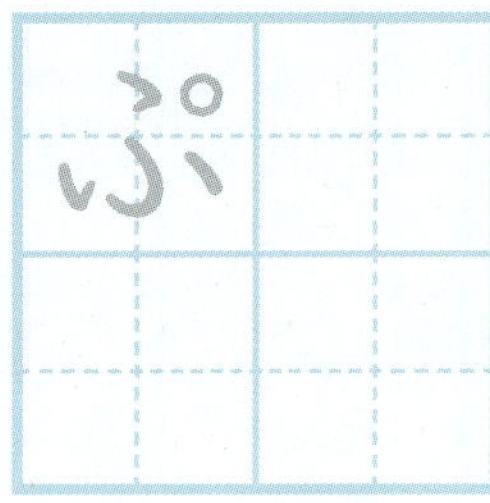   

ぺ
[pe]

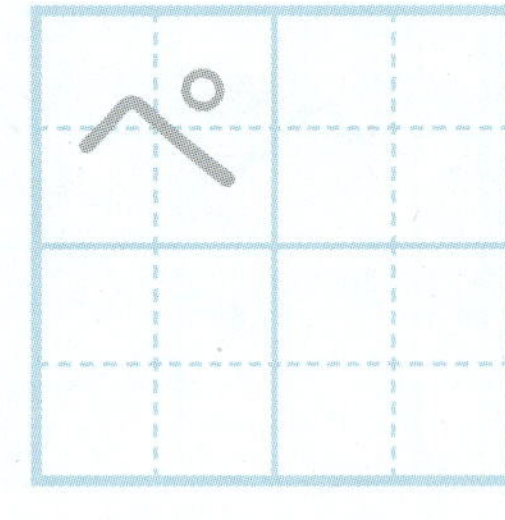  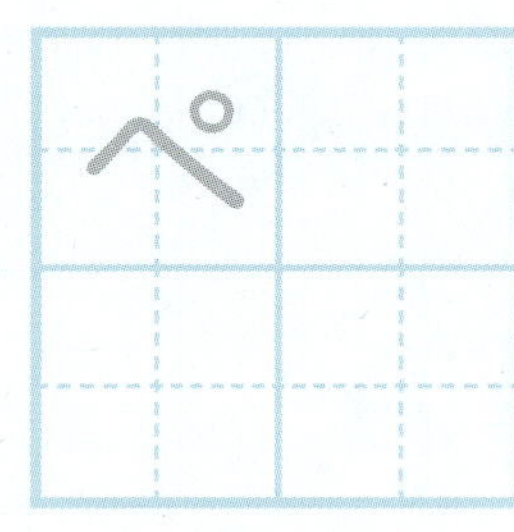 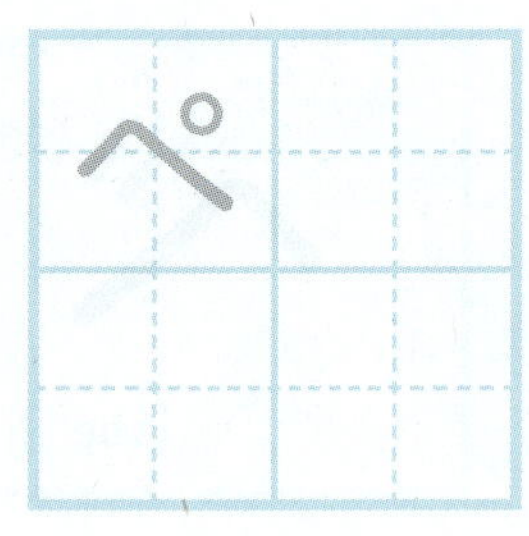

ぽ
[po]

 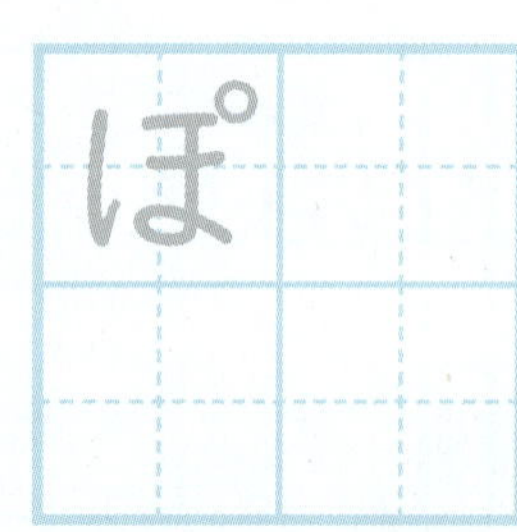 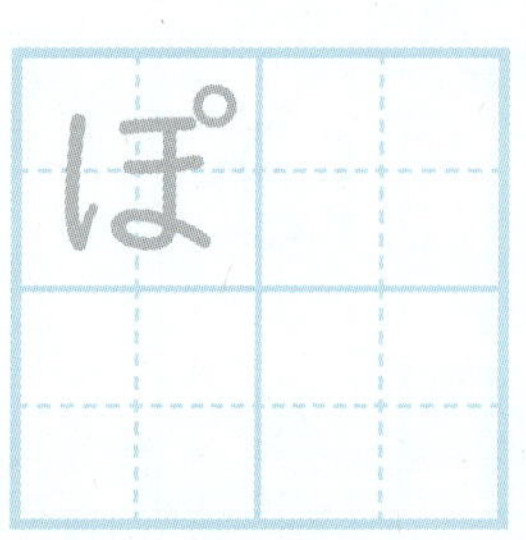

きゃ [kya]	きゃ			
きゅ [kyu]	きゅ			
きょ [kyo]	きょ			
ぎゃ [gya]	ぎゃ			
ぎゅ [gyu]	ぎゅ			
ぎょ [gyo]	ぎょ			

しゃ [sha]	しゃ			
しゅ [shu]	しゅ			
しょ [sho]	しょ			
じゃ [ja]	じゃ			
じゅ [ju]	じゅ			
じょ [jo]	じょ			

ちゃ [cha]	ちゃ			
ちゅ [chu]	ちゅ			
ちょ [cho]	ちょ			
にゃ [nya]	にゃ			
にゅ [nyu]	にゅ			
にょ [nyo]	にょ			

ひゃ [hya]	ひゃ						
ひゅ [hyu]	ひゅ						
ひょ [hyo]	ひょ						
びゃ [bya]	びゃ						
びゅ [byu]	びゅ						
びょ [byo]	びょ						
ぴゃ [pya]	ぴゃ						
ぴゅ [pyu]	ぴゅ						
ぴょ [pyo]	ぴょ						

みや [mya]	みや			
みゆ [myu]	みゆ			
みよ [myo]	みよ			
りゃ [rya]	りゃ			
りゅ [ryu]	りゅ			
りょ [ryo]	りょ			

| あア | いイ | うウ | えエ | おオ |
| [a] | [i] | [u] | [e] | [o] |

| かカ | きキ | くク | けケ | こコ |
| [ka] | [ki] | [ku] | [ke] | [ko] |

| さサ | しシ | すス | せセ | そソ |
| [sa] | [shi] | [su] | [se] | [so] |

| たタ | ちチ | つツ | てテ | とト |
| [ta] | [chi] | [tsu] | [te] | [to] |

| なナ | にニ | ぬヌ | ねネ | のノ |
| [na] | [ni] | [nu] | [ne] | [no] |

は ハ [ha]
ひ ヒ [hi]
ふ フ [fu]
へ ヘ [he]
ほ ホ [ho]
ま マ [ma]
み ミ [mi]
む ム [mu]
め メ [me]
も モ [mo]
や ヤ [ya]
ゆ ユ [yu]
よ ヨ [yo]
ら ラ [ra]
り リ [ri]
る ル [ru]
れ レ [re]
ろ ロ [ro]
わ ワ [wa]
を ヲ [o]
ん ン [n]

• + 표시는 국가명, 지명을 나타냅니다.
• * 표시는 교육 과정에서 제시한 기본 어휘가 아닙니다.
• 숫자는 그 어휘가 처음 나온 쪽수를 나타냅니다.
• (　)의 한자는 쓰기와 읽기를 권장하는 학습용 한자, 〈　〉의 한자는 읽기를 권장하는 표기용 한자, [　]의 한자는 의미 구별을 위한 한자를 나타냅니다.

あ　ア

* あいこでしょ	무승부	58
アイスクリーム	아이스크림	68
あがる(上がる)	오르다, 올라가다	78
あける(開ける)	열다	102
あし(足)	발, 다리	21
あじ(味)	맛	21
あそこ	저기	76
あそぶ(遊ぶ)	놀다	100
あたま(頭)	머리	106
あちら	저쪽	143
あ(っ)	어, 아(감탄사)	54
あに(兄)	(나의) 오빠, 형	73
アニメ	애니메이션	101
あね(姉)	(나의) 언니, 누나	73
あの	저	76
あの(う)	저, 저기	73
アパート	일본의 연립 주택	80
あぶない〈危ない〉	위험하다	106
+ アメリカ	미국	48
あら	어머	78
あらう〈洗う〉	씻다	100
ありがとう(ございます)	고마워, 고맙습니다	37
ある	있다(사물·식물)	73
あれ	저것	143

い　イ

いい·よい	좋다	88
いいえ	아니요	75
いえ(家)	집	44
いえいえ	아니에요	89
いく(行く)	가다	100
いくら	얼마	92
いただきます	잘 먹겠습니다	78
いち(一)	일, 1	35
いつ	언제	86
いつか	5일	86
いっこだて	일본의 단독 주택	80
いっしょ	함께	88
いってきます	다녀올게, 다녀오겠습니다	37
いってらっしゃい	다녀와, 다녀오세요	37
いぬ(犬)	개	21
いま(今)	지금	35
いもうと(妹)	(나의) 여동생	73
いやー	아냐	92
いらっしゃい	어서 와, 어서 오세요	78
いる[居る]	있다(사람·동물)	77
* イルカ	돌고래	68

う　ウ

～う·よう	−자, −아/어야지	8
* ウインナー	비엔나소시지	68
ううん	아니	76
うえ(上)	위	72
うしろ(後ろ)	뒤	45
うた(歌)	노래	44
うち	집	72
うちわ	우치와, 부채	95
うどん	우동	33
うみ(海)	바다	101
うん·うーん	응	90
うんどう(運動)	운동	101

え　エ

エアコン	에어컨	68
えいが(映画)	영화	34
えき(駅)	역	44
えきべん	에키벤	115
-えん(円)	엔(화폐 단위)	92
* えんぴつ	연필	25

お　オ

おー	존경이나 겸손을 나타내는 말	8

* オアシス	오아시스(인사말 두문자어)	51
おいしい	맛있다	78
おおい(多い)	많다	34
おおきい(大きい)	크다	106
おかあさん(お母さん)	(남의) 어머니	34
おかえり(なさい)	어서 와, 어서 오세요	37
* おかめ	오카메	82
おきる(起きる)	일어나다	100
おこのみやき	오코노미야키	64
おじいさん	할아버지	34
おしいれ	오시이레	81
* おじさん	아저씨	34
おじゃまします	실례합니다	78
おちゃ(お茶)	차	75
おとうさん(お父さん)	(남의) 아버지	34
おとうと(弟)	(나의) 남동생	73
* おに	도깨비	44
おにいさん(お兄さん)	(남의) 형, 오빠	34
おねえさん(お姉さん)	(남의) 언니, 누나	34
おねがいします	부탁합니다	49
おばあさん	할머니	34
* おばさん	아주머니	34
おはよう(ございます)	안녕, 안녕하세요(아침 인사)	36
おび	오비	95
オムライス	오므라이스	65
おめでとう	축하해	87
おやすみ	잘 자	166
おりがみ	오리가미	96
おんせん〈温泉〉	온천	45

か　カ

～か	(입니)까	51
～が	이/가	76
かう(買う)	사다	101
かえる(帰る)	돌아가(오)다	100
かお(顔)	얼굴	21
かく(書く)	쓰다	9
かし〈菓子〉	과자	78
かじ(火事)	화재	33
かしゅ(歌手)	가수	32
* カステラ	카스텔라	61

かぞく(家族)	가족	44
カタカナ	가타카나	63
-がつ(月)	−월	86
がっこう(学校)	학교	33
カツどん	가쓰돈	78
～かな(あ)	(일)까?	76
* カヌー	카누	68
カフェ	카페	68
かようび	화요일	86
～から	에서, 부터	49
カラオケ	노래방	68
からだ(体)	몸	106
カレー	카레	64
かわいい	귀엽다	88
-かん〈館〉	−관	72
+ かんこく	한국	33
かんじ(漢字)	한자	33

き　キ

き(木)	나무	44
き(気)	기운	8
きく(聞く)	듣다	9
きつねうどん	기쓰네우동, 유부우동	64
きっぷ〈切符〉	표, 티켓	33
きもの	기모노	23
きゅう・く(九)	구, 9	35
きょう(今日)	오늘	9
きる(着る)	입다	45
きる(切る)	자르다	33
きんぎょすくい	금붕어 뜨기	92
きんようび	금요일	86

く　ク

* グー	주먹	58
くださる	주시다	9
くだもの〈果物〉	과일	25
くに(国)	나라	48
クラス	반	68
くる(来る)	오다	33
くるま(車)	자동차	45
-くん(君)	군	26

け ケ

こ コ

さ サ

し シ

222

テーブル	탁자, 테이블	68
~です	입니다	8
テスト	시험	86
~では/じゃ	은/는	75
でる(出る)	나오(가)다	103
でんしゃ(電車)	전철	101
てんぷら	튀김	33

と ト

~と	과/와	9
ドア	문	106
トイレ	화장실	68
どう	어때	88
どうぞ	아무쪼록	49
とおか	10일	86
とき(時)	때	106
* ドキドキ	두근두근	61
* どくしょ	독서	50
とくに(特に)	특히, 특별히	104
どこ	어디	73
とこのま	도코노마	81
としょかん(図書館)	도서관	72
どちら	어느 쪽	143
とても	매우	92
となり	옆	9
どの	어느	143
ともだち(友だち)	친구	54
どようび	토요일	86
とり(鳥)	새	44
とる〈取る〉	(출석을) 부르다	8
どれ	어느 것	143
とんカツ	돈가스	64
どんぶり	덮밥	64

な ナ

ない	없다	89
~ない	−지 않다	75
なか(中)	안, 속, 가운데	72
なな・しち(七)	칠, 7	35
なに・なん(何)	몇, 무엇	35
なのか	7일	86

に ニ

に(二)	이, 2	35
~に	에	73
にく(肉)	고기	44
にち(日)・−にち(日)	일	86
にちようび	일요일	86
+ にほん	일본	48
にほんご	일본어	89
にゅうがく(入学)	입학	57

ね ネ

~ね	(이)군, (이)네	76
ねがう〈願う〉	원하다, 바라다	8
ネクタイ	넥타이	68
ねこ〈猫〉	고양이	21
ねる〈寝る〉	자다	100
−ねん(年)	학년	54

の ノ

~の	의, 인	9
のむ(飲む)	마시다	100
* のり	풀	44
のる(乗る)	타다	100

は ハ

~は	은/는	9
* パー	보	58
* ハート	하트	69
はい	네, 예	8
バイバイ	안녕	36
はいる(入る)	들어가(오)다	102
はおり	하오리	95
はかま	하카마	95
はじめて〈初めて〉	처음	90
はじめまして	처음 뵙겠습니다	48
はじめる(始める)	시작하다	8
ばしょ	장소	72
バス	버스	68
はち(八)	팔, 8	35

はちまき	하치마키	95
はつか	20일	86
はっぴ	핫피	95
はな(花)	꽃	23
はなす(話す)	말하다	9
* バナナ	바나나	68
はなび	불꽃놀이	25
はは(母)	(나의) 엄마	73
はやく(早く)	빨리	106
はん(半)	반	25
ばん〈晩〉	밤	25
パン	빵	25

ひ　ヒ

ひ(日)	날	104
ひ(火)	불	45
ピアノ	피아노	50
* ピーポーピーポー	사이렌 소리	61
＋ ひがし	히가시	54
ひだり(左)	왼쪽	72
ひと(人)	사람	9
ひとつ	1개	23
ひゃく(百)	백, 100	32
びょういん(病院)	병원	72
* ひょっとこ	횻토코	82
ひらがな	히라가나	18
ひる〈昼〉	낮, 점심	78

ふ　フ

プール	수영장	69
ぶかつ〈部活〉	동아리 활동	56
ふく〈服〉	옷	45
ふくわらい	후쿠와라이	82
ふすま	후스마	81
ふつか	2일	86
ふね〈船〉	배	23
ふゆ(冬)	겨울	45
プレゼント	선물	63
ぶんかさい〈文化祭〉	학교 축제	57

へ　ヘ

* ページ	페이지	9
* ぺこぺこ	배가 몹시 고픈 모양	25
へや(部屋)	방	45
* ヘリコプター	헬리콥터	69
べんきょう(勉強)	공부	100

ほ　ホ

* ぼうさい	방재	104
ぼく	저(남성어)	27
ボランティア	자원봉사	90
ほん(本)	책	23

ま　マ

まえ(前)	앞	72
～ます	－ㅂ니다/습니다	8
まず	우선	103
またね	또 만나	36
まつ(待つ)	기다리다	102
まつり	마쓰리	90
～まで	까지	9
まど(窓)	창문	45
まもる〈守る〉	지키다	102
マンション	일본의 아파트	68
まんなか	한가운데	33

み　ミ

みぎ(右)	오른쪽	72
みこし	미코시	94
みず(水)	물	75
みせ(店)	가게	23
みっか	3일	86
みっつ	3개	33
＋ みなみ	미나미	59
みみ(耳)	귀	45
みる(見る)	보다	9
* ミルク	우유	68

활동 자료

4과 104쪽 | 후쿠와라이 얼굴

오려서 활용하세요.

5과 124쪽 오려서 활용하세요.

교과서 인용 자료 출처

셔터스톡

p.6, p.7, p.10, p.11, p.12, p.13, p.14, p.15, p.17, p.23, p.25, p.26, p.29, p.30, p.34, p.36, p.37, p.38, p.49, p.52, p.54, p.56, p.57, p.58, p.60, p.61, p.63, p.64, p.65, p.70, p.71, p.76, p.78, p.80, p.81, p.82, p.84, p.85, p.88, p.89, p.90, p.92, p.94, p.95, p.96, p.99, p.101, p.105, p.108, p.109, p.110, p.112, p.113, p.114, p.115, p.116, p.117

기타

- p.10(QR, 다비) https://japanesetraditionalclothingwafuku.files.wordpress.com/2020/05/tabi-top.jpg
- p.11(이웃집 토토로) https://img2.animatetimes.com/2020/04/5e96aa8e49fc9_f193d927625123dba3713cfcb27e249d.jpg
- p.11(QR, 포켓몬스터) https://ogre.natalie.mu/media/news/comic/2023/1020/PMV_main2.jpg?imwidth=750&imdensity=1
- p.11(QR, 센과 치히로의 행방불명) https://www.ghibli.jp/images/chihiro.jpg
- p.11(QR, 원피스) https://m.site.naver.com/1pDtx
- p.11(QR, 너의 이름은.) https://eiga.k-img.com/images/movie/83796/photo/85fda0a0710fdf1e.jpg?1467791679
- p.11(QR, 스즈메의 문단속) https://m.media-amazon.com/images/I/51kPPj52MBL._SL500_.jpg
- p.11(QR, 명탐정 코난) https://eiga.k-img.com/images/buzz/101331/6f19e051eef9f477/640.jpg
- p.11(QR, 주술회전) https://m.site.naver.com/1pDuh
- p.11(QR, 귀멸의 칼날) https://dosbg3xlm0x1t.cloudfront.net/images/items/9784834217247/1200/9784834217247.jpg
- p.11(QR, 그대들은 어떻게 살 것인가) https://www.ghibli.jp/images/kimitachi.jpg
- p.11(화폐 이미지) https://www.npb.go.jp/index.images/topmain_pc.png
- p.11(QR, 10,000엔 앞면) https://www.npb.go.jp/ja/n_banknote/images/thousand10.png
- p.11(QR, 10,000엔 앞면) https://www.npb.go.jp/ja/n_banknote/images/thousand10.png
- p.11(QR, 10,000엔 뒷면) https://www.npb.go.jp/ja/n_banknote/images/thousand10_b.png
- p.11(QR, 5,000엔 앞면) https://www.npb.go.jp/ja/n_banknote/images/thousand05.png
- p.11(QR, 5,000엔 뒷면) https://www.npb.go.jp/ja/n_banknote/images/thousand05_b.png
- p.11(QR, 1,000엔 앞면) https://www.npb.go.jp/ja/n_banknote/images/thousand01.png
- p.11(QR, 1,000엔 뒷면) https://www.npb.go.jp/ja/n_banknote/images/thousand01_b.png
- p.11(QR, 500엔 앞면) https://www.mof.go.jp/policy/currency/coin/general_coin/images/500_bicolorclad_obverse_1101.jpg
- p.11(QR, 500엔 뒷면) https://www.mof.go.jp/policy/currency/coin/general_coin/images/500_bicolorclad_reverse_1101.jpg
- p.11(QR, 고시엔 개막식) https://baseballking.jp/ns/column/387274
- p.11(QR, 고시엔 구장) https://www.sankei.com/article/20240303-KYVRQ3R24FPYVKUCTA7AIORANQ/
- p.11(QR, J1 마크 소개) https://m.site.naver.com/1pDv4
- p.11(QR, 도요타 스타디움) https://m.site.naver.com/1pDuN
- p.15(지토세아메) https://okumura-shoten.com/img/dagashi-t/005.jpg
- p.15(센과 치히로의 행방불명) https://www.ghibli.jp/gallery/chihiro042.jpg
- p.15(센과 치히로의 행방불명) https://www.ghibli.jp/images/chihiro.jpg
- p.15(토토로) https://www.ghibli.jp/works/totoro/
- p.20(히라가나 쓸 때의 주의점) https://kyoiku.sho.jp/wp-content/uploads/2019/11/16-1.jpg
- p.56(등교 모습) https://yashiominami-h.spec.ed.jp/blogs/blog_entries/view/1042/6d4fbc31c1550aeb9cffc584880abe50?frame_id=1291
- p.56(교실 모습) https://www.tokai-gyosei.ed.jp/admin/wp-content/uploads/2020/06/2020-06-04-13.04.41-1200x900.jpg
- p.56(급식 모습) https://www.shumei-eiko.ac.jp/images/2024/04_01_img_01.jpg
- p.56(계단 청소) https://www.hijiyamajoshi-h.ed.jp/wp-content/uploads/2021/10/214A3416-72C5-4CA7-B0CA-3BF4CE2715FE.jpeg
- p.56(교실 청소) https://www.hijiyamajoshi-h.ed.jp/wp-content/uploads/2021/10/79B1C9C4-2C36-4D77-B644-C11B386B652B.jpeg
- p.57(입학식 입간판) https://cdn-ak.f.st-hatena.com/images/fotolife/o/oohashisaori/20230414/20230414173232.jpg
- p.57(입학식) https://warabi-h.spec.ed.jp/wysiwyg/image/download/605/8213/big
- p.57(학교 축제) https://toneyama.ed.jp/bunkasai/img/bunkasai_photo_1_l.jpg
- p.57(체육 대회) https://www.aomoriyamada-hs.jp/wp/wp-content/uploads/2019/09/1-4.jpg
- p.57(체육 대회-줄다리기) https://www.omiyakaisei.jp/wordpress/wp-content/uploads/2023/06/DSCN1700-600x450.jpg
- p.57(졸업식) https://dime.jp/genre/files/2021/03/00-123.jpg
- p.57(졸업증서) https://senshin-gakuen.jp/site/wp-content/uploads/2021/03/1614597564491.jpg
- p.57(체육관 전용 운동화) https://item-shopping.c.yimg.jp/i/n/shoesclubc_pk-x3
- p.95(다비) https://japanesetraditionalclothingwafuku.files.wordpress.com/2020/05/tabi-top.jpg
- p.106(지진 체험 센터) https://plan2030.takushoku-u.ac.jp/wp-content/uploads/2021/12/%E5%9C%B0%E9%9C%87-1024x768.jpg
- p.108(사쿠라전선) https://www.weathermap.co.jp/wp-content/uploads/2024/03/sakura_front_1920x1080_day20240222.png
- p.108(장마 예보) https://i-storage.tenki.jp/large/storage/static-images/suppl/article/image/3/32/320/32014/1/large.jpg
- p.109(재해 알림 앱 서비스-도쿄) https://www.nga.gr.jp/bank/images/policy/b36f96cdb060850cc9cabb34e5a6a137_1.jpg
- p.109(재해 알림 앱 서비스-오사카) https://cdn-comiu.s3-ap-northeast-1.amazonaws.com/item_images/images/000/002/510/original/62fa729c-1760-4893-8f18-cde819c17925.png?1499312257
- p.109(대규모 화재 시의 광역 대피 장소 표지판) https://mother-earth-chigasaki.net/wp-content/uploads/2020/11/f3fc4a6a0f3685033f3e082c7b5d34e5.jpg
- p.114(신칸센 노선도) https://www.nippon.com/ja/ncommon/contents/features/2556981/2556981.jpg
- p.115(도쿠나이 패스) https://upload.wikimedia.org/wikipedia/commons/4/4b/JR%E6%9D%B1%E6%97%A5%E6%9C%AC_%E9%83%BD%E5%8C%BA%E5%86%85%E3%83%91%E3%82%B9_%E6%9C%AC%E5%88%B8_%E6%97%A5%E6%9C%AC%E8%AA%9E%E7%89%88.png
- p.115(도쿄 서브웨이 티켓) https://www.tokyometro.jp/en/ticket/travel/
- p.115(오사카 주유 패스) https://www.hankyu.co.jp/ticket/otoku/img/24_OAP.jpg
- p.115(재팬 레일 패스) https://file.alphawiki.org/b7/b7420101766fc3d496fd456bf82992c9fbff3f69e636170fd100c42fe5c2d691.jpg
- p.116(QR, 조선 통신사 행렬도) https://upload.wikimedia.org/wikipedia/commons/8/8f/KoreanEmbassy1655KanoTounYasunobu.jpg
- p.116(QR, 대마도) https://m.site.naver.com/1pDrS
- p.116(QR, 대마도 역사 박물관) https://cdn-ak.f.st-hatena.com/images/fotolife/t/takatoki_hojo/20230702/20230702142044.jpg
- p.116(QR, 야마구치) https://i0.wp.com/tabi-mag.jp/wp-content/uploads/YA033001.jpg?w=1200&ssl=1
- p.116(QR, 히로시마) https://ameblo.jp/kakehashijin/image-12802470525-15282992895.html
- p.116(QR, 오사카) http://krruins.cho88.com/_src/sc1992/s2006_10110084.jpg
- p.116(QR, 교토 다이토쿠지) https://www.city.kyoto.lg.jp/sogo/cmsfiles/contents/0000074/74543/daitokuji.JPG
- p.116(QR, 교토 혼포지) https://ameblo.jp/tanaizu0/image-12846180895-15418561621.html
- p.116(QR, 교토 혼포지) https://www.city.kyoto.lg.jp/sogo/cmsfiles/contents/0000074/74543/honpoji.JPG
- p.116(QR, 교토 쇼코쿠지) https://www.city.kyoto.lg.jp/sogo/cmsfiles/contents/0000074/74543/jishoin.JPG
- p.116(QR, 교토 혼노지) https://ameblo.jp/masa36120724/image-12805720794-15294014128.html
- p.116(QR, 교토 혼노지) https://www.city.kyoto.lg.jp/sogo/cmsfiles/contents/0000074/74543/honnoji.JPG
- p.116(QR, 교토 혼코쿠지) https://www.city.kyoto.lg.jp/sogo/cmsfiles/contents/0000074/74543/honkokuji.jpg
- p.116(QR, 교토 도진간기) https://www.city.kyoto.lg.jp/sogo/cmsfiles/contents/0000074/74543/tojingangi.JPG
- p.116(QR, 도쿄 히가시혼간지) https://www.hankyu.co.jp/ticket/otoku/img/24_OAP.jpg
- p.116(QR, 조선통신사 내조도) https://www.honganji.or.jp/docs/about/images/knt02_02_img01.jpg
- p.117(QR, 구사쓰 온천) https://m.site.naver.com/1pDqd
- p.117(QR, 도고 온천) https://www.sogohodo.co.jp/new_wp/wp-content/uploads/IMG_3914-1200x900.jpg
- p.117(QR, 지브리 파크) https://www.nagoya-info.jp/upload/spots/large/15288930336409787a17e01.jpg

참고 사이트

- 일본 국토교통성 국토지리원 https://www.gsi.go.jp/kihonjohochousa/islands_index.html

지은이

박 행 자	매향여자정보고등학교
선 종 민	도당고등학교
정 수 경	수원여자고등학교
문 지 원	성안고등학교
아마노 가오리	동두천외국어고등학교

고등학교
일본어
자습서

펴 낸 날	2025년 3월 1일 (초판 1쇄)
펴 낸 이	주민홍
펴 낸 곳	(주)NE능률
개 발 책 임	김지현
개 발	김장일, 이효정, 김윤희
디자인책임	오영숙
디 자 인	민유화, 기지영, 박정이
제 작 책 임	한성일
등 록 번 호	제1-68호
I S B N	979-11-253-4971-6

＊이 책의 저작권은 (주)NE능률에 있습니다.
＊본 교재의 독창적인 내용에 대한 일체의 무단 전재 모방은 법률로 금지되어 있습니다.

대 표 전 화	02 2014 7114
홈 페 이 지	www.neungyule.com
주 소	서울시 마포구 월드컵북로 396(상암동) 누리꿈스퀘어 비즈니스타워 10층

ひらがな 오십음도

	あ단 [a]	い단 [i]	う단 [u]	え단 [e]	お단 [o]
あ행	あ	い	う	え	お
か행 [k]	か	き	く	け	こ
さ행 [s]	さ	し shi	す	せ	そ
た행 [t]	た	ち chi	つ tsu	て	と
な행 [n]	な	に	ぬ	ね	の
は행 [h]	は	ひ	ふ fu	へ	ほ
ま행 [m]	ま	み	む	め	も
や행 [y]	や		ゆ		よ
ら행 [r]	ら	り	る	れ	ろ
わ행 [w]	わ				を o

ん n

ひらがな 오십음도

	あ단 [a]	い단 [i]	う단 [u]	え단 [e]	お단 [o]
あ행	あ	い	う	え	お
か행 [k]	か	き	く	け	こ
さ행 [s]	さ	し shi	す	せ	そ
た행 [t]	た	ち chi	つ tsu	て	と
な행 [n]	な	に	ぬ	ね	の
は행 [h]	は	ひ	ふ fu	へ	ほ
ま행 [m]	ま	み	む	め	も
や행 [y]	や		ゆ		よ
ら행 [r]	ら	り	る	れ	ろ
わ행 [w]	わ				を o

ん n

ひらがな 오십음도

	あ단 [a]	い단 [i]	う단 [u]	え단 [e]	お단 [o]
あ행	あ	い	う	え	お
か행 [k]	か	き	く	け	こ
さ행 [s]	さ	し shi	す	せ	そ
た행 [t]	た	ち chi	つ tsu	て	と
な행 [n]	な	に	ぬ	ね	の
は행 [h]	は	ひ	ふ fu	へ	ほ
ま행 [m]	ま	み	む	め	も
や행 [y]	や		ゆ		よ
ら행 [r]	ら	り	る	れ	ろ
わ행 [w]	わ				を o

ん n

ひらがな 오십음도

	あ단 [a]	い단 [i]	う단 [u]	え단 [e]	お단 [o]
あ행	あ	い	う	え	お
か행 [k]	か	き	く	け	こ
さ행 [s]	さ	し shi	す	せ	そ
た행 [t]	た	ち chi	つ tsu	て	と
な행 [n]	な	に	ぬ	ね	の
は행 [h]	は	ひ	ふ fu	へ	ほ
ま행 [m]	ま	み	む	め	も
や행 [y]	や		ゆ		よ
ら행 [r]	ら	り	る	れ	ろ
わ행 [w]	わ				を o

ん n

カタカナ 오십음도

	ア단 [a]	イ단 [i]	ウ단 [u]	エ단 [e]	オ단 [o]
ア행	ア	イ	ウ	エ	オ
カ행 [k]	カ	キ	ク	ケ	コ
サ행 [s]	サ	シ shi	ス	セ	ソ
タ행 [t]	タ	チ chi	ツ tsu	テ	ト
ナ행 [n]	ナ	ニ	ヌ	ネ	ノ
ハ행 [h]	ハ	ヒ	フ fu	ヘ	ホ
マ행 [m]	マ	ミ	ム	メ	モ
ヤ행 [y]	ヤ		ユ		ヨ
ラ행 [r]	ラ	リ	ル	レ	ロ
ワ행 [w]	ワ				ヲ

ン n

カタカナ 오십음도

	ア단 [a]	イ단 [i]	ウ단 [u]	エ단 [e]	オ단 [o]
ア행	ア	イ	ウ	エ	オ
カ행 [k]	カ	キ	ク	ケ	コ
サ행 [s]	サ	シ shi	ス	セ	ソ
タ행 [t]	タ	チ chi	ツ tsu	テ	ト
ナ행 [n]	ナ	ニ	ヌ	ネ	ノ
ハ행 [h]	ハ	ヒ	フ fu	ヘ	ホ
マ행 [m]	マ	ミ	ム	メ	モ
ヤ행 [y]	ヤ		ユ		ヨ
ラ행 [r]	ラ	リ	ル	レ	ロ
ワ행 [w]	ワ				ヲ

ン n

カタカナ 오십음도

	ア단 [a]	イ단 [i]	ウ단 [u]	エ단 [e]	オ단 [o]
ア행	ア	イ	ウ	エ	オ
カ행 [k]	カ	キ	ク	ケ	コ
サ행 [s]	サ	シ shi	ス	セ	ソ
タ행 [t]	タ	チ chi	ツ tsu	テ	ト
ナ행 [n]	ナ	ニ	ヌ	ネ	ノ
ハ행 [h]	ハ	ヒ	フ fu	ヘ	ホ
マ행 [m]	マ	ミ	ム	メ	モ
ヤ행 [y]	ヤ		ユ		ヨ
ラ행 [r]	ラ	リ	ル	レ	ロ
ワ행 [w]	ワ				ヲ

ン n

カタカナ 오십음도

	ア단 [a]	イ단 [i]	ウ단 [u]	エ단 [e]	オ단 [o]
ア행	ア	イ	ウ	エ	オ
カ행 [k]	カ	キ	ク	ケ	コ
サ행 [s]	サ	シ shi	ス	セ	ソ
タ행 [t]	タ	チ chi	ツ tsu	テ	ト
ナ행 [n]	ナ	ニ	ヌ	ネ	ノ
ハ행 [h]	ハ	ヒ	フ fu	ヘ	ホ
マ행 [m]	マ	ミ	ム	メ	モ
ヤ행 [y]	ヤ		ユ		ヨ
ラ행 [r]	ラ	リ	ル	レ	ロ
ワ행 [w]	ワ				ヲ

ン n

히라가나 정리

요음

きょ	しょ	ちょ	にょ	ひょ	みょ	りょ	ぎょ	じょ	びょ	ぴょ
きゅ	しゅ	ちゅ	にゅ	ひゅ	みゅ	りゅ	ぎゅ	じゅ	びゅ	ぴゅ
きゃ	しゃ	ちゃ	にゃ	ひゃ	みゃ	りゃ	ぎゃ	じゃ	びゃ	ぴゃ

탁음

ご	ぞ	ど	ぼ
げ	ぜ	で	べ
ぐ	ず	づ	ぶ
ぎ	じ	ぢ	び
が	ざ	だ	ば

반탁음

ぽ
ぺ
ぷ
ぴ
ぱ

청음

あ	か	さ	た	な	は	ま	や	ら	わ
お	こ	そ	と	の	ほ	も	よ	ろ	を
え	け	せ	て	ね	へ	め		れ	
う	く	す	つ	ぬ	ふ	む	ゆ	る	
い	き	し	ち	に	ひ	み		り	
あ	か	さ	た	な	は	ま	や	ら	わ

ん

히라가나 정리
청음
탁음
반탁음
요음
か き く け こ
さ し す せ そ
た ち つ て と
は ひ ふ へ ほ
は ひ ふ
へ ほ
ぎ じ び
ぴ
き し ち
に ひ
み り
や ゆ よ